U0453389

本书受宁夏大学优秀学术著作出版基金项目、国家自然科学基金项目（71462028）、宁夏高等学校科研基金项目（NGY2015057）、宁夏科技支撑计划基金项目（2015BY165）联合资助；宁夏大学开放战略与区域经济人文社会科学重点研究基地研究成果

# 群发性产品危机中企业响应策略对消费行为的动态影响研究

冯蛟 著

中国社会科学出版社

## 图书在版编目（CIP）数据

群发性产品危机中企业响应策略对消费行为的动态影响研究/冯蛟著. —北京：中国社会科学出版社，2016.11
ISBN 978-7-5161-8955-9

Ⅰ.①群… Ⅱ.①冯… Ⅲ.①消费者行为论—研究 Ⅳ.①F036.3

中国版本图书馆 CIP 数据核字（2016）第 227460 号

| | |
|---|---|
| 出 版 人 | 赵剑英 |
| 责任编辑 | 刘晓红 |
| 责任校对 | 周晓东 |
| 责任印制 | 戴　宽 |
| 出　　版 | 中国社会科学出版社 |
| 社　　址 | 北京鼓楼西大街甲158号 |
| 邮　　编 | 100720 |
| 网　　址 | http://www.csspw.cn |
| 发 行 部 | 010-84083685 |
| 门 市 部 | 010-84029450 |
| 经　　销 | 新华书店及其他书店 |
| 印　　刷 | 北京明恒达印务有限公司 |
| 装　　订 | 廊坊市广阳区广增装订厂 |
| 版　　次 | 2016年11月第1版 |
| 印　　次 | 2016年11月第1次印刷 |
| 开　　本 | 710×1000　1/16 |
| 印　　张 | 15 |
| 插　　页 | 2 |
| 字　　数 | 231千字 |
| 定　　价 | 56.00元 |

凡购买中国社会科学出版社图书，如有质量问题请与本社营销中心联系调换
电话：010-84083683
版权所有　侵权必究

# 目 录

第一章 绪论 ·················································································· 1

  第一节 研究背景与问题 ································································ 1

    一 产品伤害危机领域的现实困惑 ············································ 7

    二 产品伤害危机领域的理论缺失 ············································ 12

    三 研究背景概述 ·································································· 14

  第二节 研究目的与意义 ································································ 15

    一 研究目的 ········································································ 15

    二 研究意义 ········································································ 18

  第三节 研究思路与方法 ································································ 20

    一 理论构思 ········································································ 20

    二 研究方法与技术路线 ························································ 22

  第四节 本研究的结构与内容安排 ·················································· 24

第二章 产品伤害危机研究现状追踪 ···················································· 27

  第一节 产品伤害危机的概念与分类 ·············································· 28

    一 产品伤害危机的概念 ························································ 28

    二 产品伤害危机的类别 ························································ 29

  第二节 产品伤害危机的响应与修复策略 ······································· 29

    一 以企业为主体的响应 ························································ 30

    二 以消费者为主体的响应 ···················································· 31

    三 多重主体视角下的响应 ···················································· 31

第三节　产品伤害危机的影响与溢出效应 ·················· 32
　　一　对企业的影响 ······································· 32
　　二　对消费者的影响 ····································· 33
　　三　产品伤害危机的溢出效应 ····························· 36
　第四节　产品伤害危机研究中的权变因素 ···················· 37
　　一　消费者的责任归因 ··································· 37
　　二　危机自身特征 ······································· 38
　　三　企业相关因素 ······································· 39
　第五节　研究框架构建 ···································· 39

第三章　群发性产品危机研究及其理论基础 ···················· 43
　第一节　群发性产品危机概述 ······························ 43
　　一　群发性产品危机的界定 ······························· 43
　　二　群发性产品危机中消费者情绪反应
　　　　以及行为意愿的研究述评 ····························· 45
　第二节　本研究的理论基础 ································ 50
　　一　情绪认知理论 ······································· 50
　　二　解释水平理论 ······································· 53

第四章　实证研究专题一：群发性产品危机对消费者行业
　　　　信任的影响研究 ·································· 56
　第一节　群发性危机对行业信任的伤害机理研究 ·············· 57
　　一　研究概述 ··········································· 57
　　二　研究过程 ··········································· 58
　　三　研究结果 ··········································· 68
　　四　研究结论 ··········································· 80
　第二节　乳品行业群发性危机对消费者行业信任的影响 ········ 82
　　一　研究概述 ··········································· 82
　　二　研究过程 ··········································· 84

三　研究结果 …………………………………………… 89
　　　四　研究结论 …………………………………………… 93
　第三节　群发性危机中的"替罪羊"效应对消费者行业
　　　　　信任的影响研究 ……………………………………… 93
　　　一　研究概述 …………………………………………… 94
　　　二　研究过程 …………………………………………… 95
　　　三　研究结果 ………………………………………… 101
　　　四　研究结论 ………………………………………… 105
　第四节　群发性危机事件后消费者信任修复的策略
　　　　　研究 ………………………………………………… 107
　　　一　研究概述 ………………………………………… 107
　　　二　研究过程 ………………………………………… 109
　　　三　研究结果 ………………………………………… 114
　　　四　研究结论 ………………………………………… 120

第五章　实证研究专题二：群发性产品危机对消费者购买
　　　　意愿的影响研究 ………………………………………… 123
　第一节　危机范围的调节作用研究 ……………………………… 124
　　　一　研究概述 ………………………………………… 125
　　　二　研究过程 ………………………………………… 127
　　　三　研究结果 ………………………………………… 141
　　　四　研究结论 ………………………………………… 148
　第二节　品牌声誉的调节作用研究 ……………………………… 151
　　　一　研究概述 ………………………………………… 152
　　　二　研究过程 ………………………………………… 153
　　　三　研究结果 ………………………………………… 159
　　　四　研究结论 ………………………………………… 163
　第三节　消费者情绪的中介作用研究 …………………………… 164
　　　一　研究概述 ………………………………………… 165

二　研究过程 …………………………………………… 166
　　三　研究结果 …………………………………………… 175
　　四　研究结论 …………………………………………… 188
　第四节　本章小结 ………………………………………… 191

**第六章　研究结论与启示** ……………………………………… 192
　第一节　研究结论 ………………………………………… 192
　　一　群发性产品伤害危机对行业信任的影响 ………… 192
　　二　群发性产品伤害危机对购买意愿的影响 ………… 195
　第二节　研究启示 ………………………………………… 199
　第三节　创新与贡献 ……………………………………… 203
　　一　思路创新 …………………………………………… 203
　　二　理论创新 …………………………………………… 204
　　三　方法创新 …………………………………………… 205
　第四节　研究不足与展望 ………………………………… 205

**参考文献** ………………………………………………………… 209

# 第一章 绪论

## 第一节 研究背景与问题

产品伤害危机（product harm crisis）是指偶尔出现并被广泛宣传的关于某个产品有缺陷或对消费者有危险的产品伤害事件（Siomkos and Kurzbard，1994）。随着消费者自我权益保护意识的增强，行业安全标准的不断提升和相应法律法规的逐步健全，消费者对产品安全质量要求越来越高，主流媒体对产品伤害事件更加敏感。与此同时，网络媒体、移动媒体、社交媒体等新兴媒体的不断涌现使得信息传播的途径变得异常便捷，消费者由此获取产品伤害危机事件相关信息的渠道也愈加通畅和容易，消费者乃至社会公众对各类产品尤其是与其日常生活密切相关的产品选择变得更加挑剔和谨慎。这些现实情况的存在使得企业的生产经营难度不断加大，特别是在产品质量安全环节的压力巨大，一旦出现失误而又应对不当时很容易陷入"一着不慎，满盘皆输"的尴尬境地。近几年，国内外很多行业都出现了不同程度的产品伤害危机事件：从高科技行业到传统行业，从食品加工行业到医疗卫生行业，从机械制造行业到零售服务行业，均未能幸免。而且，在出现产品伤害危机的企业中，既有行业领袖，也有无名小卒；既有国内知名品牌，也有国际一线品牌。而且，此类事件的大面积频发正在成为一种无法回避的现象。① 围绕事件发生原因及其解决思路的探索已经引起了包括企业界、学术界乃至国家行业监管部门在内的社会各界人士的高度重视。

从行业环境来看，随着产品检测、产品质量保证体系等法律法规的相继出台，行业内对产品质量审核流程更加严格，相应的产品质量标准要求也不断提高，企业较以往更容易出现未能满足相关规定标准的情况。

就企业自身而言，利润最大化的目标导向往往会导致很多企业在生产经营过程中出现道德感缺失、责任意识薄弱等行为倾向，这些因素在很大程度上也增加了产品伤害危机爆发的可能性（Huang，2008）。

从消费者的角度来看，消费者自我保护意识的不断增强使其对产品缺陷或危机事件的敏感性逐年增高，同时，即使部分消费者在产品使用过程中出现错误操作时，也往往会倾向于外部归因将责任推至企业一方，从而导致消费者和企业之间既有关系的信任断裂，继而演化为产品伤害危机事件（Smith，2003）。

从舆论环境来看，公共事件传播路径的多样化、社交化和自媒体化趋势日渐明显，拥有舆论导向权的各类媒体对产品伤害事件的关注度越来越高。此外，各种新媒体形式的不断涌现以及媒体曝光途径的日益便捷化、多样化，使得产品伤害危机一旦出现并形成负面影响后，很容易被各类媒体相继曝光，从而导致有损于企业形象的大量负面信息迅速地传播与扩散（Ahluwalia et al.，2000）。

这些因素的共同存在使得相关企业及其产品一旦出现危机，其被媒体曝光的概率和频率越来越高，负面影响的范围也越来越大。很多企业在出现产品伤害危机后往往会陷入无法辩解或不应该辩解

---

① 此处结论转引自中国农业大学陆娟教授在《农民日报》（2013 年 11 月 4 日）发表的一篇署名文章《乳品品牌危机缘何出现》，http：//www.farmer.com.cn/jjpd/xm/ry/201311/t20131104_906108.htm。

的尴尬局面，此时的策略选择将在很大程度上决定涉事企业能否"化险为夷"，甚至"转危为机"。

面对危机，相关涉事企业的反应各不相同：有的企业主动召回、有的企业沉默不语、有的企业矢口否认、有的企业乘虚而入。然而，无论哪种危机类型，何种市场地位，危机中涉事企业的品牌声誉和形象必然会因此而受到不同程度的损伤。而且，随着媒体及人际口碑的负面传播，这种负面效应很有可能会被扩散，从而带给其现实顾客与潜在顾客极大的心理压力，最终有可能导致其出现异常的行为意向（Vassilikopoulou et al.，2009）。特别是在那些持续时间长、涉及范围广、负面影响力大的群发性产品危机事件中，涉事企业一旦应对不当，再加上媒体的推波助澜，消费者对危机事件本身所产生的负面情绪很有可能会因此出现某种叠加效应，继而最终导致其心理、生理以及精神上的多重损伤。当这种负面情绪传染给其他群体并影响其行为意愿选择时，严重的还可能会导致危机从单个企业向多个相关的竞争企业、整个行业乃至其他关联行业蔓延，一系列的连锁反应会让当事企业苦不堪言，竞争对手备受牵连，所在行业整体受损，甚至引起社会恐慌。

我们通过对震惊全国的"三聚氰胺毒奶粉"事件的追踪研究[①]，清晰地勾勒出群发性产品伤害危机背景下不同企业的应对策略对消费者品牌购买意愿产生影响的变化轨迹。自2008年9月10日"三鹿"乳业首先被曝光奶粉中三聚氰胺含量超标以后，国内外多家乳制品企业的奶粉品牌先后都被检验出三聚氰胺含量超标，各家企业在危机中应对策略的选择不同，其消费者的情绪和行为反应以及涉事企业的最终命运也不尽相同。[②]

（1）"三鹿"乳业在被质疑三聚氰胺含量超标之后，先是坚决

---

① 根据 http：//www.bioon.com/trends/comment/377908.shtml 等网站的相关资料信息分类整理后的呈现。

② 根据近十年（2003—2013 年）国内产品伤害危机事件典型案例分析整理后的归纳总结。

否认，随着奶粉质量问题被检验确定后，又推卸责任，直接导致消费者对"三鹿"品牌产品失去信任，企业最终破产。

（2）"三元"乳业作为一家仅在北京地区有产品布局的乳制品企业，在三聚氰胺事件中独善其身，产品供不应求，在北京地区的局部市场占有率"不降反升"，甚至借机超越"蒙牛"、"伊利"等龙头品牌，并在2009年凭借相对过硬的质量保障和巧妙的营销智慧，"蛇吞象"式地宣布收购"三鹿"品牌，正式进军全国性奶粉市场，经过两年多的品牌重建和恢复生产，于2011年成功跻身于国内四大乳业品牌的行列，并借机完成了其全国性品牌战略的整体布局。

（3）"蒙牛"、"伊利"和"光明"三家企业在三聚氰胺事件中均受到波及。[①] 2008年9月16日国家正式公布三聚氰胺含量超标的22家乳制品企业名单后，在名单中赫然在列的各家奶业巨头反应各不相同。其中，"蒙牛"当即发表声明向消费者道歉，宣布召回问题牛奶，并于18日发起员工进驻采奶站的"一人一站"活动，新浪网、优酷网等专业网站全天24小时不间断地将蒙牛生产流程的视频资料传递到互联网上，让三亿网民成为蒙牛液态奶的网络"安检员"；"伊利"于次日（17日）公开道歉并宣布召回问题产品，承诺立即加强监控并将于几天后采取专项补救措施；所受冲击最小的光明乳业在19日才发表声明公开道歉，宣布召回其问题产品。通过三家乳业公司2009年的年度财务报表对比可见：三家企业的主要财务指标在2008年的三聚氰胺事件中均遭受不同程度的重大打击，直至2009年才陆续开始恢复。其中，介入时间最早、应对相对积极主动的"蒙牛"成为季度利润扭亏为盈相对最早的企业。

现实案例一再证明，当出现群发性产品伤害危机时，消费者对于整个行业的信任程度会严重下降，从而使得涉事企业几乎都难逃

---

① 根据 http://finance.sina.com.cn/roll/20081114/18335509397.shtml 等网站的相关报道归类整理后的呈现。

销售业绩下滑、品牌声誉受损、股票市值下跌乃至行业形象被严重破坏等厄运。但是，现实也同样反映出企业在危机中所处的位置不同，采取的应对策略不同，最终的命运也截然不同："三鹿"产品缺陷被曝光最早，企业介入的时机最为被动，应对明显失当，最终的结局是消费者的完全抛弃，昔日价值百亿的"三鹿"品牌资产被以730万元的罕见低价拍卖①；反观"三元"，虽未陷入危机却能积极响应并顺势引导消费者的比较性购买行为，从而在危机后市场布局的重新洗牌中受益最大②；"光明"、"伊利"被曝光较晚，企业响应也相对被动，未能有效及时应对致使短期内产品销量大幅降低，直至危机后才缓慢恢复；而"蒙牛"产品缺陷被曝光同样较晚，但针对消费者的主动响应使其危机后产品的市场占有率大幅扭转，最直接的反映是其2009年第三季度利润在几家涉事企业中率先扭亏为盈。③

类似的情况在"毒胶囊事件"、"白酒塑化剂事件"中同样得到了印证。这是巧合还是必然？相对于单品牌产品伤害危机而言，多品牌产品伤害危机中消费者行业信任程度整体下降，并且对于涉事企业而言，同样的危机事件，不同甚至相似的应对举措却会使消费者产生截然不同的情绪反应和行为意向，涉事企业的命运也随之不同。如何合理解释这些现象？多品牌产品伤害危机对于消费者的行业信任程度有着何种影响？从企业应对策略到消费者行为反应之间是否存在某种特定的传导机制？能否按照这种传导机制的内在机理来设计相对合理的策略组合，继而帮助涉事企业有效降低危机本身所引致的消费者负面情绪，最终使其避免或安全渡过危机群发情境下这种进退两难的"窘境"？这些问题将是本研究关注的焦点问题。

---

① 相关数据源自腾讯财经的系列报道（2014年1月1日），http://finance.qq.com/a/20140101/000124.htm。

② 此处结论源自"三元"官方网站的最新专题报道（2013年12月17日），http://www.sanyuan.com.cn/2013/1217/860.html。

③ 此处结论源自"蒙牛"与"三鹿"等涉事企业在2008—2009年度、2009—2010年度财务报表的对比分析。

带着对这些问题的思考，本研究对多品牌产品伤害危机情境下消费者行业信任，以及企业响应策略及其影响消费情绪、消费行为的相关研究进行了系统梳理后发现，当前理论界对此类问题的关注和研究大都集中在单品牌危机后消费者信任的影响研究，危机发生后涉事企业如何应对，以及这种应对策略给其消费者与竞争对手，乃至整个行业带来的影响（Ahluwalia, Unnava and Burnkrant, 2001；Coombs, 2007；Siomkos, 2010；Silvera D. H., Meyer T., Laufer D., 2012；涂铭、景奉杰、汪兴东, 2013）。并且这些研究的焦点往往是存在问题并且已经被曝光的企业，对企业响应策略集合的关注也紧紧围绕"应对还是不应对"、"主动承认还是缄默、抑或是竭力辩解"（Coombs and Holladay, 2002；曾旺明、李蔚, 2008；方正、江明华等, 2011）等意向性层面的策略建议，鲜有对单品牌以及多品牌产品伤害危机后消费者信任，以及未曝光企业策略应对及其效果比较的专门研究。而且，当涉事企业采取不同的应对策略后，消费者在危机中和危机平息后两个不同时间节点下的品牌购买意愿是否存在差异？差异点在哪里？出现这些差异的影响因素有哪些？产生这些差异的内在机制又是什么？当前学术界对这些问题的整体关注和系统研究更是少之又少。因此，对这些问题进行系统的思考和解答，继而从危机事件、企业自身、消费者等不同视角丰富并完善产品伤害危机理论、消费者情绪理论以及消费者购买行为理论，也是本研究的理论意义之所在。

已有研究表明，在危机发生后企业应对处理的及时性是一个非常重要的因素（Coombs, 2007）。但从现实案例来看，企业无一例外的都是在危机曝光之后才会采取措施。实际上，面对不可辩解型的群发性产品危机，危机事件本身的负面影响会使消费者的品牌购买意愿降低很多，关键在于危机过后，当一部分消费者选择重新回归该行业时，涉事企业究竟采取什么样的措施才能使这些消费者"不计前嫌，恢复信任并再次购买"，继而将危机事件转化为重新扩大市场的新机遇，便成为本研究所研究问题的实践价值之所在。

现实案例的实践观察和理论文献的简要梳理表明，当前关于产品伤害危机事件应对策略的研究大多集中在已发生危机企业的策略集合选择上，对于涉事但尚未被曝光企业的策略应对及其影响消费者情绪和行为意愿的内在机制还缺乏脉络清晰的认知和判断，对这些策略集合究竟"如何"（How）影响消费者品牌购买意愿的过程研究也显得比较"粗略"，针对此类企业面对群发性产品伤害危机时提前介入和应对的预警机制和紧急响应机制的研究也明显不足。

## 一 产品伤害危机领域的现实困惑

在产品伤害危机情境下，企业应对往往面临三个现实困惑：首先，消费者的行业信任以及购买意愿会受到哪些因素的影响；其次，涉事企业应采取何种策略才能够有效地维持甚至扭转消费者的行业信任及其品牌购买意愿；最后，危机前后特别是整个行业的危机暂时平息后，涉事企业怎么做才会使消费者重新选择购买该品牌产品。以上问题的有效解答，既是本研究的设计出发点，也是本研究的现实意义之所在。

为从现实层面寻找关于这些问题的合理解答，笔者搜集整理了近十年（2003—2013年）国内主流媒体报道中关注度较高的产品危机事件，并对主流媒体的评价意见和网络论坛相关主题下回复的帖子进行了相应的关键词分析和分析整理。研究结果表明，相对于单品牌产品伤害危机而言，多品牌产品伤害危机对于消费者行业信任的影响更为严重；不同市场地位的涉事企业在危机中的不同应对策略会显著影响消费者的认知评价、情绪反应及其相应的品牌购买意愿。这样一个基于事实导向的前期积累也为本研究的整体思路设计奠定了基础。

通过摘取电视媒体（央视代表性评价20条）和网络媒体（新浪网代表性评价20条）的主流报道和相关评论，本研究梳理出已报道的各类代表性产品伤害危机事件共计119起，其中，单发性危机事件70起，群发性产品危机事件49起。分析结果显示，食品行业的群发性产品危机事件被曝光的次数最多，达31起，具体分布为乳制品行业6起；餐饮业7起；肉制品、蔬菜等副食业9起；饮料行业9起。其次为家电行业，共8起；医药安全行业与汽车行业的群发性产品伤害危机事件数紧随其后，分别为5起。而且，产品危机事件被曝光的次数呈逐年递增的态势。其中，仅2013年1—8月就先后有14起产品伤害危机事件被陆续曝光，而且其中不乏涉事企业数超过4家的典型群发性产品危机事件。

从行业因素来看，消费者和媒体对于关乎民生的日常生活用品相对更为敏感，比如食品安全问题和医疗安全问题。此外，对于包括汽车或家电（本统计中含通信、数码产品）等耐用品或选购品，由于需要承担较高的成本支出，其质量和使用安全问题也逐渐开始为消费者所广泛关注。

从危机范围来看，本研究整理的群发性产品伤害危机事件共45起。其中：牵连企业为4家以下的，或以"少数"等关键词描述的事件有28起；涉事企业为4—10家的有6起；涉事企业超过10家或以"多家"、"很多"或"各大"等关键词描述的有11起。危机事件的群发性特征由此可见一斑。此外，通过不同范围下消费者对事件本身的各类评价进行对比后发现，危机事件的群发范围对消费者的风险感知和行为意向有着直接的影响；消费者的购买意愿和危机范围的大小之间并不是单纯的反向相关；从不同危机范围下消费者的认知评价和反应，可以初步推断危机范围对消费者品牌购买意愿的变化有着明显的调节效应，可能是对企业策略的调节作用，也可能是与企业品牌声誉的交互作用。

从消费者的情绪反应来看，本研究通过对相关案例网络评论帖子中关键词的归类分析发现，当危机事件爆发在食品行业时，消费者通常会表现出较为强烈的无助和愤怒情绪，并会倾向于做出相对偏激的认知评价。典型的案例如肯德基"速成鸡"事件，双汇"瘦肉精"事件；而当危机事件爆发在汽车、电子产品等耐用品行业时，消费者则会相对理性很多，其情绪反应常以无助和失望情绪为主，如苹果手机充电器"电人"事件，本田汽车召回事件。随着涉事企业数的增加，消费者负性情绪状态可能会发生明显的变化，往往会从起初的"愤怒"向"无助"情绪转移。消费者此时的负性情绪很容易出现扩散并影响到其他品牌，而且还经常会出现对政府和行业监管部门的问责和归因等行为倾向，最终的结果是消费者对危机品牌的购买意愿大幅下降，对行业品牌的整体购买意愿也会随之下降。

从危机前后的对比来看，涉事企业应对危机的主动性同样会在很大程度上影响消费者的负面情绪和品牌购买意愿。危机初始，不论危机企业的市场地位如何，危机程度如何，部分消费者的负面情绪反应会非常强烈，通常表现为多种偏激评论在各个论坛中的充斥。从其表达的言辞中能够感觉到明显的愤怒或无助情绪，甚至会出现对整个行业的质疑和不信任。案例分析的结果还显示，在危机中能够积极主动应对，且行业内经查与事件无关的企业更易获得消费者的原谅或理解。典型案例如"恒天然"乳粉事件。[①]"恒天然"乳业由于检验失误被曝肉毒杆菌超标，波及下游多家企业，包括"娃哈哈"、"雀巢"等都蒙受巨额损失。尽管事件过后经过检验证实其产品并无重大缺陷，但"恒天然"首席官仍亲赴中国向中国消费者专门致歉，并承诺主动召回存在质量问题的产品，同时做出相关理赔承诺，最终赢得消费者的谅解，危机后的产品销量甚至出现了"不降反升"的反弹迹象；反观"三鹿"乳业的三聚氰胺事件，由于涉事企业不主动承认错误继而造成事态扩大，直至被大面积曝光后才被迫采取了相对被动的事后补救措施，但已经无力回天。

从涉事企业的应对方式来看，品牌声誉和市场地位不同的企业，在危机事件中采取的应对方式和介入时机不同，对消费者的情绪和购买意愿的影响也明显不同。通过对消费者的评论和媒体报道统计

---

① 根据 http：//news.ifeng.com/shendu/21sjjjbd/detail_ 2013_ 08/12/28509844_ 1.shtml 等网站信息整理后呈现。

分析发现，涉事企业的应对策略对消费者的品牌购买意愿有着显著的影响，其内在机制还可能会受到其他很多因素的干扰和调节。通过对企业地位与企业应对策略所做的交互对比发现，处于市场领导者地位的涉事企业在采取主动赔偿策略时，消费者的品牌购买意愿往往能够较好地维持在原有水平上，消费者对企业的评价不降反升甚至可能会超过危机前的水平。比如"麦当劳召回有毒玻璃杯"事件[1]，自麦当劳所使用的玻璃杯质量问题曝光后仅4天，麦当劳就通过官方网站发布了召回政策的细节，并强调"尽管所用玻璃杯质量问题仅是个例，但仍将停止使用"，消费者在此次危机事件后认为"麦当劳对质量要求严格"，可以"放心消费"。但是，当处于市场领导者地位的涉事企业采取被动服务或被动赔偿策略时，往往会使消费者认为涉事企业只是在"应付"政府管制，"敷衍"消费者，从而会更加强化其反感情绪，并最终导致其对该品牌购买意愿的显著降低。比如，在"SK-Ⅱ化妆品铬钕超标"事件[2]中，危机曝光后，宝洁公司仅仅发表公告声称该产品质量并不存在问题，迟迟没有提供任何官方解释或召回措施，直至消费者大面积的"退货潮"出现时，宝洁公司才开始附带"满足四个退货条件"的召回行动，而消费者在退货的过程中也重重受阻，"公众对'SK-Ⅱ事件'的困惑与失望"直接导致了SK-Ⅱ系列产品永久性地退出了中国市场。

多品牌产品伤害危机中涉事企业的应对策略对消费者的行业信任与品牌购买意愿的影响会受到很多因素的影响，其最终的效果也会因此而明显不同。更有意思的是，由于涉事企业及危机事件本身等因素的干扰，消费者往往会在危机中和危机后对涉事品牌产生"迁怒"或"原谅"的情绪反应和行为意向，最终表现为不同的品

---

[1] 根据 http://news.sina.com.cn/c/2010-06-08/032420430238.shtml 等网站信息整理后呈现。

[2] 根据 http://news.sohu.com/20060917/n245383298.shtml 等网站信息整理后呈现。

牌购买意愿。然而，问题的关键在于，群发性产品伤害危机事件中，面对市场地位或品牌声誉明显不同的企业，其所采取的应对策略不同，消费者的情绪反应、认知评价和行为意向为什么会出现差异？产生这种差异的内在机理是什么？涉事企业究竟应该怎么做才能更有效地渡过难关，化险为夷，甚至转危为机？这些都是本研究将要深入探讨的重要问题。为方便起见，本研究将2003—2013年国内比较有影响力的典型产品伤害危机事件进行了梳理，并将危机事件中涉事企业的应对策略做了简要归类，详见表1-1。

表1-1　代表性产品危机事件（2003—2013年）中的企业应对策略

| 时间 | 代表性产品危机事件 | 涉事企业应对方式 | 涉事企业介入时机 |
| --- | --- | --- | --- |
| 2013.8 | 婴幼儿乳粉事件 | 补偿型措施 服务型措施 | 主动 |
| 2013.7 | 苹果手机充电器电击伤人事件 | 服务型措施 | 被动 |
| 2012.11 | 肯德基"速成鸡"事件 | 服务型措施 | 主动 |
| 2012.1 | 毒胶囊事件 | 服务型措施 | 被动 |
| 2011.3 | 双汇"瘦肉精"事件 | 服务型措施 | 主动 |
| 2010.4 | 肯德基"秒杀门"事件 | 服务型措施 | 被动 |
| 2010.2 | 雪碧汞中毒事件 | 服务型措施 | 主动 |
| 2008.12 | 西门子受贿丑闻事件 | 服务型措施 | 被动 |
| 2008.9 | 三鹿问题奶粉事件 | 补偿型措施 | 被动 |
| 2008.4 | 抵制家乐福事件 | 服务型措施 补偿型措施 | 主动 |
| 2007.8 | 大白兔"甲醛"事件 | 服务型措施 | 主动 |
| 2006.9 | SK-II铬钕门事件 | 服务型措施 | 被动 |
| 2006.4 | 博士伦眼药水事件 | 服务型措施 | 被动 |
| 2006.3 | 亨氏转基因事件 | 服务型措施 | 主动 |

续表

| 时间 | 代表性产品危机事件 | 涉事企业应对方式 | 涉事企业介入时机 |
| --- | --- | --- | --- |
| 2004.8 | 乳制品"二噁英"中毒事件 | 服务型措施 | 被动 |
| 2005.5 | 雀巢奶粉碘超标事件 | 服务型措施 | 主动 |
| 2004.5 | 龙口毒粉丝事件 | 服务型措施 | 被动 |
| 2004.4 | 丰田汽车召回事件 | 补偿型措施 | 主动 |
| 2003.7 | 索尼彩电召回事件 | 补偿型措施 | 主动 |
| 2003.11 | 金华火腿"敌敌畏浸泡"事件 | 服务型措施 | 被动 |

资料来源：根据相关案例分析整理。

## 二 产品伤害危机领域的理论缺失

本研究通过近10年产品伤害危机事件的梳理发现，已发生的群发性产品危机事件从性质上来界定的话，大多数表现为不可辩解型。此类危机通常是指已经证实企业产品确实存在某种缺陷的危机类型（方正，2007）。危机中，涉事企业一旦应对不当，其正常的经营活动将会受到很大的负面影响，严重的甚至会损害企业的品牌形象，使消费者丧失信心，降低消费者对危机品牌的质量感知，从而影响到消费者对品牌的忠诚度（Laufer and Coombs, 2006；井淼等，2006；Cleeren et al., 2008）。需要提及的是，对于不可辩解型危机影响的研究，营销领域里更多地表现为关注其所带来的溢出效应。溢出效应（spillover）是刺激信息对未直接涉及的对象产生影响的外在过程（Ahluwalia et al., 2001），通常有多种表现形式，如同一危机品牌不同属性间的溢出效应、不同危机品牌间的溢出效应、危机品牌对其他竞争品牌甚至是所在行业的溢出效应，以及不同行业间的溢出效应（王晓玉等，2009；杜建刚、范秀成，2011；田阳等，2013）等。产品伤害危机发生后，危机产品属性的信息刺激会对消费者形成启动信息，进而形成消费者评价的环境。此时，消费者基于对危机品牌及其应对策略的评价，可能会做出相似或相异的判断：对于产品属性相似，或企业采用相似性营销策略时，消费者会更为关注产品的相似性，从而形成同化效应；对于产品属性相差较大，或企业采用对比性营销策略时，消费者会更为关注产品的相异性，从而形成对比评价（Dahlen and Lange，2006），并由此产生各种正向或负向的溢出效应。

不难看出，之前关于产品伤害危机溢出效应的研究主要集中在不同属性产品伤害危机的负面影响和企业的应对方式选择这两个领域，关注的事件类型大多为单一品牌。然而，近年来产品伤害危机曝光率逐年提高，波及的企业通常为好几家，不同品牌间的溢出或多个品牌对某品牌间的溢出效应更为复杂，很难利用以往的研究进行简单的分析。从这个角度来看，在群发性产品危机情境下考察企业对危机事件的应对策略如何影响消费者品牌购买意愿的内在机制的理论和现实意义似乎更大。而且，当前不可辩解型产品伤害危机呈现出明显的"频发、多发"特征，但学者们对此类危机中企业应对策略的关注往往局限在单个企业或品牌危机，对于群发性产品危机情境下的相关研究还非常少见。因此，在群发性产品伤害危机情境下，涉事企业如何合理有效地采取应对策略来将这种不可辩解型危机的负面影响降至最低，已经成为产品伤害危机领域备受关注的一个研究范畴。尽管当前围绕不可辩解型产品伤害危机应对策略的研究成果已经很多（Siomkos and Kuzbard，1994；Dawar and Pillutla，2000；王晓玉、吴纪元和晁钢令，2006；Huang，2008；涂铭等，2013），但已有研究中对应对策略的研究焦点大多集中在已经被曝光的企业上，很少关注尚未被曝光企业的策略选择，而且以往研究中对相应策略集合的设计整体停留在"该如何做"的思考层面，对于"什么时间怎么去做"策略组合考虑相对较少。

从消费者的视角来看，当前营销界关于产品伤害危机各类负面影响的研究已经很多（Jorgenson，1996；Dawar and Pillutla，2000；Roehm and Tybout，2006；方正等，2010），但这些研究的一个共同点在于没有考虑时间效应的存在会使得消费者的品牌购买意愿在危机前后产生某种变化，而这种变化反过来又可能会对涉事企业的策略选择产生相应的影响。基于此，本研究选择群发性产品伤害危机作为背景，重点考察危机中和危机平息后这两种时间节点下消费者情绪反应和行为意愿的显著差异，并试图利用解释水平理论与情绪认知理论来探索产生这种差异的本质性原因。

还有研究表明，涉事企业的品牌资产和危机范围在产品伤害危机中会起到调节作用（Zhao Y. et al, 2011）。品牌知名度、品牌声誉等与品牌资产相关的因素均会对消费者感知质量、购买意愿等产生影响（Siomkos, 2010）。品牌声誉是品牌资产中的一个重要维度，某种程度上可以反映出消费者对企业的社会责任预期（田阳等，2013）。消费者品牌忠诚、品牌信任等因素能够在一定程度上保护涉事企业免受更多损失（Dawar and Pillutla, 2000; Dahlen and Lange, 2006）。品牌声誉不同的涉事企业即使采取相同的应对策略，对于具有不同认知需求特征的消费者造成的影响也是有差异的。企业品牌资产对产品伤害危机事件的影响是近些年来学者们关注的热点，但具体到涉事企业品牌声誉在群发性产品危机背景下的调节效应研究仍然比较少见。因此，关注不同品牌声誉企业所采取的不同应对策略给消费者的情绪反应和行为意愿带来的不同影响，也是一个比较有趣的研究点。

此外，根据可接近性—可诊断性理论，群发范围越大，消费者获得的可诊断性负面信息就会越多（汪兴东、景奉杰、涂铭，2012）。在群发性产品伤害危机情境中，不同危机范围下，即使采取同样的应对策略，有的涉事企业可能会博得消费者的同情和对企业社会责任担当的肯定，而有的企业也可能会由此引起消费者的失望进而购买其他品牌。因此，厘清群发范围在群发性产品伤害危机中的调节作用，某种程度上而言，同样有利于涉事企业根据现实情况做出合理的应对，进而更有效地保护自己的消费群体。

### 三　研究背景概述

概括而论，已有的研究紧紧围绕一个基本逻辑框架展开，即在特定环境下发生的产品伤害危机，由于危机事件属性（单品牌、多品牌）及企业属性（品牌声誉、品牌承诺、产品属性等）等因素，涉事企业在不同条件下采取的响应方式或措施（反驳、诊断、缄默等）不同，不同认知需求特征的消费者根据危机的不同属性以及涉事企业的不同应对策略类型会产生类型或强度不同的情绪反应（常见的如愤怒、无助、恐惧、焦虑等），并且伴随着消费不同程度的问责意愿（报复、补救、原谅等），从而最终影响到消费者对于涉事企业负面情绪的差异。然而，在这个逻辑框架中仍有几个方面有待进一步探索：比如，现有研究中没有对单品牌与多品牌产品伤害危机后消费者心理变化的差异进行研究，没有对产品危机动态变化过程中的消费者心理变化机制进行研究；未系统关注群发性产品危机对消费者行为影响的作用机制；未能清晰解释产品伤害危机与行业信任之间可能存在的中介机制；未能清晰解释涉事企业危机应对策略与消费者情绪变化之间可能存在的中介机制；未能对品牌来源国、消费者卷入度、品牌声誉以及危机范围等调节变量的存在条件做更精确的刻画和描述；也没有足够的理论基础对现有研究存在的理论逻辑框架进行完整阐释。如图1-1所示。

基于上述分析，本研究将围绕两大实证研究脉络展开，实证研究一主要探讨群发性产品危机对消费者行业信任的影响机制及其修复策略；实证研究二主要关注群发性危机动态变化下对消费者购买意愿产生的影响。

## 第二节　研究目的与意义

### 一　研究目的

本研究将在群发性产品伤害危机背景下重点解决两个问题：其一，考察群发性危机对消费者行业信任的影响机制，同时考虑消费者的情绪在这一过程中的中介作用以及群发性危机对消费者情绪的

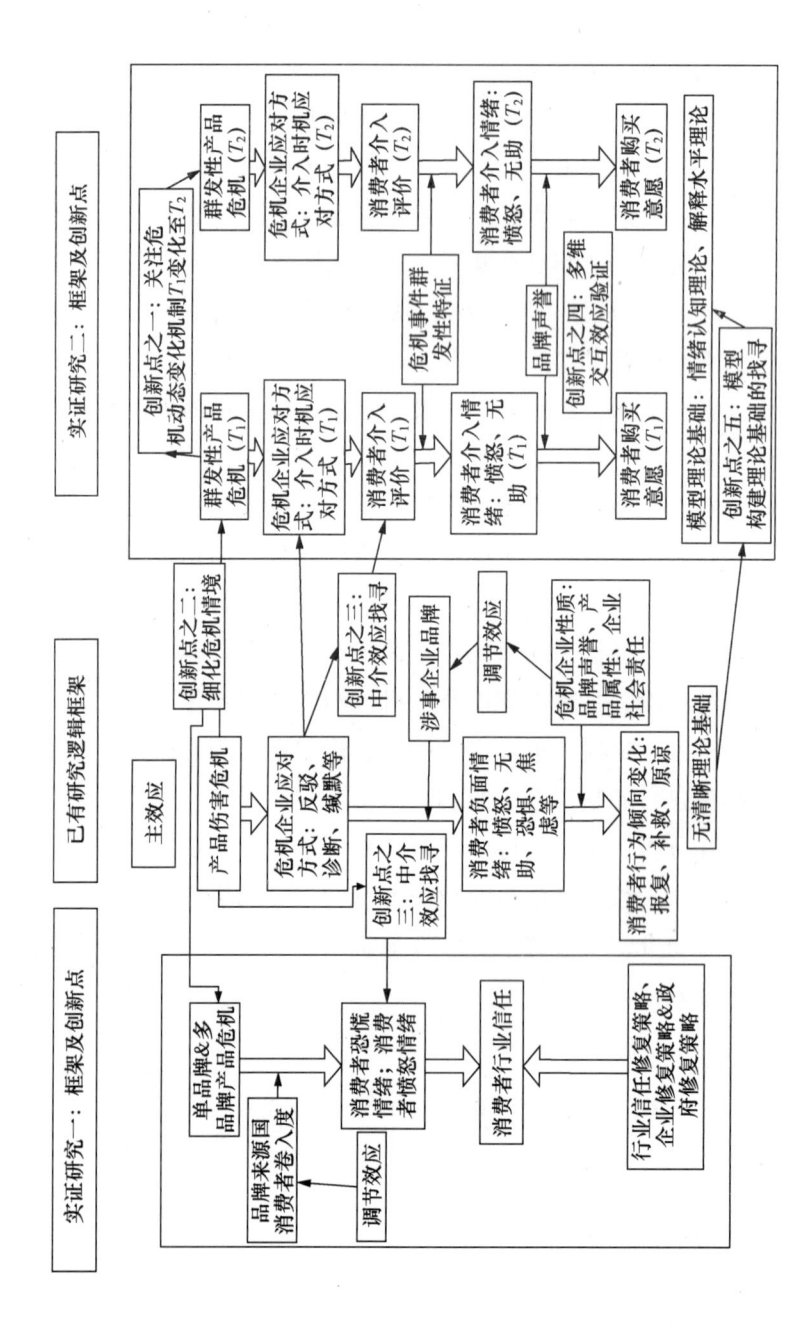

图1-1 已有研究理论框架与本书拟创新研究理论框架对比

影响会受到哪些外在因素的调节,并在此基础上探索群发性危机发生后,如何对其行业信任予以修复;其二,未曝光企业在群发性危机事件中的应对策略对消费者危机前后的品牌购买意愿会造成怎样的影响,进而研究消费者认知评价及其负面情绪在这一影响过程中的中介效应以及消费者在危机中以及危机后品牌购买意愿的差异会受到哪些因素的干扰和影响。研究目的如下:

1. 对比单品牌与群发性危机后消费者行业信任变化的内在机制

在当今社会,产品伤害危机作为影响消费者信任的负面事件,以往的研究大多关注单品牌危机对消费者信任的影响,而本研究将对单品牌和群发性危机对消费者行业信任的影响予以比较,探索二者对消费者行业信任影响的不同机制。

2. 聚焦群发性产品危机情境下未曝光企业的响应策略

当前产品危机明显呈现出"频发、多发"的特征,但已有研究对危机中企业响应策略的关注往往局限在单个企业或品牌危机。基于此,本研究拟以群发性产品危机发生过程中未被曝光企业的响应策略为研究起点,继而关注其对危机消费行为的多维影响机制。

3. 对比研究危机前后消费情绪及行为动态变化的内在机理

考虑已有研究中鲜有涉事企业响应策略对危机前后消费者情绪及行为意向动态机制的对比研究,本研究将以此为突破口,深度解析其整个过程中消费者心理及行为机制的动态变化路径,以求在理论上还原消费者行为变化的真实轨迹。

4. 探索企业或政府的响应策略与消费者行为之间的互动传导机制

从企业—消费者关系互动的视角出发,一方面重点关注此过程中企业响应策略影响消费者心理及行为变化的中介机制,以及涉事企业的品牌声誉与危机范围的交互效应在此过程中的调解效应;另一方面探索产品危机发生后企业或政府的不同策略对消费行业信任的影响,从而更清晰地解释企业响应策略在群发性产品危机过程中的复杂作用路径。

5. 构建科学有效的危机预警机制和紧急响应机制

利用本研究构建的理论模型合理解释实践中涉事企业"进退两难"的窘境的产生机理,并为涉事企业"化险为夷",甚至"转危为机"提供策略建议,继而为帮助企业尽早建立科学有效的危机预警及紧急响应机制以避免陷入更大范围的危机提供相应的理论支持和管理建议。

6. 找寻符合理论模型构建背后的理论解释机理

借鉴解释水平理论和情绪认知理论的相应观点,深入探究该情境下涉事企业的响应策略对危机前后消费行为的动态影响及其内在演化机制,以弥补当前相关研究缺乏系统理论框架、对企业实践解释力明显欠缺的不足。

## 二 研究意义

当前学术界关于产品伤害危机的负面影响及企业应对策略研究已经非常普遍,但是,当前研究的重点更多地集中于单个企业或品牌的危机应对行为及其溢出效应(Roehm and Tybout, 2006; Siomkos, 2010; Zhao Y. et al, 2011; 杜建刚、范秀成, 2011; 汪兴东、景奉杰、涂铭, 2012)。对于危机事件的群发性特征及其对消费者负面情绪以及行业信任产生影响的内在机制探讨还不够深入,对于未曝光的涉事企业所采取的响应策略对消费者的负面情绪及其最终购买意愿"怎样产生影响"的内在机理缺乏一条完整的研究脉络,尤其从时间维度出发,对危机平息前后消费者负面情绪、消费者的行业信任以及最终购买意愿动态变化的比较更是鲜有涉及。基于此,本研究拟从未被曝光企业的策略选择及消费者的认知评价及情绪反应视角,一方面,分析消费者对危机的不同情绪反应如何影响其行业信任,并考虑品牌来源国以及消费者卷入度的影响;另一方面,在对涉事企业的客观应对行为与消费者的主观"介入评价"进行合理区分的基础上,引入动态的时间对比效应,继而系统地研究消费者负面情绪在危机前后的变化机制及其对消费者购买意愿的影响机制,最终的研究成果对于深入探索群发性产品伤害危机中涉事企业的最优策略选择以及如何最大限度地消除消费者负面情绪扩散所可能带来的不利影响，同时，通过理论重构研究消费者在群发性产品危机发生过程中的心理变化机制，最终为危机中企业如何合理有效地尽早建立应对群发性产品危机的紧急响应机制与预警防范机制提供理论支持和策略建议。其研究意义与价值如下：

1. 理论意义

第一，以群发性产品危机情境下未被曝光企业的应对策略作为研究起点，并通过深入探讨危机前后消费者认知评价与情绪反应对其品牌购买意愿的引致效应，从而将产品伤害危机的相关研究从单个静态的研究引入持续动态的关注，更加贴近实际地考察了产品伤害危机的负面影响，进一步丰富了企业危机应对策略的选择集。

第二，打破了以往研究中主要关注"单个企业或品牌产品伤害危机溢出效应"的传统思维，以消费者认知评价和情绪反应为中介变量，重点探索消费者危机前后品牌购买意愿变化的内在机理，并由此建立起企业应对策略与消费者购买意愿之间的内在关联，为综合考虑多个品牌对目标品牌溢出效应的相关研究提供了全新的理论视角。

第三，明确提出将"介入时机和应对方式"这一全新的应对策略作为涉事企业的决策考虑集，从时机和方式的组合层面对企业的策略集合进行了全新的阐释，并重点考察了品牌声誉、危机范围、消费者认知评价等变量对这一过程的调节作用。同时，从时间效应的角度提出并分析了危机前后消费者购买意愿的差异，进一步丰富和完善了产品伤害危机理论。

第四，尝试对"介入评价"进行更清晰的概念界定与维度构建，在满意度评价量表的基础上改良开发了全新的测量量表，并完成了相应的信度、效度检验，为企业应对策略与消费者品牌购买意愿之间找到了一个更精确的中介变量，继而将社会心理学中负面情绪的产生机理及蔓延机制成功应用于营销情境下，并构建了一个相对独特的基于消费者认知评价和情绪分析的研究范式。

2. 现实意义

第一，应对策略的二维设计将为涉事企业在危机群发的背景下构建科学合理的危机预警机制和紧急响应机制，并为最终实现转"危"为"机"的危机管理决策提供全新的、更具现实意义的策略选择集。

第二，对比研究"危机中"和"危机后"的消费者反应差异，从而将企业响应策略与消费者行为反应之间的互动关系研究由传统的静态思考推向现实的动态思考，更好地兼顾了其策略的短期效果和长期效果。

第三，通过中介效应与调节效应的探索，将合理解释品牌危机与消费者行业信任，以及企业应对策略与消费行为反应之间的互动传导机制，继而将企业危机应对行为的客观性与消费者认知情绪反应的主观性有机结合在一起，使得企业应对策略的效果评价更具合理性和针对性。

第四，致力于唤醒全行业共同应对危机的集体意识，促使相关企业及行业管理部门摒弃"事不关己、高高挂起"的旁观者思维，并为竭力避免产品危机演化为企业危机乃至行业危机的局面出现提供相应的管理建议。

## 第三节 研究思路与方法

### 一 理论构思

本研究打破了以往产品伤害危机研究大多围绕"产品伤害危机—顾客感知风险—消费者购买意愿"这一逻辑主线展开的既定思路和模式，在群发性产品危机背景下，具体关注危机前后消费者品牌购买意愿差异的产生机理及演化机制，并以介入评价和负面消费情绪为中介变量，建立起涉事企业在未被曝光前的"应对策略"与消费者品牌购买意愿变化之间的内在关联，并重点考察企业声誉、危机范围、消费者认知评价等变量在这一过程中的调节作用。整个研究过程的基本思路和具体步骤如下。

第一步，通过网络论坛和报纸杂志资料搜集整理了近十年（2003—2013年）具有代表意义的群发性产品伤害危机事件，通过内容分析法和词频分析法整理了主流媒体的相关评论，并借此梳理此危机情境下涉事企业的应对策略对消费者的情绪反应及行为意向产生影响的现实状况，并将涉事企业在应对策略选择中的现实困惑拟定为本研究的逻辑起点。

第二步，结合拟定的研究方向，详细阐述产品伤害危机、消费者情绪及行为等研究领域的学者对相关问题研究的最新进展，归纳总结当前理论研究中存在的明显不足，并针对当前的现实困惑和理论缺陷进行更深层次的分析与思考，提出符合本研究目标的内容框架和技术路线。

第三步，在案例分析和文献评述的基础上明确界定本研究中的关键变量及其相互之间的逻辑关系。基于情绪认知理论和解释水平理论，通过对大量网络调研和访谈调研的结果，辅以前人的研究成果，并基于现有文献的理论推演逐步提出并完善相应的研究假设，最终构建并确定本研究的研究模型。

第四步，根据研究模型和相关假设，在深度访谈的基础上严格按照量表开发的程序选择或改良开发本研究所需量表。同时，根据网络调研和访谈结果设计相应的实验情境和流程，先后通过四次正式实验获取最终的实验数据。

第五步，结合正式实验中所获得的实验数据，借助 ANOVA 方差分析法，同时辅以 AMOS 多组群线性结构方程模型对本研究中的相关假设进行逐一的实证检验和分析，得出研究结论，并以此为基础进行结果讨论和分析总结，提炼归纳本研究的贡献点、创新点以及存在的不足之处和后续的研究设想。

## 二 研究方法与技术路线

本研究拟采用案例分析与内容分析的定性研究方法总结提炼出所关注的基本问题，然后通过文献回顾法和深度访谈法对该问题背景下的已有研究进行比较分析，提炼并构建相应的研究模型，并根据整体研究思路和所依托的理论基础发展出相应的研究假设，然后通过案例研究，正式实验完成相关理论的体验以及假设的验证，得出最终的研究结果。研究过程中使用到的主要研究方法主要包括以下几种类型。

（1）三角测量式的研究方法。所谓三角测量法（国外称之为Triangulation或者Abductive method），即采用理论、测量、资料类型和资料收集渠道等多种方法以获得对研究对象的多方面了解，同时将统计研究方法和质性研究法，诸如参与性观察和深度访谈、专题小组研究和焦点访谈结合起来（Denzin，1978），从而使得管理研究既能科学地探索本质和规律，同时又具有较好的实践性和管理影响，Webb等在谈及三角测量法时说到，如果用两个或多个测量分析过程来证明一个命题，那么对于命题的解释将会大大加强（Webb et al.，1966）。三角测量法包括四种类型：观察者三角测量（investigator triangulation）、数据三角测量（data triangulation）、理论三角测量（theory triangulation）、方法论三角测量（methodological triangulation）（Jack et al.，2006）。

（2）文献回顾法。①通过多途径文献搜索方式追踪研究实践中典型企业在群发性产品危机中的表征数据了解企业响应方式的类型及效果；②通过对产品伤害危机为核心轴的相关理论文献的梳理和研究，明确本研究的核心变量、逻辑关系、基础理论，并据此提出基于解释水平理论和调节聚焦属性理论下的群发性产品危机动态变化过程中企业响应策略影响消费行为传导机制的理论模型。

（3）访谈法。①针对研究设计中相关主题，对不同行为主体进行深度访谈，并对访谈结果进行数据编码、提炼进而获取群发性产品危机动态变化过程中有关企业响应策略与消费行为变化的一手资料；②根据访谈结论提炼和纯化本研究中企业应对策略（介入时机、应对措施）、消费者介入评价、消费者负面情绪（消费者愤怒、消费者无助）以及消费者购买意愿等关键变量的测量问卷，为各变量后续的探索性分析提供依据。

（4）实验法。本研究主要探求涉事企业在群发性产品危机中的介入时机和应对方式如何导致消费者不同的认知、情绪和行为意向（因果关系）。因此，选择实验法以求更合理地控制相应的实验环境，从而实现对所关注的核心变量进行操纵的目的，即通过危机情境的设置在实验室条件下采集相关数据，然后对相应数据进行统计分析处理，继而在此基础上对提出的假设进行逐一验证。

（5）统计方法。①本研究拟利用SPSS对独立样本数据组间对比采取方差分析或非参数检验；②拟运用AMOS软件采用多组群线性结构方程的分析方法对不同介入时机和应对措施的多组结构方程模型进行恒定检验；③拟利用多元德尔塔方法对比研究不同企业响应策略组合中消费者介入评价与消费者愤怒、消费者无助两种负面情绪在群发性产品危机动态变化过程中不同中介效应的大小。

本研究运用多案例分析的质性研究方法对近十年（2003—2013年）国内外代表性产品伤害危机事件进行了分析整理，同时系统梳理了产品伤害危机领域的最新研究成果，并针对其中的理论空白点和值得商榷的地方，总结提炼本研究所关注的核心问题；接下来，在情绪认知理论和解释水平理论的指导下对本研究所提的相关假设进行验证和说明，在此基础上形成最终的研究成果，详见图1-2。

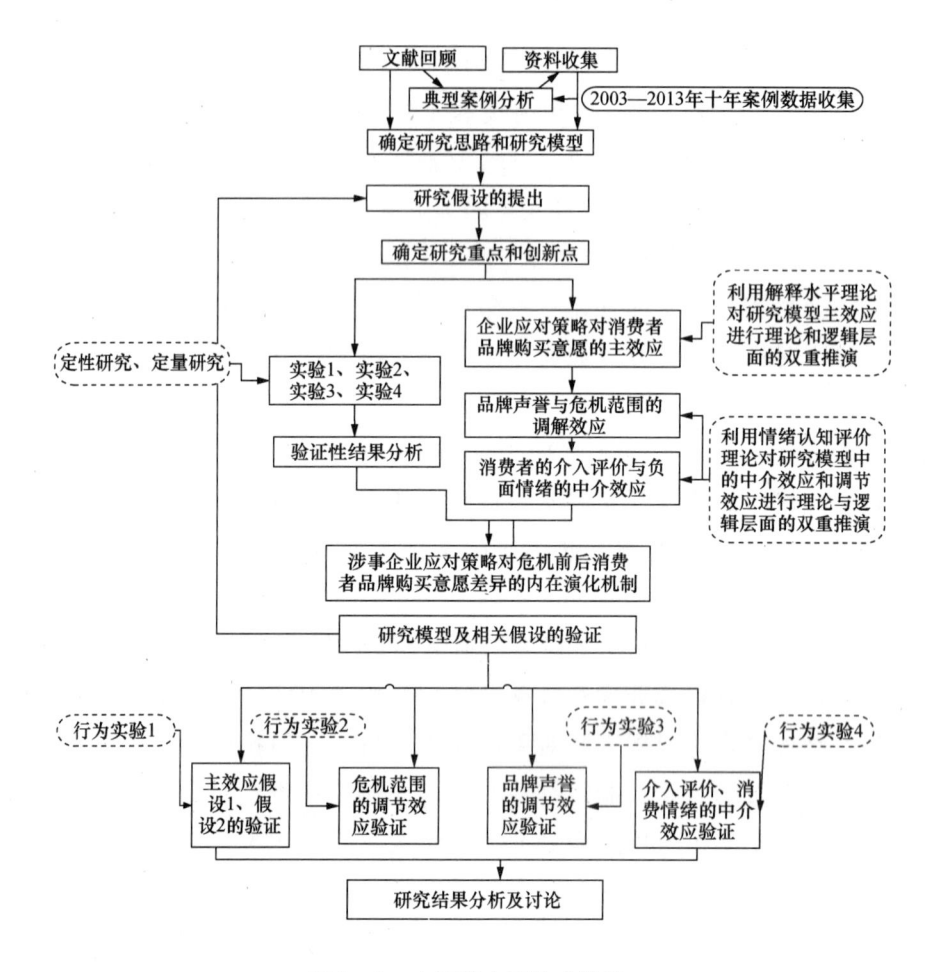

图 1-2 本研究主要技术路线

## 第四节 本研究的结构与内容安排

本研究将立足于上述对群发性危机现实以及理论的分析，将从危机管理的视角出发，对群发性危机发生后消费者行业信任及其品牌购买意愿的变化予以探索与分析。不同于以往的品牌危机研究的文献，本研究对群发性危机的研究主要有如下几个特点：第一，对单品牌与群发性产品伤害危机后消费者心理变化及其行业信任情况进行对比性研究；第二，对产品危机动态变化过程中的消费者心理变化机制进行研究；第三，系统关注群发性产品危机对消费者行为影响的作用机制；第四，清晰解释产品伤害危机与行业信任之间可能存在的中介机制；第五，清晰解释涉事企业危机应对策略与消费者情绪变化之间可能存在的中介机制；第六，对品牌来源国、消费者卷入度、品牌声誉以及危机范围等调节变量的存在条件做更精确的刻画和描述；第七，寻找足够的理论基础对现有研究存在的理论逻辑框架进行完整阐释。

本研究的后续部分将分为五个章节。第二章通过对产品伤害危机领域的相关文献进行系统梳理，探索与发现已有研究之间的关系，并由此构建产品伤害危机研究相关成果的系统框架，深入探索现有产品伤害危机研究领域存在的研究空白与不足，旨在为产品伤害危机主题后续研究指明方向。第三章对群发性产品危机的概念进行进一步梳理，并对其群发性产品伤害危机中消费者情绪反应及其行为变化的相关研究予以述评。同时，对本研究中所应用到的情绪认知理论以及解释水平理论两大理论基础予以详细阐述，为后续的研究提供坚实的理论基础。第四章是本研究的实证研究专题之一，主要探索群发性危机后消费者行业信任的变化，以及如何对消费者行业信任予以修复，主要包括四个相关的实证研究，分别是：群发性危机对行业信任的伤害机理研究，乳品行业群发性危机对消费者行业信任的影响，群发性危机中的"替罪羊"效应对消费者行业信任的影响研究，群发性危机事件后消费者信任修复的策略研究。四个子研究依次递减，从机理研究，到案例研究，再到修复策略研究，系统地分析了群发性产品伤害危机对消费者行业信任的作用机理。第五章是本研究的实证研究专题之二，主要探索群发性危机动态变化的过程中涉事企业的应对策略如何影响消费者品牌购买意愿，主要包括三个相关的实证研究，分别是：涉事企业的应对策略影响消费者品牌购买意愿过程中危机范围的调节作用，涉事企业的应对策略影响消费者品牌购买意愿过程中品牌声誉的调节作用，涉事企业的应对策略影响消费者品牌购买意愿过程中消费者负面情绪的中介作用。第六章将对本研究予以总结，详细论述本研究研究的结论以及启示，并对群发性危机领域未来可能的研究予以展望。

# 第二章　产品伤害危机研究现状追踪

产品伤害危机事件的频发,使得国家对产品安全的法律法规监管愈加严格,消费者对产品质量安全的维权意识也逐渐增强。与此同时,在现代通信及新兴媒体的推动下,信息传递速度大大加快,从而使得产品伤害危机事件被曝光的概率和频率越来越高(冯蛟等,2015)。近几年,国内外很多行业都出现了不同程度的产品伤害危机事件:从高科技行业到传统行业,从食品加工行业到医疗卫生行业,从机械制造行业到零售服务行业,均未能幸免。例如,2008年中国乳制品污染事件,2012年的酒鬼酒等知名白酒塑化剂超标事件以及2013年大米镉含量超标事件等。据统计,就乳品行业而言,近10年来国内先后发生过39次较为严重的危机事件,而且此类事件呈现出明显的群发态势。[①] 产品危机一旦发生,必然会对涉事企业、消费者乃至整个行业产生明显影响(吴思,2011),轻则导致消费者信心降低,企业产品销量与市场份额下降,企业股价下跌等(Pruitt and Peterson,1986),重则会导致企业破产,甚至引发整个行业的震荡(杨洋等,2010)。

20世纪80年代末90年代初,学术领域开始出现关于产品伤害危机的研究(杨君茹等,2012)。Siomkos(1989)较早地针对产品伤害危机展开了研究。学者们围绕产品伤害危机的概念(Siomkos and Kurzbard,1994)、类型(Smith,2003;方正,2007)、应对策

---

① 此处结论转引自中国农业大学陆娟教授在《农民日报》(2013年11月4日)发表的一篇署名文章《乳品品牌危机缘何出现》,http://www.farmer.com.cn/jjpd/xm/ry/201311/t20131104_906108.htm。

略（Laufer and Coombs, 2006；Anwar, 2014）、影响以及溢出效应（Heerde et al., 2007；方正等，2013）等多个方面进行了研究。虽然学术领域已有大量关于产品伤害危机的研究，但是这些研究还比较分散和零散（李婷婷、李艳军，2012），并且尚未形成对于产品伤害危机研究的系统框架。

鉴于此，本章试图通过对产品伤害危机领域的相关文献进行系统梳理，探索与发现已有研究之间的关系，并由此构建产品伤害危机研究相关成果的系统框架，深入探索现有产品伤害危机研究领域存在的研究空白与不足，旨在为产品伤害危机主题后续研究指明方向。

# 第一节　产品伤害危机的概念与分类

### 一　产品伤害危机的概念

产品伤害危机（product harm crisis）通常被界定为偶然出现并被广泛宣传的某种产品存在缺陷或是对顾客产生伤害的事件（Siomkos and Kurzbard, 1994），这一概念已得到了学术界的广泛认可（方正、杨洋，2009）。危机通常发生在一个公司的产品不符合强制性安全标准，其存在的缺陷可能会给消费者造成实质性的伤害（比如造成严重的人身伤害或死亡的危险），或者企业未能遵守特定行业自愿采用的某些标准时。Dawar 和 Pillutla（2000）提出，产品伤害危机是当企业生产的产品出现缺陷或存在危险时面临的复杂情境，是企业最常遭遇的威胁之一。产品伤害危机的特征主要有以下几点：一是产生原因和造成结果不清晰；二是危机发生概率相对较低，但是一旦发生就会对企业构成极大威胁；三是企业反应时间很短，考察企业应变能力；四是危机突发性，有时连企业都感到意外；五是结果难以预测，企业面临决策困境（井淼、周颖，2013）。此外，尽管产品伤害危机的概念已经得到了学术界的普遍认同，但鲜有学者将其与相关概念予以比较（方正，2007）。例如，产品责任作为产品给消费者带来损失与伤害后企业应该承担的责任（Kaikati，1978），便是一个与产品伤害危机既有区别又存在一定联系的概念。二者同属于营销领域的研究问题，但产品责任同时还涉及法律层面，且二者的影响范围也存在一定的差异（方正，2007）。

### 二 产品伤害危机的类别

就产品伤害危机的分类而言，一些学者以产品缺陷或伤害是否违反相关产品法规或安全标准作为依据，将产品伤害危机划分为可辩解型（defensible）和不可辩解型（indefensible）两类（Smith，2003；方正，2007），其中，可辩解型产品伤害危机是指产品可以被澄清或者证明是无害且无缺陷的，而在不可辩解型产品危机中是不可以的（Smith，2003）。两类产品伤害危机对于企业而言，在可选应对方式、最优应对方式等方面存在差异（方正、杨洋，2009）。除上述分类以外，随着现在产品伤害危机逐渐呈现出群发态势，我们认为根据产品伤害危机的危机范围，即涉入企业数量的多少可以将产品伤害危机划分为单发性产品伤害危机与群发性产品伤害危机。在单发性产品伤害危机中，行业中只有一家企业涉入其中，而群发性产品伤害危机则表明，行业中至少有两家或两家以上企业受到影响，且随着现在产品同质化存在的普遍性，群发性产品伤害危机在现实社会中更为普遍。

## 第二节 产品伤害危机的响应与修复策略

研究表明，产品伤害危机事件中涉事企业一旦应对不当，很容易出现负面信息大面积扩散的现象（Ahluwalia et al.，2000）。面对危机事件，企业为消除负面影响也会采取补救措施，其应对方式多种多样，取得的效果也存在很大差别。研究发现，出色的补救不仅可以实现顾客补救满意，而且顾客满意程度有可能会高于没有经历产品与服务失误时的满意程度，带来更高的顾客忠诚，这种现象被称为"补救悖论"。因此，企业能否顺利地渡过危机并迅速从危机的负面影响中恢复，很大程度上取决于涉事企业的危机应对策略。整体来看，当前理论界对产品伤害危机响应策略的研究主要集中在以下三个方面。

### 一 以企业为主体的响应

此类研究主要基于企业发展的角度来考虑其危机中的响应策略。Dawar 和 Pillutla（2000）认为，涉事企业在危机中的响应方式可以看成是从"坚决否认"到"积极承担责任"之间各种应对行为的连续集，同时提出处于二者之间模棱两可的态度往往会给消费者带来更多的负面影响。Marcus 和 Goodman（1991）以"和解—辩解"为标准对应对策略进行划分；Siomkos 和 Shrivastava（1993）在此基础上又以"否认—纠正"为标准，对应对策略进行了更进一步的划分。其中，和解策略意味着承担责任、采取修复行动，而辩解策略否认存在问题、说明没有过错；基于此，国内学者方正等（2011）进一步将可辩解型危机下涉事企业的策略分为和解策略、辩解策略、缄默策略和攻击策略，并发现辩解策略最能向消费者传递正面信息，和解策略可能反而会进一步强化企业的负面形象，而攻击策略和缄默策略居中。此外，还有学者将企业响应方式区分为反驳型说服策略和诊断型说服策略（Ahluwalia et al., 2000），并且认为前一种策略主要是通过提供与危机品牌本身相关的证据来降低负面信息对企业的影响，而后一种策略则是通过将自身品牌负面信息与其他品牌的刻意对比来降低负面信息的影响。

整体来看，此视角下的相关研究较为充分地考虑了涉事企业在危机过程中的主动权，但对于危机发生过程中消费者主体作用的考察明显不足。例如，面对企业的危机应对行为，消费者会有怎样的感受和心理变化？消费者作为企业—消费者互动关系中的积极行为主体，是否会通过自身的态度与行为变化进一步反向影响企业的应对行为？上述互动式影响的内在机理有待进一步探讨。

## 二 以消费者为主体的响应

该视角下的研究表明，涉事企业的积极响应旨在有效降低消费者的风险感知，从而达到影响其情绪及行为意愿的目的（Siomkos and Kurzbard，1994；Coombs，1998；Vassilikopoulou et al.，2009；Cleeren et al.，2013）。方正等（2007）认为，企业以澄清事实的方式应对产品危机，其目的同样在于降低消费者对危机事件的风险感知，继而让产品能在危机后重新进入消费者的考虑集（王晓玉等，2008）。辩解策略与和解策略在不同类型（可辩解和不可辩解）的产品伤害危机中都能有效降低消费者的风险感知，从而降低企业品牌资产的负面影响（汪兴东等，2012）。此外，还有研究直接将产品伤害危机产生的本源界定为消费者对品牌的态度恶化并由此引致的消费者—品牌关系断裂的状态（Tahtinen，2004；Chen et al.，2009；崔金欢、符国群，2012）。此类研究虽然考虑了消费者在危机处理中的主体作用，但却容易使企业在危机中缺乏真正的主见和偏重策略，从而会丧失一定的主动权（Zhao et al.，2011）。

## 三 多重主体视角下的响应

针对以上研究视角的不足，有学者认为当产品伤害危机发生时，只有兼顾企业内外部的多重响应方式才能在有效降低消费者感知风险的同时切实提高企业应对危机的能力（方正，2007；童璐琼等，2011）。Laufer 和 Coombs（2006）综合考虑了消费者特征与企业品牌声誉等不同因素的交互影响并验证了危机中涉事企业不同应对策略的最终效果会受到涉事企业品牌声誉和消费者性别特征等因素的共同影响；王晓玉等（2006）认为根据应对主体的身份特征可以将危机响应策略分为企业响应和外界响应，并进一步将外界响应细分为政府响应、专家响应、行业响应三类。对于可辩解型产品伤害危机，外界可能会对事件做出响应，政府、专家也可能会帮助企业澄清。此视角下的相关研究能够较好地兼顾企业、消费者、权威部门等多个主体特征，从而更好地探讨企业和利益相关者在危机应对过程中基于各自主体地位进行的互动行为。然而，此类研究仍旧未能深入考察企业与消费者具有共变特征的互动关系，以及二者之间的内在机制和演进机理。因此，本研究在借鉴多重主体研究视角的基础上，着重对企业与消费者之间的互动关系及其内在机制加以考察，以期推动该领域相关理论发展和实践探索。

整体来看，以往学者对危机中涉事企业应对行为的研究大多将企业的介入时机和应对方式分开考虑，只有 Siomkos（2010）、方正（2011）等少数学者从企业应对的主动性和介入方式的视角，考虑消费者响应的同时，将涉事企业的应对策略划分为积极承担责任、主动召回、强制召回和坚决否认四类，并明确提出在不可辩解型危机中，涉事企业更宜采取主动召回和积极承担责任的策略。尽管学者围绕产品伤害危机的应对策略展开了大量研究，但就最优策略的研究而言，目前学术界并没有形成统一的观点（汪兴东，2013）。此外，已有关于企业危机应对的研究焦点往往是存在问题并且已经被曝光的企业，对企业响应策略集的关注也紧紧围绕"应对还是不应对"、"主动承认、缄默、抑或是竭力辩解"（方正等，2010）等意向性层面的策略建议，鲜有未曝光企业策略应对及其效果的比较研究。而且，当涉事企业采取不同的应对策略后，消费者在危机中和危机平息后两个不同时间节点下的购买意愿是否存在差异？理论界对出现这些差异的影响因素及其内在机制的系统研究更为少见。

# 第三节 产品伤害危机的影响与溢出效应

就目前研究来看，关于产品伤害危机负面影响及其溢出效应的相关研究已有很多（Dawar and Pillutla，2000；Roehm and Tybout，2006；庄爱玲、余伟萍，2011），总结起来，主要从以下三个方面展开。

### 一 对企业的影响

一是企业品牌。品牌资产是消费者对品牌的既有知识，是品牌营销行为对消费者造成的心理事实,既是企业的无形资产,同时也是脆弱的资产(Dawar,1998)。企业在长久的苦心经营中所积累的消费者对其品牌的信任感知,很可能会因为某个危机的应对不当而毁于一旦。现有研究发现,产品伤害危机对企业的品牌声誉(李国峰等,2008)、品牌资产(井淼等,2009)、品牌绩效(马宝龙等,2010;Ma et al.,2010)等会产生极大的负面影响。产品伤害危机作为品牌犯错的一种典型现象,会引发消费者对品牌的认知、情感以及行为等产生衰减、恶化、脱离、终止等一系列消极变化,最终导致消费者—品牌关系的断裂(徐小龙、苏勇,2012)。从这个角度来看,涉事企业在产品伤害危机中应对策略的恰当与否是决定消费者对其品牌的心理与行为响应的重要因素(井淼、周颖,2013),而消费者对品牌营销行为的这种响应与印象同样也是企业品牌资产的主要决定因素之一(Keller,1993)。

二是企业的股票市场与经营活动。对于企业而言,产品伤害危机除了对其品牌会产生深刻影响外,企业的股票价格行为等作为企业的重要战略变量(Lubatkin and Shrieves,1986),且股东作为企业重要的利益相关者,产品伤害危机发生之后必然影响到股东的相关利益,进而对股票市场产生影响。危机的处理不当会使企业正常的经营活动和品牌资产受到牵连,具体表现为企业销售业绩下滑(Heerde et al.,2007)、市场份额下跌、股票价值"缩水"(潘佳等,2014),公众也会由此对涉事企业乃至其所在行业产生不同程度的质疑,从而大幅降低其整体的信任感(Laufer and Coombs,2006)。

### 二 对消费者的影响

消费者作为企业产品的直接使用者,产品伤害危机一旦发生,消费者则是最重要的影响者。因此,以往研究中围绕产品伤害危机对于消费者的影响展开了大量研究。通过对现有研究的梳理与总结,关于产品伤害危机对消费者的影响主要体现在五个领域,具体如下:

一是感知危险，产品伤害危机作为一场"人造"灾难，在引发公众心理恐慌的同时，也会促使消费者的感知风险倍增（崔保军，2015）。在产品伤害危机情境中，感知风险主要包括产品性能、身体、财务、社会和心理风险几个方面（梁建明，2010）。有效地化解消费者的感知风险，对于危机企业而言尤为重要。从短期来看，危机企业应及时采取相应策略（Siomkos and Malliaris，1992），并努力争取得到政府、专家等第三方的正面回应（王晓玉等，2006），避免各类媒体夸大事实以及歪曲的负面报道（Siomkos and Kurzbard，1994），同时应该增加有说服力的广告投放，化解消费者面临的不确定，降低其感知风险（Byzalov and Shachar，2004）。从长期来看，品牌作为产品质量的信号，危机企业应该加强品牌信誉的维护，增强消费者对企业的正面评价与信心（Erdem and Swait，2004），与此同时，积极履行企业的社会责任，引发消费者的同情，降低其愤怒（Assiouras et al.，2011），从而有效地降低与化解消费者的感知风险。

二是消费者的负面情绪与抱怨行为。单品牌发生危机后，消费者会产生一系列的负面情绪，生气、愤怒、失望、焦虑、无助等（涂铭等，2013）。多个品牌发生危机后，一系列品牌作为整体不但会增强公众对发生类似事件可能性的预期，而且随着危机在传播过程中不断地被扩大和夸张，会给公众带来直接的心理冲击并引发恐慌情绪（樊春雷等，2003）。民众的恐慌情绪在认知、情绪、态度以及行为倾向等方面的体现，主要表现为风险认知水平高、焦虑和从众行为（Covello et al.，2001）。消费者的负面情绪会刺激消费者一些动机与行为的形成。产品伤害危机发生后，抱怨行为是消费者寻求解决的一种应对方式，以寻求获得企业的补救或赔偿（Gregoire and Fisher，2008）。涂铭等（2013）研究发现，消费者的愤怒情绪会促使其产生寻求报复与寻求解决两类行为，而消费者的补救预期在其负面情绪与抱怨行为之间存在中介作用。

三是消费者态度与消费者忠诚度。王晓玉和晁钢令（2008）以口碑方向作为中介变量，研究了产品伤害危机对消费者品牌态度的影响。产品伤害危机中的口碑方向对消费者态度影响显著，且负向口碑的影响更加强烈。此外，品牌态度也是消费者态度的一个重要方面，产品伤害危机的严重性程度越高，消费者的品牌态度会越差（田虹、袁海霞，2013）。消费者的态度又会直接影响其忠诚度。进一步来说，消费者的忠诚度越高，就越能保持其对危机企业产品的认知判断。同时，消费者对于企业危机发生前的忠诚度有利于缓解产品伤害危机的影响，但是这种作用并不能持续，会随着时间的延长而削弱（Cleeren et al., 2008）。

四是消费者的购买意愿。产品伤害危机发生后，消费者对危机企业产品的购买意愿发生变化是不可避免的。危机的过去时间、处理方式、企业社会责任（Siomkos and Kurzbard, 1994）、企业声誉与品牌知名度（Vassilikopoulou et al., 2009）以及外部舆论等都会对产品危机发生后消费者的购买意愿产生影响（杨君茹等，2012）。产品伤害危机发生后，消费者的购买意愿不可避免地会有所下降，但是对于危机企业而言，其合理的危机处理与应对方式，会在一定程度上降低产品伤害危机的负面影响，从而有助于消费者购买意愿的提升与恢复（崔冬冬、张新国，2012）。此外，相对于青年与中年消费者来说，产品伤害危机对于老年消费者（60岁及60岁以上）购买意愿的影响要更加严重（方正等，2007）。

五是消费者考虑集。考虑集是消费者进行购买决策时予以考虑与评价的品牌，因此，只有在消费者考虑集中的产品与品牌才有被消费者购买的可能性。产品伤害危机能够影响到消费者的购买决策行为（王晓玉等，2006）。由于产品伤害危机的产生能够引发消费者的感知风险，从而会对危机产品能不能进入消费者的考虑集产生影响（Erdem and Swait, 2004）。对于发生伤害危机的产品，在企业没有响应的情况下，危机产品很难进入消费者的考虑集，而在企业与专家双重响应下，危机产品则有可能会进入到消费者的考虑集（王晓玉等，2006）。

### 三 产品伤害危机的溢出效应

产品伤害危机发生后，不仅会对危机品牌产生影响，还可能会对竞争品牌产生影响，形成溢出效应（方正等，2013）。溢出效应是指一个主体的某一特征或行为会影响到与该主体有一定关系，但本身不具有这一特征或行为的其他主体的现象（汪兴东等，2012）。学者们对于产品伤害危机的研究不仅仅局限在危机企业上，逐渐开始关注危机事件对其他（竞争）企业甚至整个行业的溢出效应。就目前而言，关于产品伤害危机溢出效应的研究主要围绕两个方面展开：一是产品伤害危机对于危机企业内部其他产品品牌或者联盟品牌的影响；二是产品伤害危机对于危机企业外部其他（竞争）企业或者整个行业的影响。

随着越来越多的企业采用多元化经营模式，产品伤害危机在企业产品与品牌层次上的横向溢出将会是危机企业不能忽视的问题（范宝财等，2014）。在危机企业内部，共享的企业名称或者品牌名称成了产品间信息传递的桥梁，这会间接影响消费者对危机企业产品组合中其他非危机产品的评价（王海忠等，2009）。品牌间的联想强度和联想方向会对涉事品牌产生明显的溢出效应（Lei et al.，2008）。就同样的两个品牌而言，如果不同方向的联想强度不对称，那么这种不对称则会影响溢出效应。范宝财等（2014）研究发现，产品伤害危机的属性，例如危害性、责任性、无德性、违约性和频发性等，会对产品伤害危机的横向溢出效应产生作用。危害性、无德性和责任性较高的产品伤害危机更容易产生横向溢出效益，而产品伤害危机的属性对横向溢出效应的影响会受到企业声誉和产品相似性等因素的调节。

对竞争企业与危机企业所在的整个行业而言，产品伤害危机发生时，非危机企业并不能独善其身，产品伤害危机会对竞争品牌产生溢出效应（青平等，2013）。产品伤害危机对危机企业竞争品牌的影响会因品牌间的相似性而不同，消费者对于与危机产品相似的品牌评价会降低，而对于与危机产品不相似的品牌评价反而会上升

(Dahlen and Lange, 2006)。方正等 (2013) 研究发现,危机品牌的品类代表性、竞争品牌与危机品牌的相似性、消费者思考启动方式和竞争品牌的应对策略等因素会对产品伤害危机的溢出效应产生影响。此外,相对于单发性产品伤害危机而言,群发性产品伤害危机中的行业溢出效应要更加严重,且企业声誉和伤害程度在产品伤害危机对行业溢出效应的影响中具有调节作用(汪兴东等,2012)。

## 第四节　产品伤害危机研究中的权变因素

以往研究表明,产品伤害危机产生的负面影响在不同的情境下会有所不同,影响的强度会受到许多因素的调节,大体可概括为消费者的责任归因、危机自身特征以及企业相关因素。

### 一　消费者的责任归因

如前所述,产品伤害危机发生后会对消费者的感知风险、负面情绪、态度、购买意愿以及选择集等产生影响。但这种影响的存在会因消费者对产品伤害危机的归因结果不同而有所差异。因为消费者对危机事件的归因会影响其对危机的认知、对责任的判别和对危险的感知,进而会影响他们的购买行为(方正、杨洋,2009)。当危机事件发生后,消费者会对导致事件发生的原因和责任方进行归因(attribution)判断,归因被认为是连接危机情境和危机处理策略的向导(Coombs, 2007)。从归因视角对产品伤害危机的研究主要基于 Weiner (1986) 的归因理论。归因理论主要从稳定性、原因归属以及可控性三个维度来分析事件发生的原因。归因的结果会改变人们的认知、情感及其行为方式。研究表明,当消费者面临的客观事实显得模棱两可时,消费者的判断将存在较大偏差。因此,在产品伤害危机发生后,如果危机发生的原因和责任归属越不清晰,消费者对危机的风险感知就越严重,从而把责任归咎于危机企业的可能性就越大(Laufer et al., 2005)。

消费者的自身特征是影响消费者归因的重要因素。首先，消费者对产品伤害危机的责任归因在不同性别与年龄的消费者群体中存在差异。Laufer 和 Gillespie（2004）认为，相对于男性消费者而言，女性消费者在危机原因不明时更容易归因于危机企业。老年人与年轻人在产品伤害危机归因问题上也存在差异，由于老年人具有更多的阅历，在发生产品伤害危机以及原因不明时，相对于年轻人而言，他们不会轻易地归因于危机企业，对企业的责备等行为也相对较少（Laufer et al., 2005; Silvera et al., 2010）。其次，不同国家之间的文化差异（个人/集体主义，权力距离，不确定性回避，男/女性化）也会影响消费者对危机事件的归因。例如，个人主义倾向国家的消费者更容易将产品危机归因于企业，而集体主义国家消费者则更倾向归因于企业以外的其他因素（Laufer, 2002）。Laufer 和 Coombs（2006）发现，在不确定性回避高的国家消费者对产品伤害危机反应更加敏感，更多地归因于危机企业。此外，对于消费者不熟悉的危机品牌，原产地的负面形象会强化消费者危机企业归因，而对于熟悉的产品品牌，原产地的负面形象则不会产生影响（Laufer et al., 2009）。

## 二　危机自身特征

这一类因素主要包括危机类型、危机范围等。产品伤害危机可以划分为可辩解型与不可辩解型两种类型，不同类型的产品伤害危机产生的负面影响以及消费者对其的风险感知、态度等存在差异。吴思（2011）认为针对不同的产品危机类型，危机企业应该区别对待，并制定不同的应对方式与营销策略，以实现最优的危机化解效果。同时，危机范围（即涉事企业的数量）也会对危机不同应对策略与方式的效果产生影响。因为，危机范围的大小会影响到消费者可选择的替代品牌的数量。冯蛟等（2015）研究发现，在不同的危机范围水平上，危机企业的应对方式对消费者购买意愿的影响会有所不同。

### 三 企业相关因素

例如企业（品牌）声誉、企业责任感等。企业声誉是企业的重要竞争优势，在企业发生产品伤害危机时，企业声誉对于危机缓解具有重要作用。Siomkos 和 Kurzbard（1994）研究发现，如果企业具有良好声誉，在发生产品伤害危机后，消费者所感知的风险较小，消费者对危机企业其他产品的购买意愿并不会受到影响，也就是说良好的企业声誉能够有效地减轻产品伤害危机所造成的伤害（Fombrun and VanRiel，1997）。因此，那些具有良好品牌声誉的知名企业往往能够更快地赢得公众谅解，更容易平稳渡过危机（Jones et al.，2000）。与企业声誉一样，企业社会责任感也是产品伤害危机负向影响的重要调节因素。危机发生后，企业社会责任水平越高，消费者所感知到的风险会越少（Dawar and Pillutla，2000）。此外，企业声誉和企业社会责任感在消费者的责任归因的过程中也具有重要作用。Laufer 和 Coombs（2006）认为，如果危机企业具有良好的企业（品牌）声誉，消费者则不会把产品伤害危机归因于企业，Laczniak 等（2001）也认为，企业声誉与消费者的责任归因具有直接关系，对于高声誉的企业，消费者倾向于将责任推到用户身上。Klein 和 Dawar（2004）研究发现，企业社会责任会给消费者带来判断上的"晕轮效应"，从而影响消费者对产品伤害危机的责任归因。企业社会责任感能够有效降低消费者在发生产品伤害危机后对企业的责任归因，能够促进消费者的合理正面归因，从而有助于降低消费者的感知风险，促进消费者态度的改善以及购买意愿的维持（Henderson，2007）。

## 第五节 研究框架构建

随着产品伤害危机的频繁爆发，国内外学者对产品伤害危机进行了较为全面的研究。本研究通过对产品伤害危机相关研究的系统梳理，总结出目前产品伤害危机领域的研究主要涵盖产品伤害危机的概念、分类以及不同的权变因素下涉事企业响应策略及影响的差异等方面。我们认为产品伤害危机各个方面的研究并不是孤立的，而是存在一定的内在关联性。

基于此，本研究构建了产品伤害危机相关研究之间的系统框架（如图2-1所示），但在文献梳理的过程中，我们发现仍然存在一些空白与问题，有待于进一步研究与探讨。

第一，产品伤害危机对消费者与品牌关系的影响及再续研究。产品伤害危机对品牌（品牌资产、品牌价值等）影响的相关文献已经较多，但是从消费者与企业双重角度来看，产品伤害危机的发生必然会对消费者与品牌之间的关系产生影响，已发生危机如何影响消费者与危机品牌之间的关系，消费者对品牌的依赖强度受危机影响的差异如何，以及产品危机发生后企业如何有效恢复与再续消费者—品牌之间的关系，这些都是需要进一步探索的问题。

第二，现有对企业伤害危机的研究更多地集中于单个企业，忽略了行业性的产品危机现象，而现实状况往往是行业性的产品危机事件的出现，并且大多数企业在危机中不能独善其身。例如，产品伤害危机负面影响的研究很多都表现为对其溢出效应的关注，常见的有同一危机品牌不同属性间的溢出效应、不同危机品牌间的溢出效应、危机品牌对其他竞争品牌乃至行业的溢出效应等，这些研究中关注的主体多为单个企业或品牌。然而，群发性产品危机情境下不同品牌间的溢出效应往往更为复杂。因此，对群发性产品伤害危机情境下，探索群发性产品伤害危机"如何影响"消费者情绪及行为变化的内在机制，打破"单个企业或品牌产品伤害危机影响及溢出效应"的思维模式，探讨群发性产品伤害危机中涉事企业如何合理应对是一个亟待研究的问题。

第三，产品伤害危机是一个动态变化的过程，现有研究大多是从静态与事后的角度来看，虽然具有一定的理论解释力，但是很难将这些研究结论应用到现实实践中。后续研究应从动态的视角看待

第二章 产品伤害危机研究现状追踪 | 41

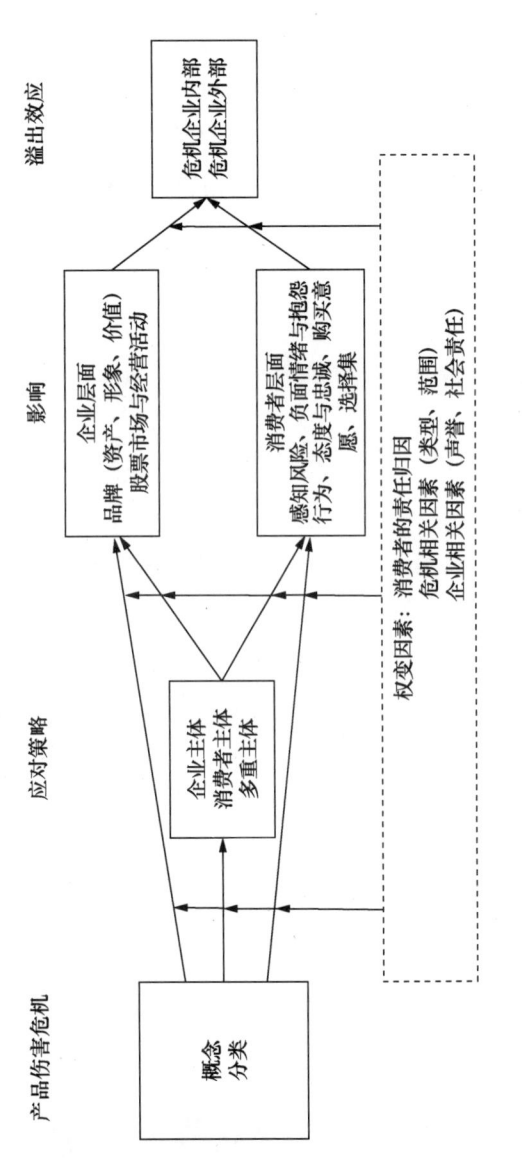

图 2-1 产品伤害危机研究系统框架

产品伤害危机事件，不仅要考虑危机后的企业应对策略及其影响，还要进一步对危机中企业的应对策略及消费者反应等进行审视，对危机中与危机后的应对策略与效果进行比较研究，同时对危机平息前后的危机产生负面影响的动态变化机理进行比较研究，进而针对危机中与危机后不同情境为企业设计应对策略，从而保证企业应对策略的有效性与实时性，尽量降低产品伤害危机的影响。

# 第三章 群发性产品危机研究及其理论基础

## 第一节 群发性产品危机概述

### 一 群发性产品危机的界定

当前围绕着产品伤害危机的概念界定、分类、应对方式、影响因素及溢出效应的研究非常普遍（Siomkos and Kuzbard，1994；Lei et al.，2008；王晓玉等，2009；方正等，2011；卫海英、杨国亮，2012；张音、黄敏学，2012；Cleeren et al.，2013）。其中，对群发性产品伤害危机内涵进行梳理和科学界定是本研究开展的重要基石，其概念的合理界定是明确本研究理论范畴和揭示危机事件范围的关键。整体来看，目前学术界对产品伤害危机概念的界定主要从以下几个视角展开。

（1）基于事件的视角，认为产品伤害危机是指偶尔出现并被广泛宣传的关于某个产品有缺陷或对消费者有危险的产品伤害事件（Mitroff，1988；Siomkos and Kurzbard，1994），此概念被当前很多研究者广泛引用。

（2）基于企业的视角，认为产品伤害危机是一种突然爆发的能对企业品牌声誉、品牌号召力以及企业形象等产生负面效应并可能会危及企业生存的信任危机（王士华等，2006；陆娟等，2010）。

（3）基于消费者的视角，认为产品伤害危机常常表现为消费者对品牌的态度恶化并由此引致的消费者—品牌关系断裂的状态

(Tahtinen，2004；Chen et al.，2009；崔金欢、符国群，2012）。

上述三种研究视角都倾向于从危机事件中的某一方主体加以考察，具有一定的片面性。实际上，当产品伤害危机发生时，无论是因为企业自身的产品缺陷问题抑或是舆论媒体的刻意引导，消费者与企业之间都会产生某种信息的不对称，由此导致其对企业的信任度降低。而企业与消费者之间关系本质的变化，既综合考察了企业和消费者两类主体要素，又为企业应对策略研究提供了更为直接和完整的研究路径。因此，本研究倾向于从企业和消费者之间关系互动的视角来考察群发性产品危机中的企业响应及其对消费者行为的影响，并将产品伤害危机的内涵界定为消费者对产品或涉事企业所产生的信任危机，具体表现为企业品牌与消费者之间的信任、情感和利益关系的危机。

正确区分产品伤害危机的属性分类，及时主动地采取与之相匹配的应对策略，进而有效地降低消费者的负面态度，努力使涉事企业的损失减至最小，是处理产品伤害危机事件的基本前提。从法律的角度来看，产品责任可以依据"能否在媒体或法庭上澄清和证明产品无害、没有缺陷"分为可辩解型和不可辩解型（Larry Smith，2003）。国内学者方正（2007）等延续了这一思路，以"产品缺陷或伤害是否违反相关产品法规或安全标准"为依据，将产品伤害危机也区分为可辩解型和不可辩解型两大类，此标准被之后的学者广泛引用。其中，对于不可辩解型的群发性产品危机，有学者进行了更为细致的划分，如 Pullig 等（2006）从危机伤害主体的角度出发，根据事件责任归因的不同，将不可辩解型产品伤害危机区分为性能型危机和价值观型危机；Coombs（2007）依据涉事企业在危机中的处境不同，将其进一步区分为受害型、过失型和故意型三类；国内学者余伟萍和庄爱玲（2013）则根据涉事企业的动机和危机产生的原因不同，将其区分为公司道德型、产品性能型和道德—性能复合型三类，并通过实证研究发现，道德—性能复合型的产品伤害危机负面影响更大、范围更广。

考虑到现实中群发性产品伤害危机的涉事企业数目较多,而且大多数企业在危机中往往不能独善其身,必然面对在危机被曝光前如何应对的决策困境(这与本研究中所界定研究问题的情境特征高度吻合)。因而,本研究中所涉及的危机类型基本界定为群发性产品危机情境下的不可辩解型危机。

**二 群发性产品危机中消费者情绪反应以及行为意愿的研究述评**

消费者在消费过程中体验反应的情绪决定了其消费决策与后续消费行为(Ramanathan and Williams,2007;晏国祥,2008;Silvera et al.,2012)。产品伤害危机发生后,涉事企业往往会采取不同的应对策略来缓解产品伤害危机对消费者情绪、购买意愿及企业自身造成的影响(Menon and Dube,2000;景奉杰、熊素红,2008)。在此过程中,消费者对企业应对行为的认知评价,直接决定了其对企业和产品的情绪态度变化,进而会影响到其对危机品牌的购买意愿。接下来,本研究将遵从这一逻辑,拟从危机事件、企业、消费者三个角度对相关研究做简要总结。

1. 危机事件视角下的相关研究

危机事件是消费者负面情绪产生的起因,已有研究主要集中在事件的严重程度对消费者情绪的影响。产品伤害危机严重性越高,造成消费者的损失也越大,对消费者负面情绪(如愤怒、失望)的影响就越强烈(阎俊、佘秋玲,2010);余伟萍和张琦等(2012)基于信息加工视角,比较了轻微和严重两种类型的产品伤害危机对消费者负面情感的影响,并证实了产品伤害危机严重程度会正向影响消费者的负性情绪。然而,目前对群发性产品伤害危机情境下消费者情绪及行为意愿的研究却相对较少。通常,大范围的产品伤害危机将会给消费者传递更多的负面信息,其造成的影响越大,消费者对事件的感知风险就会越高(景奉杰等,2012)。祝瑶(2010)的研究发现,由于产品伤害的群发性造成了整个行业的"潜规则",而这种"潜规则"的出现则进一步加剧了消费者的无助情绪。一般来讲，群发性产品伤害危机的负面溢出效应较单发性产品伤害危机更强（汪兴东等，2012）。涂铭等（2013）进一步的研究发现，产品伤害危机的群发属性越高，消费者的愤怒和无助等负面情绪就会越强烈。然而，在群发性产品伤害危机中，危机事件群发属性对消费者情绪的影响会受到涉事企业的品牌声誉、响应策略及消费者认知特点等因素怎样的交互影响目前尚不清晰，相应的研究也非常少见，而这正是本研究将重点讨论的问题之一。

2. 企业视角下的相关研究

关于企业层面相关因素对消费者情绪影响的研究，当前学界关注的焦点主要集中在企业的品牌资产、品牌声誉、涉事企业的应对策略及企业社会责任等领域。比如，企业的品牌资产会在产品伤害危机中起到重要的调节作用，从而有利于缓解消费者的负性情绪。一般而言，当媒体曝光涉事企业的负面事件时，消费者会对相关企业及其产品做出不利的评价，但是较高的品牌声誉往往能够在产品伤害危机发生时起到保护作用（Coombs，2007）。即使产品伤害危机降低了消费者对危机企业品牌的信任，已有的高品牌声誉也能通过影响消费者对缺陷产品不确定性的感知评价来降低消费者的感知风险（Keh and Xie，2009），从而在一定程度上消减消费者的负面情绪。与此同时，消费者原有的品牌忠诚及品牌知晓同样会减少危机中负面信息对消费者的不利影响，进而缓解消费者的负面情绪。还有研究表明，涉事企业应对策略对消费者情绪影响的相关研究主要集中在响应主体的差异和具体的响应策略。从响应主体上看，产品伤害危机发生后，涉事企业必须要对危机事件进行内外部响应，而这种响应也主要是通过影响消费者对响应策略及相关信息的风险感知，进而影响消费者的情绪（汪兴东、景奉杰，2011）。产品伤害危机发生时，企业内外部的多重响应同样能够降低消费者的感知风险，从而缓解消费者的负性情绪（王晓玉等，2006；方正，2007）。需要强调的是，非自愿的应对会提高消费者对企业的责任归因。因此，非自愿的应对策略无论在何种危机情境下都不是有效的策略选择（Gross et al.，2006）。此外，有研究表明，企业社会责任感对消费者对危机事件的归因有直接影响，能有效缓解消费者对危机企业的负面态度（Klein and Dawar，2004）。而且，消费者的情绪也会受到企业社会责任水平的影响，当企业产品与公益活动风险相关或二者匹配度较低时，则会产生相反的作用（Becker - Olsen et al.，2006）。

3. 消费者视角下的相关研究

购买意愿是消费者在做出购物行动前的决定，是消费者购买行为的心理反映。Westbrook（1987）在 DESII 模型的基础上，对消费过程中消费者的情绪反应与满意判断、口碑传播行为等购后行为变量之间的关系进行了深入的研究，并提出消费情绪包括与消费者行为意向直接相关的两个独立维度：正性情绪和负性情绪。不同的情绪类型对消费者的行为倾向具有不同的作用，正性情绪有利于消费者的满意并促进其购买意愿，负性情绪不利于消费者的满意并削弱其购买意愿；耿黎辉（2007）则比较了正性情绪和负性情绪对消费者购后行为的影响的差异，并将消费者情绪区分为属性水平的情绪（ALE）和属性水平以外的情绪（BALE）。他们通过比较发现，产品属性水平的负性情绪对满意的影响比正性情绪的影响更大；在产品属性之外，相比正性情绪，负性情绪更为直接地影响到消费者的购买满意度和购买意愿。综上所述，本研究对产品伤害危机中影响消费者情绪的相关因素及其研究成果做了简要梳理，详见表 3-1。

大量的研究已经证明，产品伤害危机事件情境下，涉事企业恰当的应对方式将在一定程度上影响消费者负面情绪的强度，从而有助于挽留消费者的购买意愿，使产品重新进入消费者的考虑集（王晓玉等，2006；2008）。在产品伤害危机事件中，品牌消费者的购买意愿属于再次购买意愿。尽管这部分消费者对品牌可能抱有较高的品牌承诺和信任，但其情绪和购买意愿仍然会出现负向的变化（Ahluwalia，2007）。如果涉事企业的应对策略得当，这部分消费者

表 3-1　　　产品伤害危机中消费者情绪影响因素的归类

| 分类 | 文献 | 代表性观点 |
| --- | --- | --- |
| 品牌对消费者情绪的影响 | Laufer and Coombs, 2006 | 企业的品牌声誉能够影响消费者对缺陷产品不确定性的感知评价；良好的品牌声誉能够在产品伤害危机发生时起到保护作用 |
| | Kathleen et al., 2008 | 品牌忠诚及品牌知晓会减小危机中负面信息对消费者的影响，降低消费者的负面情绪，从而起到积极的缓冲作用 |
| | 汪兴东等, 2013 | 产品伤害危机时，品牌忠诚顾客会表现出更强的愤怒情绪，非忠诚顾客则会表现出更强的后悔情绪 |
| 企业社会责任对消费者情绪的影响 | Klein and Dawar, 2004 | 企业社会责任能缓解消费者对企业的负面态度，具有积极的缓冲作用 |
| | Becker-Olsen et al., 2006 | 善因营销能够影响消费者的品牌态度和情感，但其影响作用是有条件限制的 |
| 企业响应对消费者情绪的影响 | Siomkos, 2010 | 面对正面的外界反应，企业积极主动的应对策略能够降低消费者的感知风险，企业消极被动的应对策略会增加消费者的感知风险；面对负面的外界响应，企业采取否认或消极被动的应对策略会增强消费者的感知风险，而企业积极主动的应对策略则能够降低消费者的感知风险。正面的媒体响应和积极主动的企业应对能够减少消费者对企业的责任归因 |
| | 王晓玉等, 2006 | 专家和企业双重响应有利于危机产品进入消费者考虑集，但不会在短时间内消除消费者的感知风险 |
| | 方正, 2007; 2010; 2013 | 可辩解型产品伤害危机中，相比于对抗反驳策略，企业采取积极澄清的应对策略，更能缓解对于顾客的感知风险；企业外部响应对顾客感知风险的缓解作用优于企业内部响应，其中，政府响应的作用尤为明显 |
| | 汪兴东、景奉杰, 2011 | 网络正面响应时，企业积极响应和无响应较企业消极响应更能缓解顾客的感知风险；网络负面响应时，企业积极响应较企业无响应或消极响应更能缓解顾客的感知风险 |

资料来源：根据相关文献整理。

在危机过后,将会较快地恢复对涉事品牌的再次购买意愿(Ramanathan and Williams,1994)。非品牌消费者危机中的购买意愿多为初次购买意愿,危机品牌的负面信息将在很大程度上降低其对危机产品的初次购买意愿。但在群发性产品伤害危机的情况下,受企业应对方式和品牌资产等因素的影响,未响应企业对积极响应企业可能会产生正向溢出;低品牌声誉企业对高品牌声誉企业也可能存在正向溢出(王晓玉,2012),也即其他品牌消费者可能会受此影响而转移至购买该品牌产品,从而提高其初次购买意愿(Coombs et al.,2006;Ahluwalia et al.,2000;王海忠等,2010;田阳、王海忠,2011)。张伟亚(2013)等在研究中指出,消费者的购买意愿将受到危机事件类型的影响。他们认为,发生危机的产品如果是可替代性较低的产品,如食品,消费者的购买意愿会大幅降低;而发生危机的产品如果是可替代性较强的产品,如化妆品,往往只有女性消费者的购买意愿才会受到较大影响。而且,危机事件的严重性和群发范围等产品伤害危机事件属性也会较为明显地影响消费者的购买意愿。相对于轻微的危机事件,在较严重的危机事件中,消费者的购买意愿下降会比较多;特别是在对群发性产品伤害危机中,群发范围越大,消费者的购买意愿就会越低(程娉婷,2011)。品牌内消费者可以简单地划分为品牌消费者和非品牌消费者,在产品伤害危机事件中,二者往往会出现不同的反应(Griffin et al.,1991):前者更倾向于表现出对品牌有利的态度,后者则相反。

由此可见,群发性产品伤害危机情境下消费者品牌购买意愿会因为涉事企业的品牌声誉、策略应对以及危机范围等因素的共同影响而产生明显的差异,而其中的规律性变化趋势则是本研究重点关注的命题之一。

## 第二节 本研究的理论基础

### 一 情绪认知理论

20世纪以来,本能理论、驱动理论、诱因理论、需要理论以及归因理论等各种理论相继被提出,试图从各个角度解释人类的行为动机和情绪反应。在行为主义统治心理学半个多世纪之后,一系列情绪认知理论的出现结束了之前单纯以行为主义理论来解释心理现象的束缚,继而引起了认知心理学领域的革命性改变。按照张爱卿(1999)的总结,基于动物实验的大量研究形成了本能理论,以James等为主要代表人物的研究者认为,人类的行为可分类成几种甚至几十种本能行为;20世纪30—50年代是动机理论研究辉煌发展的第一个阶段,驱动理论和诱因理论在这个时期得以迅速发展,分别关注驱动力和诱因在行为激起和行为引导过程中的作用;20世纪60年代和70年代出现了动机理论研究的两个重要变化:一方面认知观成为新的研究重心,另一方面认知调节因素成为新的研究方向。在这一时期发展起来的认知失调理论认为,人具有保持心理平衡的需要,个体不愉快的心理状态来自心理平衡被认知矛盾的破坏程度。为了恢复心理平衡,个体将采取行为消除不愉快的心理状态(李莉莉,2008)。20世纪80年代以来,以归因理论等为代表的动机理论和应用研究取得了丰硕的成果(刘惠军,2002)。

总结这些动机理论,仅从利益与风险,或者说得与失的角度来看,享乐原则(Hedonic Principle)在学者们对人类行为动机的解释中占据了主导地位。该原则将追求快乐和避免痛苦作为个体行为动机的本质,揭示了人类这些动机的来源,但没有解释动机的产生机制、来源和实现途径,也没有探究这两种不同的动机对个体行为影响的作用机制(朱丽叶、卢泰宏,2010)。事实上,追求快乐和避免痛苦是有差异的,前者在于获得利益,后者在于避免风险。研究结果已经表明，人类由于个性差异，或者说风险偏好不同，追求快乐和避免痛苦对人的动机强度高度是不一样的，往往是"损失显得比收益大"（Kahneman，Tversky，1979），也即人们更可能为避免损失而做出行动。"趋利"和"避害"本质上是不一样的，因此，有必要把避免损失和追求快乐区分开来研究人类行为的动机。美国哥伦比亚大学心理系教授 Higgins（1997）基于享乐原则提出的调节聚焦理论（Regulatory Focus Theory）很好地解决了这一不足。

在信息接收者情绪反应形成机制的研究探索中，美国心理学家 M. R. Arnold（1950）提出的情绪评定—兴奋理论认为，情绪产生的基本过程主要包括情境刺激、认知评估、情绪反应三个环节。其中，对外界刺激的估量和评价是刺激到情绪反应的中间环节。面对同一刺激，信息接收方对它的评估不同，情绪反应就可能会随之不同，也即情绪反应类型与认知评估结果密切相关。若评估结果为"有利"，信息接收者就会产生正面的情绪体验，并试图接近刺激物；如果评估结果为"有害"，信息接收者就会产生负面的情绪体验，并企图远离刺激物；而如果评估的结果是"无关"，刺激物对其情绪反应就几乎不起什么作用。此外，该理论还深入研究了情绪反应的内在生理机制，即外界刺激在信息接收者大脑皮层中被估价后，就会使得纯粹的认知经验转化为信息接收者的认知判断和情绪反应，最终传导至信息接收者的行为意愿层面。

20 世纪 60 年代初，美国心理学家 Schachter 和 Singer（1962）通过药物注射的实验方法验证并提出了情绪唤醒理论中著名的两因素理论，进一步确认了特定情绪反应的两个核心因素：第一，信息接收者必须体验到高度的生理性唤醒；第二，信息接收者必须对生理状态的变化进行认知性唤醒。实验结果还证明，个体对生理反应的认知和熟悉程度决定了最后的情绪体验和反应程度。这个结论更进一步地确认了情绪状态是由认知过程（期望）、生理状态和环境因素在大脑皮层中整合的结果：环境中的刺激因素，会通过人体感受器向大脑皮层输入外界信息；生理因素则会通过内部器官等，向大脑皮层输入生理状态变化的信息；信息接收者的认知过程是对过去经验的回忆和对当前情境的评估。在此基础上，Schachter又提出了著名的情绪唤醒模型，认为情绪反应的形成过程中有三个关键环节：对外部环境输入信息的知觉分析；基于经验建构的能对外部产生影响的内部模式；基于情境刺激的知觉分析与基于对过往经验进行认知加工的比较系统。该模型的核心是认知，一旦在外界刺激与记忆中储存的内在经验进行比较的过程中，知觉分析与认知加工之间出现不匹配时，信息接收者的脑神经激活状态就会随之发生一系列的生理变化，继而产生适应当前情境特点的情绪状态。

作为情绪认知理论的集大成者，著名的心理学家拉扎勒斯（Lazarus，1970）在阿诺德（Arnold）评价概念的基础上进一步确认了认知评价是外界刺激与行为反应之间的中间环节。他认为，信息接收者的认知过程同样会按照刺激事件对于个体的意义和价值，对所接收的刺激信息进行有意识的自我筛选。因此，知觉和认知是刺激事件与情绪反应之间不可或缺的中间环节。刺激事件只有通过对它的认知评价加工才能产生情绪。这一观点为本研究模型中核心变量之间的逻辑关系建构提供了有力的支持和解释。在认知评价理论中，情绪是个体对环境事件知觉到有害或有益的反应。因此，在情绪活动中，信息接收者要不断地评价刺激事件与自身的关系。拉扎勒斯（Lazarus）将信息接收者的认知评价概念进一步扩展为评价、再评价过程，并加入了应付概念。他认为，评价过程是实际发生的策略选择、交替的认知反馈过程。而且，评价过程是多回合的，应付行为是主体改变情境的积极过程，应付是对情境的再认识，是情绪行为。信息接收者的情绪在此过程中会随着认知加工过程的改变而改变。如当人们受到侵犯、伤害时，是采取攻击行为还是防御行为，完全取决于人们对刺激事件的控制判断。在这一判断过程中，经验会起到重要的作用。拉扎勒斯的理论在很大程度上把情绪从原始的生理—心理反应的范畴注入社会文化的范畴之中，既继承了行为主义的刺激—反应模式，也丰富了脑内信息加工的内容，在情绪理论的发展中起着重要的作用。

整体来看，情绪认知理论为本研究关注群发性产品伤害危机中"危机事件→涉事企业的应对策略→消费者的认知评价→消费者的负面情绪→消费者的品牌购买意愿"这一研究主线的确定提供了坚实的理论和逻辑支持。

### 二 解释水平理论

在情绪认知理论体系中，刺激情境并不直接决定情绪的性质，个体对刺激情境或事物认知评价的不同，往往会产生不同的情绪反应。已有研究表明，情绪的产生将受到包括环境事件、生理状况和认知过程等因素的共同影响。其中，认知过程尤为重要，它将在很大程度上决定情绪的性质。在人和环境相互作用的过程中，个体同时接收环境中刺激物的影响和自己对刺激物的调节。同时，情绪活动会受到认知活动的指导，从而产生适当的、有价值的动作组合，即行为反应（黄希庭，2007）。而且，个体的认知评价同样会由于受到个体目标、信念等内部因素和他人的反应、产品特征等外部因素的共同影响而存在差异，从而导致其主观体验的不同，也即情绪强度的不同，最终表现为不同的内部心理反应及行为倾向（涂铭、景奉杰，2013）。

从信息加工视角来看，在产品伤害危机情境中，消费者会对企业的应对行为产生知觉反应，并在其头脑中对企业应对的时机特征、措施等信息进行判断，继而会搜寻其记忆中已有的品牌声誉等特征，经由其自身的认知加工过程形成对涉事企业应对行为的认知评价。此过程中，特定的认知判断将不可避免地导致某些情绪的产生（庄爱玲、余伟萍，2010），最终影响消费者的行为意愿。

从认知心理学的角度来看，认知过程是一个对信息按照一定程序进行加工的系统，包括信息的获得、编码、储存、提取和使用等一系列连续的认知阶段（孟昭兰，2003）。认知是个体认识客观世界的信息加工活动，信息的获得就是接收直接作用于感官的刺激信息，认知过程是情绪和意志行为形成的前提和基础（Zimbardo et al.，2003）。由此可见，认知是情绪形成的基础，同时情绪又是行为产生的动机，对个体的行为具有重要的影响。

营销领域关于消费者行为的研究中还认为，消费者对所购买产品特征的评价将直接引发消费者的情绪（Westbrook，1987）。消费者在对产品或服务及其他因素认知评价的基础上，会产生满意、愉快、失望、后悔等正性或负性的情绪。产品的属性和类别不同，如实用性和享乐性抑或是必需品和奢侈品，消费者的期望与评价不同，其所产生的消费情绪也不同（Mano and Oliver，1993）。产品伤害危机中，消费者对企业品牌信息和应对行为的不同认知评价决定了其对危机品牌的情绪及态度的变化，进而影响其行为意向；而不同的消费情绪同样会对消费者的品牌认知产生较为负面的影响。随着产品伤害危机带来直接或间接的损失，消费者对危机品牌会产生负面情感的长期积累，从而逐渐疏远了消费者与品牌之间的心理距离，最终引起消费者—品牌关系的破裂（徐小龙、苏勇，2012）。还有研究认为，可辩解型产品伤害危机发生后，为降低自身的焦虑情绪和不协调感，相对忠诚的消费者将更倾向于保持原有的对危机品牌的认知（吴旭明，2008）。启动信息同化和对比效应理论明确提出，外界刺激信息对某一事物产生积极或消极的影响后，会对与其类似的事物产生两种不同的效应：同化效应和对比效应（邢淑芬、俞国良，2006）。在产品伤害危机中，危机产品属性的信息刺激会对消费者形成启动信息，进而形成评价环境。对于属性相似的品牌，或当企业采用相似性引导营销策略时，消费者更为关注产品的相似性，从而形成同化效应；而对于属性相差较大的品牌，或当企业采用对比性引导营销策略时，消费者则更为关注产品的相异性，从而形成对比效应（Dahlen and Lange，2006）。消费者的认知评价最终导致产品伤害危机事件中涉事企业对其竞争对手产生正向或者负向的溢出效应。

近几年，社会认知心理学领域经常使用"心理距离"这一概念来表达消费者感知事件与自身的距离，消费者在对事物感知的基础上形成对事物的心理距离，同时，消费者与事件的心理距离影响到其对事物的认知和判断（Trope，Liberman，2003）。因此，消费者对危险事件的心理距离越近，其感知风险就会越高。而心理距离感知的远近不同，往往会使得消费者的认知评价不同（Thomas，Tsai，2012），从而带来消费者感知到的风险程度也会出现差异，最终导致消费者情绪强度的高低不同。此外，在一项类似的研究中，Siomkos等（2001）从信息加工视角比较了产品伤害危机后不同认知需求导向下消费者的态度差异，发现在产品伤害危机前后，积极情绪导向与消极情绪导向的个体对涉事企业的态度变化并没有明显的差异。他们认为，这可能是由于产品伤害情境的生动性对个体情感反应的影响造成的。由此可见，产品伤害危机后消费者同样会受其自身不同的信息加工特点影响而产生不同的情绪反应。然而，针对不同认知需求类型的消费者，产品伤害危机对其影响的作用及机制如何，有待于进一步研究。

在产品伤害危机情境中，消费者会根据媒体报道的危机事件所造成的实际损失进行评估，进而形成不同的心理距离和风险感知，最终影响到其自身的情绪。在这一过程中，危机事件的属性、消费者的认知特点、涉事企业品牌声誉等因素等都会对消费者的认知评价行为产生不同的影响，继而引致消费者情绪的变化。消费者认知评价的不同，直接决定了消费者对涉事企业的情绪反应与认知态度的变化，从而影响到其对危机品牌后续购买行为的不同反应。因此，本研究关于产品伤害危机中消费者认知评价及其情绪、行为反应内在机制及变化机理的深入探讨，对涉事企业在群发性产品伤害危机中具体采取何种应对策略才能更好地引导消费者的情绪反应和行为意愿，继而安全渡过危机而言，具有理论和实践层面的双重价值。

# 第四章　实证研究专题一：群发性产品危机对消费者行业信任的影响研究

本章重点关注群发性产品伤害危机对消费者行业信任的影响。与单一品牌产品伤害危机相比，群发性产品伤害危机的发生是否会给消费者对整个行业的信任带来更加严重的影响。基于此，本章中相应的研究情境假设为：

某行业中多个品牌相继发生产品伤害危机（群发性），且逐一被媒体曝光，此时消费者对整个行业的信任（这里的行业信任不仅仅是对公司的信任，还有对行业所处环境的信任）情况。

与单一品牌产品伤害危机相比，在该情境下，群发性产品伤害危机能够引起消费者的恐慌情绪（风险认知、焦虑情绪以及从众行为），而在消费者产生不同的恐慌情绪的过程中，消费者对发生产品伤害危机品牌的卷入度以及品牌的来源国会对消费者恐慌情绪产生不同的影响，并且在恐慌情绪的影响下，消费者对整个行业的信任程度也会发生变化。但当整个行业多个品牌出现危机后，"替罪羊"品牌的出现对其他品牌以及整个行业是如何影响的，是否会有效地提高行业信任水平，给其他企业品牌带来生机呢？这也是本章要探讨的问题。此外，在群发性危机发生后，就微观视角而言，企业的信任修复策略包括展示策略与约束策略两种，其中展示机制下主要包括召回策略、约束策略与营销策略三种策略类型；就宏观角度而言，由于政府等监管机构自身所具有的社会秩序制定与维护等功能，其策略更倾向于是一种约束机制，包括加强监管、完善立法、加强调控三种约束策略。因此，本章也会对比群发性危机后，采取何种策略会对消费者的行业信任起到有效的弥补与修复作用。

# 第一节　群发性危机对行业信任的伤害机理研究

近几年，群发性危机事件频繁发生，导致消费者对行业信任度的下降。本研究以乳制品行业为研究对象，结合消费者卷入度、品牌来源国等主客观因素，通过实验设计对比分析了群发性危机与单品牌危机对行业信任影响的内在机理。研究表明，相对于单品牌危机，群发性危机更容易使消费者产生恐慌的情绪；群发性危机中，消费者的风险认知越高，行业信任越低；消费者的焦虑情绪越高，行业信任越低；消费者的从众行为越高，行业信任越低；消费者卷入度与品牌来源国对群发性危机与消费者恐慌情绪之间的关系具有调节作用。

## 一　研究概述

2008年至今，各类产品伤害危机事件不断发生，且危机呈现出明显的群发态势，涉及多个品牌，牵连整个行业，形成群发性危机。例如，乳制品行业的三聚氰胺事件以及白酒行业中的塑化剂事件。这些群发性危机的出现，使整个行业遭受重创的同时，也沉重地打击了消费者的信心，影响了整个产业链的健康发展。并且现实案例清晰地表明，相对于单一品牌发生危机而言，群发性危机事件不仅使企业的发展受到影响，同时也导致消费者对行业信任度的下降，过低的信任度又会影响消费者购买意愿，最终使得整个行业受损，并很有可能因此陷入恶性循环从而逐步演变成行业危机。因此厘清群发性危机对行业信任的伤害机理就显得非常重要。

Grayson（2008）等已经对行业信任给出了定义，他认为行业信任不仅仅是对公司的信任，还是对行业所处环境的信任。目前学术界对单品牌发生危机后如何影响行业信任已经进行了大量研究，成果较为丰富（Siomkos and Kurzard，1994；Niraj and Dawar，2000；方正等，2011）。研究表明，品牌危机发生后，负面信息会扭曲消费者的质量感知，提高感知风险，从而影响其品牌态度，产品伤害危机带来的最直接威胁是消费者信任违背（Gillespie and Dietz，2009）。但是对多个品牌发生危机后行业信任的影响研究甚少，且现有研究更加关注行业信任恢复策略的探讨，而对于群发性危机下行业信任的影响机制尚未给出定论，即并没有回答行业中多个品牌发生危机后，是通过何种机制影响消费者的行业信任；与单一品牌危机相比，群发性危机影响行业信任作用机理又有何种不同？

鉴于此，本研究将以乳品行业为研究对象，以群发性危机情境为切入点，从消费者的角度出发，结合消费者卷入度、品牌来源国等主客观因素，在与单一品牌危机相比较的基础上，深入分析了群发性危机对行业信任伤害的作用机理，由此建立起群发性危机与行业信任之间的内在关联。通过厘清群发性危机与单一品牌危机影响行业信任的作用机制的不同，进一步丰富和完善产品伤害危机理论，旨在为陷入群发性危机中的企业或品牌为获得生机、避免行业危机的发生而进行的策略选择提供强有力的理论支持。

## 二　研究过程

### （一）理论综述与研究假设

#### 1. 群发性危机对消费者恐慌情绪的影响

单品牌发生危机后，消费者会产生一系列的负面情绪，生气、愤怒、失望、焦虑等。多个品牌发生危机后，一系列品牌作为整体对公众心理造成影响，并且这种已发生的事实不但会增强公众对发生类似事件可能性的预期，还会给公众带来直接的心理冲击，进而影响到公众情绪（熊继，2011），引发强烈的负面情绪，如焦虑、愤怒、不安全感等。同时由于危机的扩大效应，使得危机事件不断被夸张和放大演变成恐慌情绪（樊春雷，2004）。民众的恐慌在认知、情绪、态度以及行为倾向上有所体现，主要是风险认知水平高、焦虑和从众行为（谢晓非，2005；Bennett，2010；戚建刚，

2010）。

首先，单品牌发生危机后，消费者在做购买决策时，往往会很犹豫，因为他们面临来自财务、功能、身体、心理、社会等方面的风险（Rosellus，1971）。这些风险激发了消费者的负面情感，通常表现为愤怒、失望、麻木、怀疑等（闫俊、佘秋玲，2010），并影响其对企业形象的感知。而当行业多个品牌发生危机后，消费者的抱怨主要集中在事件的负面结果上（这是因为负面感知容易记忆）。消费者会认为这是行业的固有问题（稳定的归因），是整个行业在食品安全立法、调控、监管等方面存在诸多问题（Chen，2008），从而产生愤怒、失望、无助的情绪（Gelbrich，2010）。因此，多个品牌发生危机后，消费者感知风险更多，进而产生对整个行业的恐慌。

根据展望理论在同等大小的损失和收益之间，人们通常会损失规避，即消费者对损失的重视远远大于收益（Oliver，1997），尤其品牌多次发生危机后，消费者对损失更为重视。单品牌危机发生后消费者仅仅关注具体品牌危害性对公众心理或行为造成的影响。多个品牌危机发生后，不同品牌的危害性会对消费者的生命财产造成一定损失，同时公众缺乏相关信息和知识对该事件进行扩大或者扭曲，这时就引起了公众心理状态的变化，产生不满情绪（Mitchell，1999），所以风险认知水平提高。因此提出如下假设：

H1a：群发性危机较单品牌危机给消费者带来较高的风险认知。

其次，期望不一致理论认为当事实和先前的期望一致时会导致更多的正面评估，先前正面的期望容易创造一个天花板效应以至于新的正面事实不能改善已有的正面评估；事实和先前期望不一致时会导致更多的负面评估，所以一旦发生负面信息后将比正面信息对消费者的满意和购买程度的影响更大（Mittal et al.，1998）。单品牌发生危机后，危机会引发人员受伤、死亡、环境破坏、财务损失（Coombs，1998）等。如果事件比较严重时，消费者容易把责任归因于肇事方并进行谴责（Kouabenan et al.，2001；Phillips，1985），并且危机越严重消费者越容易产生负面情绪（Laufer，2002），进而影响消费者的行为。当多个品牌出现危机发生后，第一次失败的阴影还没散去时，又经历了一次产品危机，消费者扩大了危机的严重性，根据展望理论消费者对行业中失败企业的案例记忆犹新。当这一系列的品牌危机作为一个整体时，他们更加认为危机是很严重的。同样地，前面不满意的消费者在经历了又一次的品牌危机后更加会表现出焦虑情绪，如紧张、忧虑、烦恼、害怕和恐惧等（Lin，2003）。故提出如下假设：

H1b：群发性危机较单品牌危机给消费者带来较高的焦虑情绪。

最后，单品牌危机发生后，市场上充斥着大量品牌的不利信息，使得消费者的感知风险提高，这会使消费者对危机品牌产生负面的信念和态度，从而不利于危机品牌进入考虑集（王晓玉，2006）。同时品牌犯错让消费者感到极其失望，从而引起消费者—品牌关系恶化（Huber，2010）。这时他们通常选择其他品牌作为替代品牌，这时可供选择的品牌较多，他们按照自己的喜好进行选择。当多个品牌发生危机后，使得消费者容易产生认知聚焦，认知负荷加重、理性决策受阻，个人往往表现出不知所措，这时人的反应是自动化表现出习惯化或者熟练化的行为（蒋丽，2011；樊春雷，2010），即从众行为的产生。当多个品牌危机发生后，社会公众对当前事件表现出茫然、不知所措的状态，这时他们在行为的过程中只能参照大多数群体的行为，所以就会出现2003年的SARS板蓝根抢购风波、2008年三聚氰胺事件后的洋奶粉抢购等现象。这是由于消费者的信息缺乏且在没有权威性的信息来源的情况下，就会表现和大众行为一致的倾向。这时如果群体的规模很大，持有一致意见的人越多，就会给个人带来心理压力，如果不跟从大多数人的做法，就会感觉到群体的压力，会受到厌恶、排斥（Robert，1990），这样就产生了从众行为。因此得到如下假设：

H1c：群发性危机较单品牌危机使消费者更容易出现从众行为。

2. 群发性危机引发的恐慌情绪对行业信任的影响

群发性危机的爆发，犹如多米诺骨牌的倒塌，使得整个行业发生改变。消费者产生了恐慌情绪，负性的信息更易增加民众的风险认知水平，风险认知水平越高，消费者越会对整个行业的监管能力、生产企业、第三方认证机构及行业食品安全事件发生率都产生怀疑（DoJonge et al.，2004）。另外，社会风险扩大的效应（Kasperson et al.，1988）也使得消费者的感知风险增加，同时负面消息往往使得消费者减少对产品的需要。群体的负面情绪诱发了群体行为（如抢购行为、集体拒绝购买等）。恐慌传播使得人们态度出现突然减速或者加速，使得群体的态度出现极化，而且由于情绪互相感染，使得消费者之间的焦虑出现感染，导致焦虑提高，进而产生对产业链的不信任。同样群发性危机使得消费者的风险认知和焦虑水平提高，导致消费者出现自我保护动机（Griskevidus，2006），为了保护自己，减轻或免除内心的不安与痛苦，以及更好地适应环境，所以比自我保护动机弱的个体更加从众。从众的行为使得大量消费者出现拒绝购买等情况，使得对行业的信任下降。综上，我们得到如下假设：

H2a：群发性危机引发的消费者风险认知越高，其对行业的信任度越低；

H2b：群发性危机引发的消费者焦虑越严重，其对行业的信任度越低；

H2c：群发性危机引发的消费者从众行为越多，其对行业的信任度越低。

3. 消费者卷入度对群发性危机与消费者恐慌情绪关系的影响

卷入度对消费者的购买决策过程（信息搜寻、态度改变、购买意向等）起着重要的作用。高卷入度是指对产品的关注度高，个体对外界刺激形成理性而真实判断的重要性也随之上升，驱使个体投入更多资源用于对刺激进行精细评估（Andrews et al.，1990）；低卷入度指对产品不熟悉，缺乏动力去搜寻信息处理的相关信息，其态度改变便依赖于周边线索的影响（Liebermann and Flint – Goor，1996）。另外，根据精细加工可能性模型（ELM），当卷入度高的时候，消费者会沿中枢路径（Classic Approaches）处理信息，积极主动地搜寻与产品相关的信息、评估和斟酌，并且进行谨慎的决策。但是当卷入度低的时候，消费者沿边缘路径（Contemporary Approaches）处理信息，对信息的收集和处理不会很谨慎，被动地接收相关信息并且决策随意化。

Venkatraman（1989）认为，虽然消费者对购买情境的感知风险是有限的，但是高卷入度的消费者在购买之前对产品关注度高，所以了解的信息多，这样事件信息和企业信息对高卷入度的消费者影响比低卷入度的消费者显著（杜建刚，2012）。单品牌发生危机时，卷入度高的消费者对产品关注度较高，获取的信息也比较丰富，对信息也更加敏感，这时感知风险就会高。同样，多品牌发生危机后，群发的危机的叠加效应，使得多个事件经过多重的转介机制而传播给多元的接受群体，并通过反复的反馈呼应与影响，从而产生一个放大化的效果（戚建刚，2012），使消费者呈现恐慌的心理反应，这是对将来不利后果的纯粹的生理反应。所以，在群发性危机发生后，卷入度高的消费者除了关注单品牌的风险，更多的风险感知来自整个供应链乃至行业。于是得到如下假设：

H3a：相对于低卷入度者，高卷入度的消费者在群发性危机发生时较单品牌危机带来的风险认知高。

单品牌危机发生后，高卷入度比低卷入度的消费者更容易产生认知失调。Festinger（1957）认为个人的知觉、态度、信念、价值等因彼此间的不一致而产生了不满意，造成了个人的心理焦虑，产生不舒服的感觉，这时为了解除紧张或者避免失调的增加，会改变行为来解决，这时消费者会进行品牌转换，通过品牌转换来消除心里的焦虑感。当多个品牌发生危机后，高卷入度的消费者由于对信息的充分了解，拥有的知识也很多，对行业的评价会涉及整个产业链。另外，当整个行业环境受到危害时，消费者感觉到自己和家人的生命健康被完全暴露在危险环境或受到毒物侵害中，消费者的焦虑感会更高，正像俗语说的那样"知道得越多，不知道得也越多"（徐国伟，2012）。但是这样的焦虑感无法通过品牌转换来达到，从而使高卷入度的消费者更进一步地陷入恐慌之中。于是得到如下假设：

H3b：相对于低卷入度者，高卷入度的消费者在群发性危机发生时较单品牌危机感到的焦虑更高。

单品牌危机发生后，品牌关系变化幅度越大，危机的负面信息对消费者的影响越显著。魏巍（2012）认为，高卷入度的消费者更注意危机的实质问题（例如危机归因和严重程度）的信息，处理信息能力精细，但是低卷入度的消费者更注重边缘信息（例如舆论的导向、外部口碑等），这时出现不精细的加工和粗略的思考。高卷入度的消费者知识丰富，能进行自己的有效判断，反而不会进行从众行为。但当行业中多个品牌出现危机后，由于产品与他们关系很紧密，根据认知失调理论高卷入度的消费者更容易产生心理紧张，这时他们内心出现冲突与不安，理性程度会降低，尤其面对众人对行业的负面评价时，他们也会改变其某些信念或行为，产生本能的避害行为，来使自己重新出现平衡（Festinger, 1957; Lippa, 1990），因此更容易产生从众行为（Heider, 1958）。但是低卷入度的消费者因为了解得不是很多，他们对产品的关心程度不是很高，这时恐惧与不安的心理也不是那么严重，相反则不容易产生从众行为。于是得到如下假设：

H3c：相对于低卷入度者，高卷入度的消费者在群发性危机发生时较单品牌危机更容易产生从众行为。

4. 品牌来源国对群发性危机与消费者恐慌情绪关系的影响

品牌原产地指一个品牌的发源地，如一个品牌所属的国家或地区，也指品牌在消费者心中所联系的国家或地区，而不管这个产品本身在哪里生产。所以品牌原产地的概念包括两个维度：产品形象和国家印象（Roth and Romeo, 1992）。在产品伤害危机中，品牌的原产地形象被认为发挥着重要作用。例如，2007年美国的玩具风波中，大量的媒体强调这些品牌的玩具是中国生产的，让美国人意识到这些玩具的来源国，这样有效地转移了谴责。这是因为存在品牌原产地的刻板印象（Roth and Romeo，1992；Michael et al.，2008），品牌原产地刻板印象是指人们对某个特定国家的产品有"made in"感知的刻板印象，来源国线索会通过其形成偏见的能力，显著影响消费者的评估，刻板印象通过两种过程发挥作用：自动过程（刻板印象激活）和控制过程（刻板印象应用）（Martin et al.，2011）。

当行业中多个国内品牌同时出现问题时，消费者很容易联想到这些品牌之间的共同点——属于同一行业以及同为国内品牌。对于该行业中的国外品牌而言，它们虽与问题品牌同属一个行业，但若将国内品牌和国外品牌看成两个整体，二者之间当属竞争关系，且国外品牌与问题品牌（国内品牌）之间的关联要弱于国内品牌与问题品牌之间的关联（张璇，2013）。当单个国内品牌发生危机时，品牌使用者感知风险较高，但是当行业中多个国内品牌出现危机后，本来存在着刻板印象的消费者，对整个行业的风险认知就更高。原本就对国产品牌的信心不足，更加剧了他们的失望，认为国产品牌的质量差，监管存在问题等，认知风险提高。于是得到如下假设：

H4a：相对于国外品牌，国内群发性危机较单品牌危机带来的风险认知更高。

Chandran和Menon（2004）的研究发现消费者对危险事件的心理距离越近，则感知风险越高，负面情绪越大。Thomas和Tsai（2012）研究也发现，个人可能在心理尝试拉开任务、事件和物体之间的距离，心理距离能降低负面情感的强度。当产品伤害危机与自己的心理距离较小时，人们处理与危机相关信息的动机会更大（Kunda，1990），因而他们对产品伤害危机带来的感知风险会更大，焦虑情绪越大。单个国内品牌发生危机后，品牌的使用者会产生焦虑的情绪，当国内多个品牌发生危机后，由于消费者的心理距离

(空间距离)比较近,因此消费者的感知风险越高,负面情绪越大。但是多个国外品牌由于心理距离远,所以消费者的焦虑度相对降低。于是得到如下假设:

H4b:相对于国外品牌,国内群发性危机较单品牌危机带来的消费者焦虑更高。

单个国内品牌发生危机后,消费者会出现品牌转换行为。但是当多个国内的品牌发生危机后,这时消费者由于心理距离近而产生的负面情绪高。整个行业的无序使得消费者不知所措,继而就会选择从众行为来减少心理压力。但是多个国外品牌发生危机时,消费者感知心理距离远,这时感知风险和恐惧感都比较低。另外,由于消费者的民族中心主义使得他们对国外产品的购买意愿下降(吴剑琳,2011),心理压力小从众行为低。于是得到如下假设:

H4c:相对于国外品牌,国内群发性危机较单品牌危机带来的消费者从众行为更高。

综上所述,本研究的理论框架如图4-1所示,主要探讨与单一品牌危机相比,群发性危机对行业信任影响的不同内在机制。试图构建品牌危机影响行业信任的理论模型,其中以民众因面对危机而产生的恐慌在认知、情绪、态度以及行为倾向等方面的不同体现作为中介变量,并从主客观角度分别考虑了消费者卷入度与品牌来源国作为调节变量的情况。

(二)研究设计

1. 变量的测量

本研究的量表均来自前人的研究文献,除个人基本特征外,全部题项均采用Likert's七分量表,从1到7,分别表示从"完全不同意"到"完全同意"。对于消费者的恐慌情绪的测量,借鉴谢晓菲(2005)认为的消费者恐慌心理在三方面的体现,即风险认知、焦虑和从众行为的产生。其中风险认知参照Bauer(1960)、Cunningham(1967)、Dowling(1994)、杜建刚(2012)等学者所使用的产品危机下的消费者风险认知的三个题项:"我感觉购买这种产品存在风险"、"我感觉购买这种产品会对我造成伤害"、"我感觉购买这种产品缺乏安全保障";焦虑选用了Duhachek和Richins(2005)、汪涛(2008)等在服务失败后消费者的焦虑情绪测量量表,包括两个题项:"服务失败后,我感到很害怕"、"服务失败后,我感到很担忧",并根据产品伤害危机的情境稍做修改;对于从众行为的测量题项是在Bond和Smith(1996)以及高秀峰(2011)对从众含义界定的基础上,结合品牌危机的实际情况,采用了四个题项:"此次危机后,我会听从别人意见购买某品牌的乳品"、"此次危机后,很多人觉得好的产品我也觉得好"、"此次危机后,很多人买的乳品品牌我也跟着买"、"此次危机后,我选择乳品品牌会受他人的影响"。

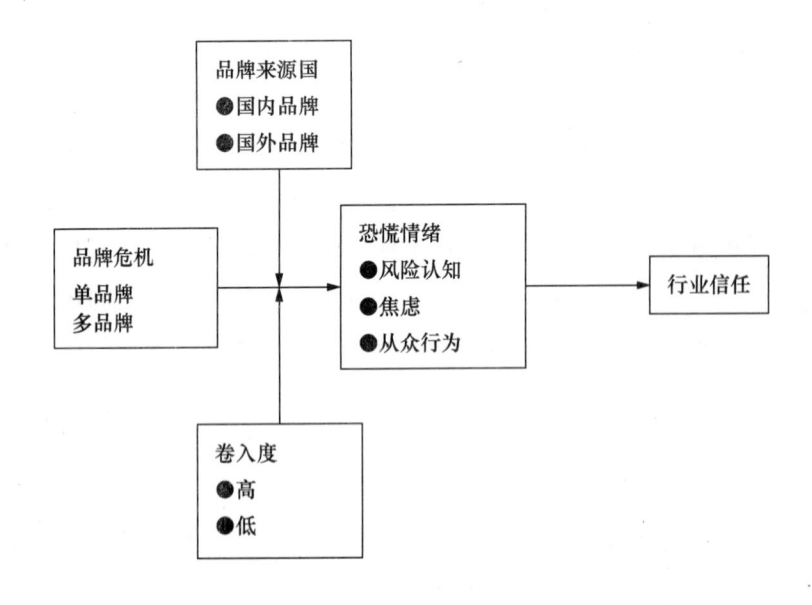

图 4-1 本研究的理论框架

对于行业信任的测量我们采用Grayson(2008)使用的六个测量项,包括:(1)行业中的主体(企业、政府、行业协会)都很关心消费者;(2)行业中的主体(企业、政府、行业协会)能够给消费者提供帮助；(3) 行业中的主体（企业、政府、行业协会）是为公众的利益着想的；(4) 行业中的主体（企业、政府、行业协会）是真诚的；(5) 行业中的主体（企业、政府、行业协会）是遵守诺言的；(6) 行业中的主体（企业、政府、行业协会）是讲真话的。Grayson（2008）量表的 Cronbach's α 系数为 0.85。

关于消费者卷入度的测量我们采用 Zaiehkowsky（1955）与 McQuarrie（1992）的购买卷入度的量表，原始问卷的 Cronbach's α 系数为 0.96。刘冉（2006）引进了该量表并翻译成中文，其 Cronbach's α 系数是 0.93。在此基础上我们结合乳品本身的一些特点进行简单修改，具体五个问项如下："我认为我需要饮用乳品"、"因为各种原因，我需要不同的乳品"、"我经常注意各个品牌的乳品的宣传广告"、"我对乳品很感兴趣"、"品尝新的乳品让我有兴趣盎然的感觉"。

2. 实验设计

本研究主要探讨群发性危机的发生是如何通过恐慌情绪影响到行业信任，以及这个过程中消费者的购买卷入度与品牌来源国对行业信任的调节作用。我们采用的是大多数学者研究产品伤害危机各变量的关系时所采用的现场实验的方法收集数据并验证这些变量之间的关系。

本研究实验采用 2（品牌危机：单品牌危机 vs 群发性危机）× 2（品牌来源国：国内品牌 vs 国外品牌）的组间实验设计。同时将消费者的购买卷入度（高，低）作为调节变量代入模型中。其中，消费者购买卷入度（高，低）是消费者行为的某种体现，可以通过独立的量表进行测量。

3. 实验流程

对于实验场景的设计，我们采用模拟真实事件的方法。以乳品行业为例，这是因为乳品行业危机事件发生频率较高，符合群发性危机的特点。单品牌危机的发生，我们以蒙牛的黄曲霉素事件为例测量消费者的态度和信任的变化。对于群发性危机的事件，我们首先调研了2004—2012年的29起乳品危机事件，选择三聚氰胺事件后危机事件比较频繁的年份2010—2012年中发生的事件进行模拟。由于品牌的"变色龙"效应，很多国外的品牌到中国后都改变了身份，导致消费者对多数品牌的国别属性的认知错误，针对这样的情况，我们采用国内多家品牌或者国外多家品牌等字眼来对品牌来源国进行区分。经过了严密的前测后，我们又针对存在的问题对实验材料进行了修改。正式实验阶段，首先要求所有被试阅读实验材料，并回答相应的问题，其次让被试填答测量消费者卷入度高低的问卷，最后是个人基本资料的填写，实验结束。

### 三 研究结果

（一）样本概况

本研究以我国乳品消费者为抽样母体，采用配额抽样与便利抽样相结合的方法，选取了北京市的300名不同年龄与性别的消费者作为实验样本。剔除数据缺失及作答不认真的问卷后，最终得到有效问卷271份，有效问卷率达91%。其中单品牌危机是133份（49.1%），群发性危机是138份（50.9%）。样本的总体特征如表4-1所示：

表4-1　　　　　消费者样本数据的统计学分析

| 变量名称 | 变量分类 | 频数 | 比例（%） |
| --- | --- | --- | --- |
| 性别 | 男性 | 126 | 46.03 |
|  | 女性 | 147 | 53.97 |
| 婚姻 | 未婚 | 163 | 59.60 |
|  | 已婚 | 110 | 40.40 |
| 年龄 | 16—24岁 | 80 | 29.48 |
|  | 25—34岁 | 141 | 51.79 |
|  | 35—44岁 | 30 | 11.16 |
|  | 45—54岁 | 17 | 6.37 |
|  | 55岁及以上 | 3 | 1.20 |

续表

| 变量名称 | 变量分类 | 频数 | 比例（%） |
|---|---|---|---|
| 教育程度 | 初中及以下 | 5 | 1.85 |
|  | 高中、中专 | 27 | 9.96 |
|  | 大专、本科 | 195 | 71.96 |
|  | 研究生及以上 | 44 | 16.23 |
| 收入 | 2500元以下 | 93 | 34.31 |
|  | 2501—5000元 | 92 | 33.95 |
|  | 5001—8000元 | 50 | 18.45 |
|  | 8001—12000元 | 22 | 8.12 |
|  | 12001元以上 | 14 | 5.17 |

（二）样本的信效度分析

本研究使用内部一致性系数（Cronbach'α）检验了问卷中各主要变量量表的信度，统计结果显示，对于恐慌情绪的测量，分为风险认知、焦虑和从众行为三个方面。其中风险认知的Cronbach's α系数为0.902，焦虑的Cronbach's α系数为0.795，从众行为的Cronbach's α系数为0.883。对于行业信任量表的Cronbach's α系数为0.874。消费者卷入度的Cronbach's α系数为0.936。综上可知，本研究使用变量的内部一致性系数均超过了0.70的临界值（Nunnally，1978），表明量表具有较高的信度。

（三）假设检验

1. 单品牌危机与群发性危机对消费者恐慌情绪影响的检验

对于单品牌危险与群发性危机对消费者恐慌情绪的影响，我们通过独立样本T检验进行分析，结果如表4-2所示。群发性危机的发生与单品牌危机相比，消费者风险认知显著更高（$M_{群发性}=5.01$ vs $M_{单品牌}=3.35$；$t=-14.3$，$p<0.05$）；群发性危机的发生与单品牌危机相比，消费者焦虑情绪显著更高（$M_{群发性}=4.94$ vs $M_{单品牌}=3.25$；$t=12.7$，$p<0.05$）；群发性危机的发生与单品牌危机相比，消费者从众行为显著更高（$M_{群发性}=5.24$ vs $M_{单品牌}=2.93$；$t=$

11.5，p<0.05）。综上，可以得出群发性危机与单品牌危机相比会导致消费者产生显著更高的恐慌情绪（风险认知、焦虑、从众行为），于是假设H1a、假设H1b以及假设H1c获得支持。

表4-2 单品牌危机与群发性危机对消费者恐慌情绪影响的T检验结果

|  |  | N | 均值 | 标准差 | 均值的标准误 |
|---|---|---|---|---|---|
| 风险认知 | 单品牌危机 | 133 | 3.35 | 0.927 | 0.80 |
|  | 群发性危机 | 138 | 5.01 | 0.833 | 0.71 |
| 焦虑 | 单品牌危机 | 133 | 3.25 | 0.874 | 0.74 |
|  | 群发性危机 | 138 | 4.94 | 0.921 | 0.79 |
| 从众行为 | 单品牌危机 | 133 | 2.93 | 0.885 | 0.73 |
|  | 群发性危机 | 138 | 5.24 | 0.921 | 0.80 |

2. 群发性危机引发的恐慌情绪影响行业信任的检验

群发性危机后引发的消费者恐慌情绪包括风险认知提高，出现焦虑情绪和从众行为，这些恐慌情绪会影响消费者的行业信任。

首先，检验消费者的风险认知对行业信任的影响。T检验的结果显示，风险认知高的行业信任低（$M_{信任}$ = 3.02），风险认知低的行业信任高（$M_{信任}$ = 5.14），两者的差异显著（t = -12.25，p<0.05）。同时，以消费者的风险认知为自变量，行业信任为因变量进行回归，如表4-3所示，回归结果表明消费者的风险认知越高，行业信任水平越低（$\beta$ = -0.344<0，p<0.05），即风险认知对行业信任存在显著负向影响，假设H2a得到验证。

表4-3 风险认知对行业信任的回归结果

| 模型 | 非标准化系数 |  | 标准化系数 | T | Sig. |
|---|---|---|---|---|---|
|  | $\beta$ | 标准误差 | $\beta$ |  |  |
| 常量 | 4.732 | 0.178 |  | 27.443 | 0.000 |
| 风险认知 | -0.344 | 0.029 | -0.358 | -11.058 | 0.000 |

其次，检验消费者的焦虑情绪对行业信任的影响。T检验的结

果显示,焦虑情绪高的行业信任低（$M_{信任}=2.98$）,焦虑情绪低的行业信任高（$M_{信任}=5.07$）,两者的差异显著（$t=-11.73$, $p<0.05$）。同时以消费者的焦虑情绪为自变量,行业信任为因变量进行回归,如表4-4所示,回归结果表明消费者的焦虑情绪越高,行业信任水平越低（$\beta=-0.268<0$, $p<0.05$）,即焦虑情绪对行业信任存在显著负向影响,假设H2b得到验证。

表4-4　　　　　　　焦虑情绪对行业信任的回归结果

| 模型 | 非标准化系数 | | 标准化系数 | T | Sig. |
| --- | --- | --- | --- | --- | --- |
| | $\beta$ | 标准误差 | $\beta$ | | |
| 常量 | 4.227 | 0.136 | | 270.013 | 0.000 |
| 焦虑情绪 | -0.268 | 0.033 | -0.374 | -10.044 | 0.000 |

最后,检验消费者的从众行为对行业信任的影响。T检验的结果显示,从众行为高的行业信任低（$M_{信任}=2.98$）,从众行为低的行业信任高（$M_{信任}=5.07$）,两者的差异显著（$t=-11.73$, $p<0.05$）。同时以消费者的从众行为为自变量,行业信任为因变量进行回归,如表4-5所示,回归结果表明消费者的从众行为越高,行业信任水平越低（$\beta=-0.156<0$, $p<0.050$）,即从众行为对行业信任存在显著负向影响,假设H2c得到验证。

表4-5　　　　　　　从众行为对行业信任的回归结果

| 模型 | 非标准化系数 | | 标准化系数 | T | Sig. |
| --- | --- | --- | --- | --- | --- |
| | $\beta$ | 标准误差 | $\beta$ | | |
| 常量 | 5.918 | 0.189 | | 30.732 | 0.000 |
| 从众行为 | -0.156 | 0.041 | -0.203 | -3.837 | 0.000 |

3. 消费者卷入度对品牌危机与消费者恐慌情绪关系的调节作用检验

实验结果中,消费者卷入度问卷得分高（142人）的为卷入度高,得分低（131人）的为卷入度低,两者的比例分别为52%、

48%。对于消费者的风险认知方面,数据结果显示卷入度的高/低与消费者的风险认知有显著的交互作用($F(1, 273) = 7.419$, $p < 0.05$)。另外通过进一步单纯主效应分析发现,对于卷入度高的消费者,群发性危机的风险认知($M = 5.24$)显著高于单品牌发生危机的风险认知($M = 4.02$)($F(1, 142) = 224.533$, $p < 0.05$);对于卷入度低的消费者,群发性危机带来的风险认知($M = 4.17$)显著高于单品牌发生危机的风险认知($M = 3.75$)($F(1, 131) = 88.746$, $p < 0.05$);同时,单品牌发生危机后,高卷入度的消费者风险认知($M = 4.19$)显著高于低卷入度的消费者风险认知($M = 3.48$)($F(1, 131) = 62.336$, $p < 0.05$);多个国内品牌发生危机后,高卷入度消费者风险认知($M = 5.56$)显著高于低卷入度的消费者风险认知($M = 4.32$)($F(1, 138) = 62.173$, $p < 0.05$)。同时,单品牌与多品牌发生危机后高卷入度消费者风险认知的差值(1.37)高于低卷入度的消费者风险认知的差值(0.74),即对于卷入度高的消费者发生的单品牌与群发性危机的风险认知都会大于卷入度低的消费者的风险认知。假设 H3a 成立,具体结果如表 4-6 及图 4-2 所示。

表 4-6  品牌危机、消费者卷入度与风险认知多因子方差分析(部分)

| 方差来源 | Ⅲ型平方和 | df. | 均方 | F | Sig. |
| --- | --- | --- | --- | --- | --- |
| 品牌危机<br>(单品牌/群发性) | 262.235 | 1 | 262.235 | 327.446 | 0.000 |
| 卷入度 | 13.524 | 1 | 13.524 | 16.647 | 0.000 |
| 卷入度×品牌危机<br>(单品牌/群发性) | 6.477 | 1 | 6.477 | 7.419 | 0.000 |
| 误差 | 234.261 | 269 | 0.856 | | |
| 总计 | 5542.638 | 273 | | | |

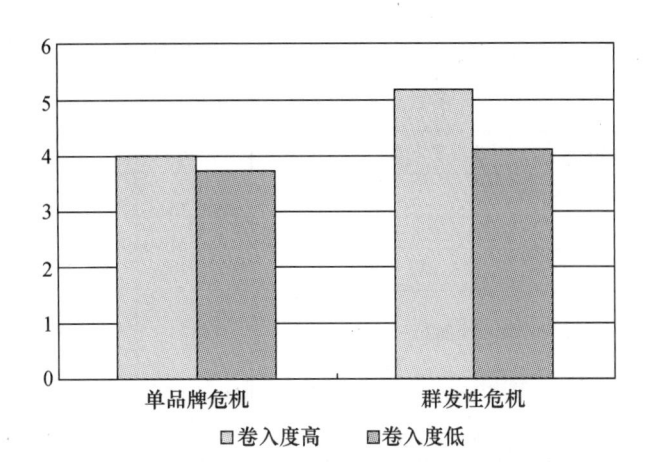

图 4-2 单品牌危机与群发性危机的风险认知均值比较

在焦虑情绪上，卷入度的高/低对焦虑情绪具有交互作用（$F(1, 273) = 6.578$，$p < 0.05$）。进一步进行单纯主效应结果显示，对于卷入度高的消费者，群发性危机后消费者的焦虑情绪（M = 5.04）显著高于单品牌发生危机后的焦虑情绪（M = 3.77）（$F(1, 142) = 257.841$，$p < 0.05$）；对于低卷入度的消费者，群发性危机后消费者的焦虑情绪（M = 4.84）显著高于单品牌发生危机后消费者的焦虑情绪（M = 3.54）（$F(1, 131) = 99.632$，$p < 0.05$）；同时，单品牌发生危机后，高卷入度消费者的焦虑情绪（M = 3.95）显著高于低卷入度消费者的焦虑情绪（M = 3.55）（$F(1, 138) = 17.226$，$p < 0.05$）；多个品牌发生危机后，高卷入度消费者的焦虑情绪（M = 5.62）显著高于低卷入度消费者的焦虑情绪（M = 4.73）（$F(1, 138) = 55.724$，$p < 0.05$）。同时，单品牌与群发性危机后高卷入度消费者焦虑情绪的差值（1.67）高于低卷入度消费者焦虑情绪的差值（1.18），即对于卷入度高的消费者发生的单品牌与群发性危机的焦虑情绪都会大于卷入度低的消费者的焦虑情绪。假设 H2b 成立，具体结果如表 4-7 及图 4-3 所示。

表 4-7　品牌危机、消费者卷入度与焦虑情绪多因子方差分析（部分）

| 方差来源 | Ⅲ型平方和 | df. | 均方 | F | Sig. |
|---|---|---|---|---|---|
| 品牌危机（单品牌/群发性） | 158.764 | 1 | 158.764 | 176.658 | 0.000 |
| 卷入度 | 13.684 | 1 | 13.684 | 15.704 | 0.000 |
| 卷入度×品牌危机（单品牌/群发性） | 4.833 | 1 | 4.833 | 6.578 | 0.000 |
| 误差 | 230.428 | 269 | 0.838 | | |
| 总计 | 5992.933 | 273 | | | |

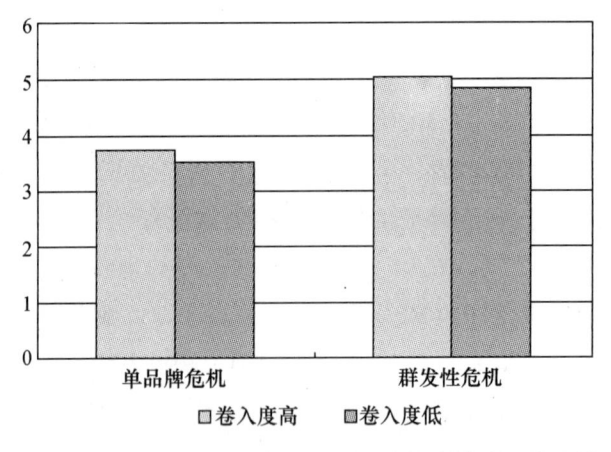

图 4-3　单品牌危机与群发性危机的焦虑情绪均值比较

在从众行为上，卷入度高/低的不同对从众行为具有交互作用（$F(1, 273) = 4.156$，$p < 0.05$）。单纯主效应结果显示，对于高卷入度的消费者，群发性危机后消费者的从众行为（$M = 4.95$）显著高于单品牌发生危机后的从众行为（$M = 3.21$）（$F(1, 142) = 257.841$，$p < 0.05$）；对于低卷入度的消费者，群发性危机后消费者的从众行为（$M = 4.78$）显著高于单品牌发生危机后消费者的从众行为（$M = 2.93$）（$F(1, 131) = 376.532$，$p < 0.05$）；同时，单品牌发生危机后，高卷入度消费者的从众行为（$M = 3.84$）显著

高于低卷入度消费者的从众行为（M = 3.38）（F（1，132）= 74.276，p < 0.05）；多品牌发生危机后，高卷入度消费者的从众行为（M = 5.29）显著高于低卷入度消费者的从众行为（M = 4.97）（F（1，138）= 13.324，p < 0.05）。同时，单品牌与多品牌发生危机后高卷入度消费者从众行为的差值（2.13）高于低卷入度消费者从众行为的差值（1.59），即对于卷入度高的消费者发生的单品牌危机与群发性危机的从众行为都会大于卷入度低的消费者的从众行为。假设 H3c 成立，具体结果如表 4-8 及图 4-4 所示。

表 4-8　　品牌危机、消费者卷入度与从众行为多因子方差分析（部分）

| 方差来源 | III型平方和 | df. | 均方 | F | Sig. |
| --- | --- | --- | --- | --- | --- |
| 品牌危机（单品牌/群发性） | 178.341 | 1 | 178.341 | 189.864 | 0.000 |
| 卷入度 | 14.003 | 1 | 14.003 | 16.4654 | 0.000 |
| 卷入度×品牌危机（单品牌/群发性） | 3.712 | 1 | 3.712 | 4.156 | 0.000 |
| 误差 | 232.244 | 269 | 0.819 | | |
| 总计 | 6003.236 | 273 | | | |

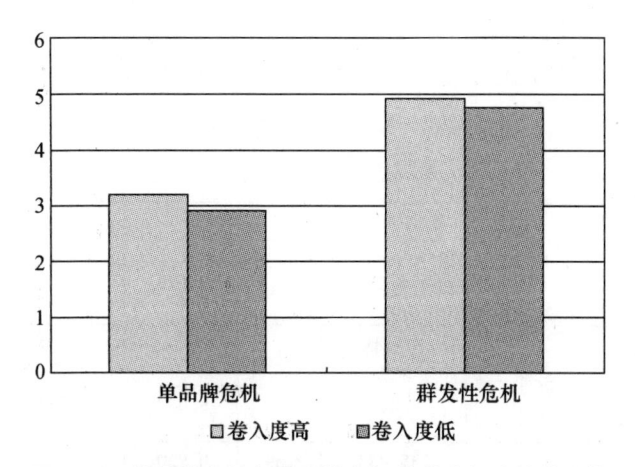

图 4-4　单品牌危机与群发性危机的从众行为均值比较

### 4. 品牌来源国对品牌危机与消费者恐慌情绪关系的调节作用检验

对于品牌来源国的调节作用,本研究分为国内品牌和国外品牌发生危机对消费者恐慌情绪的影响。研究结果表明在风险认知方面,国内/国外品牌的不同对风险认知具有交互作用($F(1, 273) = 10.050$, $p < 0.05$)。单纯主效应结果显示,对于国内多品牌发生危机后,消费者的风险认知($M = 5.16$)显著高于单品牌发生危机后消费者的风险认知($M = 3.78$)($F(1, 142) = 312.274$, $p < 0.05$);对于国外多品牌发生危机后,消费者的风险认知($M = 4.03$)显著高于单品牌发生危后机消费者的风险认知($M = 3.82$)($F(1, 131) = 112.225$, $p < 0.05$);同时,单个国内品牌发生危机后消费者风险认知($M = 4.22$)显著高于单个国外品牌发生危机后的风险认知($M = 3.64$)($F(1, 131) = 57.437$, $p < 0.05$);多个国内品牌发生危机后,消费者风险认知($M = 5.43$)显著高于国外多个品牌发生危机的风险认知($M = 4.37$)($F(1, 142) = 31.225$, $p < 0.05$)。同时,国内的单品牌与多品牌发生危机后消费者感知风险认知的差值(1.21)高于国外的单品牌与多品牌的风险认知的差值(0.73),即对于国内品牌发生的单品牌与群发性危机消费者的风险认知都会大于国外单品牌或者多品牌发生危机的风险认知。假设H4a获得支持,具体结果如表4-9及图4-5所示。

表4-9　品牌危机、品牌来源国类型与风险认知多因子方差分析(部分)

| 方差来源 | Ⅲ型平方和 | df. | 均方 | F | Sig. |
| --- | --- | --- | --- | --- | --- |
| 品牌危机(单品牌/群发性) | 254.223 | 1 | 254.223 | 309.223 | 0.000 |
| 品牌来源国 | 23.445 | 1 | 23.445 | 26.337 | 0.000 |
| 品牌来源国×品牌危机(单品牌/群发性) | 8.037 | 1 | 8.037 | 10.050 | 0.000 |
| 误差 | 135.433 | 269 | 0.830 | | |
| 总计 | 5332.477 | 273 | | | |

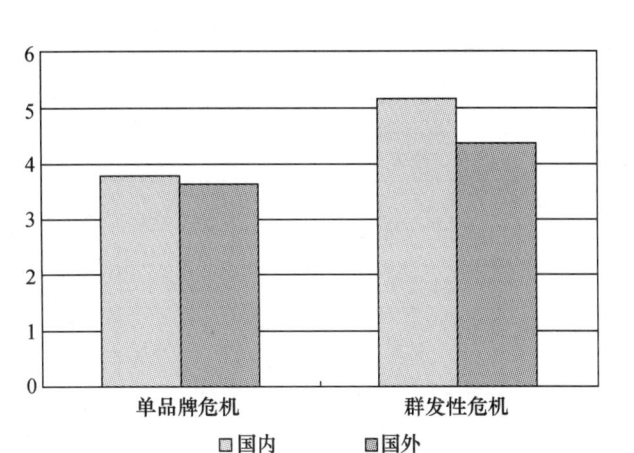

图 4-5  单品牌危机与群发性危机的风险认知均值比较

在焦虑情绪上，国内/国外品牌的不同对焦虑情绪具有交互作用（F (1, 273) = 9.870，p < 0.05）。进一步进行单纯主效应结果显示，对于国内多品牌发生危机后，消费者的焦虑情绪 (M = 5.23) 显著高于单品牌发生危机后消费者的焦虑情绪(M = 3.73)(F(1, 142) = 323.286，p < 0.05)；对于国外多品牌发生危机后，消费者的焦虑情绪 (M = 4.12) 显著高于单品牌发生危机后消费者的焦虑情绪 (M = 3.39) (F (1, 131) = 104.771，p < 0.05)；同时，单个国内品牌发生危机后，消费者的焦虑情绪 (M = 3.95) 显著高于单个国外品牌发生危机的焦虑情绪 (M = 3.54) (F (1, 131) = 46.264，p < 0.05)；多个国内品牌发生危机后，消费者的焦虑情绪 (M = 5.56) 显著高于多个国外品牌发生危机的焦虑情绪 (M = 4.58) (F (1, 142) = 53.535，p < 0.05)。同时，国内单品牌与群发性危机中消费者感知的焦虑情绪的差值 (1.61) 高于国外的单品牌危机与群发性危机中的焦虑情绪的差值 (1.04)，即对于国内发生的单品牌与群发性危机消费者的焦虑情绪都会大于国外单品牌或者多品牌发生危机的焦虑情绪。假设 H4b 获得支持，具体结果如表 4-10 及图 4-6 所示。

表 4-10　品牌危机、品牌来源国类型与焦虑情绪多因子方差分析（部分）

| 方差来源 | Ⅲ型平方和 | df. | 均方 | F | Sig. |
| --- | --- | --- | --- | --- | --- |
| 品牌危机（单品牌/群发性） | 154.655 | 1 | 154.655 | 189.746 | 0.000 |
| 品牌来源国 | 53.471 | 1 | 53.471 | 76.748 | 0.000 |
| 品牌来源国×品牌危机（单品牌/群发性） | 3.975 | 1 | 3.975 | 9.870 | 0.000 |
| 误差 | 187.221 | 269 | 0.630 | | |
| 总计 | 5992.933 | 273 | | | |

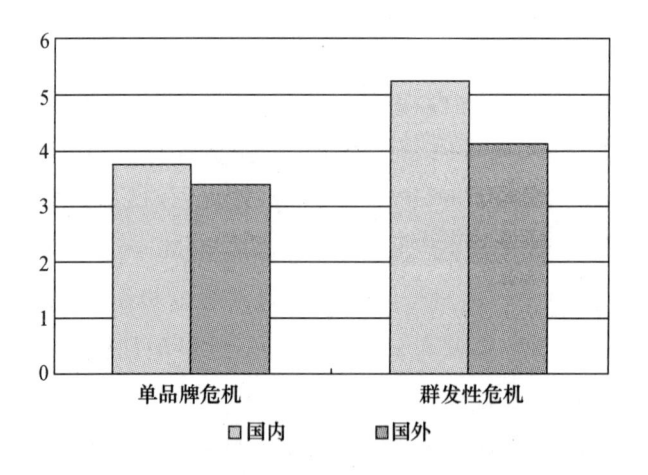

图 4-6　单品牌危机与群发性危机的焦虑情绪均值比较

在从众行为上，国内/国外品牌的不同对从众行为具有交互作用（$F_{(1, 273)} = 6.227$，$p < 0.05$）。进一步进行单纯主效应结果显示，对于国内多品牌发生危机后，消费者的从众行为（$M = 5.17$）显著高于单品牌发生危机消费者的从众行为（$M = 2.92$）（$F_{(1, 142)} = 372.336$，$p < 0.05$）；对于国外多品牌发生危机后，消费者的从众行为（$M = 3.95$）显著高于单品牌发生危机消费者的从众行为（$M = 2.21$）（$F_{(1, 131)} = 93.223$，$p < 0.05$）；同时，单个国内品牌发生危机后，

消费者的从众行为（M=3.72）显著高于单个国外品牌发生危机的从众行为（M=3.23）（F（1,131）=28.564，p<0.05）；多个国内品牌发生危机后，消费者的从众行为（M=5.67）显著高于多个国外品牌发生危机的从众行为（M=4.63）（F（1,142）=96.271，p<0.05）。同时，国内的单品牌与多品牌发生危机消费者感知的从众行为差值（1.95）高于国外的单品牌与多品牌的从众行为差值（1.40），即对于国内品牌发生的单品牌与群发性危机消费者的从众行为都会大于国外单品牌或者多品牌发生危机的从众行为。假设 H4c 获得支持，具体结果如表4-11及图4-7所示。

表4-11　　　品牌危机、品牌来源国类型与从众行为
多因子方差分析（部分）

| 方差来源 | Ⅲ型平方和 | df. | 均方 | F | Sig. |
| --- | --- | --- | --- | --- | --- |
| 品牌危机（单品牌/群发性） | 127.468 | 1 | 127.468 | 167.733 | 0.000 |
| 品牌来源国 | 48.751 | 1 | 48.751 | 63.566 | 0.000 |
| 品牌来源国×品牌危机（单品牌/群发性） | 3.356 | 1 | 3.356 | 6.227 | 0.000 |
| 误差 | 163.766 | 269 | 0.687 | | |
| 总计 | 5783.266 | 273 | | | |

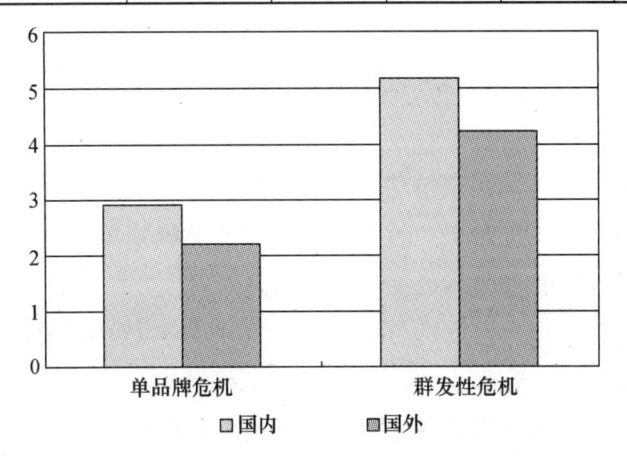

图4-7　单品牌危机与群发性危机的从众行为均值比较

5. 恐慌情绪的中介作用检验

对于恐慌情绪可能存在中介作用的检验，我们采用温忠麟（2002）的做法，一是采用行业信任作为因变量，群发性（单品牌）危机发生作为自变量做线性回归，结果显示群发性危机对行业信任的影响是显著的，其中回归系数为 0.472，$p<0.05$。二是将群发性（单品牌）危机发生作为自变量，消费者的恐慌情绪作为因变量进行线性回归结果显示，群发性危机发生的影响是显著的，其中风险认知的系数是 0.688，$p<0.05$，焦虑情绪的系数是 0.566，$p<0.05$，从众行为的系数是 0.544，$p<0.05$；三是将危机后的行业信任作为因变量，恐慌情绪作为自变量做线性回归，结果证明，恐慌情绪对危机后的行业信任存在显著影响（前文已证）。四是将群发性（单品牌）危机的发生和恐慌情绪作为自变量，把危机后的行业信任作为因变量来做线性回归，研究表明，两者的回归系数均显著（前者系数 = 0.424，$p<0.001$；后者系数 = -0.274，$p<0.001$），但是前者的回归系数不显著（$p=0.432$），这说明了消费者的恐慌情绪起到完全中介的作用。

**四 研究结论**

在群发性危机频繁发生的背景下，本研究以乳品行业为研究对象，结合消费者卷入度、品牌来源国等主客观因素，通过实验设计对比分析了群发性危机与单品牌危机对行业信任影响的内在机理。本研究的结论是，相对于单品牌危机，群发性危机更容易使消费者产生恐慌的情绪；群发性危机中，消费者的风险认知越高，行业信任越低；消费者的焦虑情绪越高，行业信任越低；消费者的从众行为越高，行业信任越低；消费者卷入度与品牌来源国对群发性危机与消费者恐慌情绪之间的关系具有调节作用。

通过对比群发性危机与单一品牌危机影响行业信任的作用机制，本研究进一步丰富和完善了产品伤害危机理论，旨在为陷入群发性危机中的企业或品牌获得生机、避免行业危机的发生而进行的策略选择提供强有力的理论支持。

基于此，本研究的主要启示可以概括如下：

第一，行业在发生危机后，企业、政府、行业组织应该主动澄清事实，帮助安抚消费者的情绪，减少他们的风险感知与焦虑情绪。当恐慌情绪出现后，企业、政府应该稳定人心，恢复保持对行业的信任。为了避免行业危机的发生，应该加强政府监控，使得政府从行政管理的角度对整个行业进行有效的监控与治理。

第二，为了避免行业危机的发生，应加强专业机构认证。专业认证机构作为独立于政府的机构，虽然没有政府的强制力，但其有对产品质量进行认证的专业能力，也是相对于生产企业及行业较为独立、无利益关系的第三方，所以在消费者心目中具有一定的权威性。通过专业机构的认证，包括原产地认证、质量认证、标签管理等，能够保证产品的质量安全，让消费者放心购买，从而恢复消费购买意愿。

第三，为了避免行业危机的发生，应该加强行业规范。我国目前很多行业发展迅速，但其行业规范却没有跟上发展的脚步，与发达国家相比还存在很多不足，这些不足就使得消费者对产品的质量安全心有顾虑。行业标准等规范是行业经营者应遵守的最基本的准则，只有加强行业规范，才能保证我国产品的安全，从而保障行业的健康发展。

第四，应加强媒体的管理，利用媒体进行正面宣传。危机发生后要对所有的数据认真审核，以免报道失误，提高媒介的可信度。另外，要求企业主动给媒介提供正确无误的信息，使得企业和政府能够通过有效的合作来减少公众的恐慌感。

此外，本研究尽管获得了一些比较重要的发现，对现有产品伤害危机理论，尤其是群发性危机理论的研究深度和广度有了一定的拓展，但研究中还存在一些不足：例如本研究中实验选择的产品只涉及乳制品行业，由于针对不同行业的产品消费者的关注程度以及购买行为会有所不同，因此，未来可以就不同行业中的群发性危机影响行业信任的作用机制进行更为深入的比较研究。

# 第二节 乳品行业群发性危机对消费者行业信任的影响

本章第一节对群发性危机影响行业信任的机理进行了探讨与研究。在不同行业的群发性危机中，乳品行业表现得尤为明显，乳品行业频发的群发性危机对消费者造成了身心伤害，给整个行业制造了信任危机！基于感知风险"归因理论"心理契约理论，本研究针对乳品行业现状，运用网络论坛收集的乳品行业品牌危机帖子做样本，深度分析了群发性危机后消费者对乳品行业信任降低的机理，提出单品牌危机的严重性和群发性容易引发群发性行业危机，并导致消费者对整个行业采取抵制行动。

## 一 研究概述

伴随着市场竞争的加剧和消费者需求的多样化，产品更新的速度越来越快，产品危机事件的群发性越来越强，对消费者信任的影响更为复杂。本研究以乳品危机事件为背景，通过分析2004—2013年网络上消费者对乳品行业产品危机事件的评论，以期解释产品伤害危机对消费者信任伤害的机理，包括单品牌危机如何引发群发性危机，以及消费者在群发性危机后的认知取向。

1. 品牌危机的属性

品牌危机是指被广泛传播而未被证实的有关品牌的重要主张或事件，该事件会对品牌造成严重的伤害，并且威胁到企业的生存和发展（Ahlu-walia et al., 2000；Dawar and Lei, 2009）。多个品牌同时爆发危机可能会对整个产品大类或者行业造成威胁，可以根据人员伤亡程度与财产损失数额，把危机划分为轻微和严重两种类型：轻微是指人员和财产的损失不严重，而严重的危机是指财产损失大量，人员伤亡严重（Coombs, 1998）；可以按照对消费者造成的危害及持续时间，将危机分为低、中、高三种程度（Park,

2008）。根据危机中涉及焦点企业数量的多少，可以把危机分为群发性高和群发性低两种（景奉杰，2012）。根据激活扩散理论，危机涉及的企业数量越多，消费者接触到的负面信息就会越多，使伤害信息的诊断性得以提高，从而导致消费者认为伤害事件具有普遍性，容易对整个品类（行业）产生负面联想。

2. 品牌危机后的应对措施

品牌危机是企业挥之不去的噩梦，使企业受到沉重的打击。首先，品牌危机影响企业的形象，损害企业的品牌资产（Wallace and Davidson，1992）。其次，品牌危机使营销工具的效率下降，造成市场份额的损失。最后，品牌危机还会产生溢出效应，这种溢出效应不仅会对危机中的品牌产生损害，还会波及竞争对手的品牌乃至整个行业，导致整个行业出现危机（de Alessi and Staaf，1994）。品牌危机后，企业会采取一些应对策略：否认、强迫召回、主动召回、积极承担责任。采取这些策略时要衡量危机的程度，当企业遭遇的危机很严重时，这时应积极承担责任，并进行产品的召回，以树立良好的企业形象；当危机处于中度或者轻度时，企业可以采取主动召回，并与媒体积极进行沟通（Vassilikopoulou et al.，2009）。

品牌危机后，政府及媒体等外部应对能减少危机的蔓延。如果外部响应是积极的，公众会认为企业的责任很小；如果外部响应是消极的，同时企业的内部相应策略还不积极，这时消费者会认为企业应该负很大责任（Siomkos，1994）。为了减少危机的影响，政府需要建立一整套危机预警系统，建立一整套的程序来评估法规的有效性，政府有效的应对措施能够减少消费者的风险感知（方正，2007）。因为政府的监管机构、相关领域的专家和行业组织具有相应的专业知识和专业能力，可以提高消费者对政府的信任度。

3. 品牌危机后消费者的反应

由于群发性产品伤害危机的行业负面溢出效应更强，这时消费者的感知风险会增加，这些风险来自身体、功能、心理、社会和经济等方面（Mitchell，1999）。由于危机的涟漪效应，使其在新闻媒体、政府、企业等风险放大的作用下被扩大化,严重性远远超过了事件本身。这会引起公众的感知风险进一步增加,并对整个行业产生怀疑(孟博等,2010)。

根据认知评估理论,品牌危机发生后消费者获得的负面信息增多,他们为了寻找事件的原因会进行事件的归因,归因是指人们在非常规环境下对于事件因果性的感知,并由此来推断企业是否应该对事件负责任的想法。当负面事件发生后,消费者感到与其期望或者信念不一致时就会从主观上做出推断:为什么产品会失败?导致失败的原因类型是什么?以及以此为基础该做出怎样的行为反应?

心理契约违背发生在组织和员工之间,是组织未履行承诺时员工产生的敌对和不满行为(Rousseau,1998)。营销学认为,顾客在体验过程中发生认知变化,当企业与顾客之间的心理契约被破坏时,顾客感知自己被欺骗或者情感受到伤害就会降低满意与忠诚度(罗海成,2006)。顾客心理契约被违背后就会产生一些负面情绪,同时也会产生一些不良行为(Rasidah et al.,2010)。郑斌等(2011)认为产品伤害危机也能形成消费者的心理契约违背,导致消费者品牌关系暂时性或者永久性地断裂。这时消费者的购买习惯会发生改变,开始尝试竞争者的品牌,对竞争者品牌的购买意愿增强;群发性产品危机爆发后,消费者对行业的期望下降,对行业的信任变得非常脆弱(涂铭等,2013)。

4. 行业信任

营销学中的信任是指交换方对被交换方的可靠性和诚实有信心,行业信任是指对整个行业中集聚的大多数公司、政府及整体产业的信任(Grayson et al.,2008)。行业信任是信任从一般到特殊的延伸过程,以往只研究对组织、个人和团体的信任。行业信任的研究主体是消费者,分析对整个行业的信心是信任的具体应用。

二 研究过程

群发性危机发生后要想通过综合各种角度准确了解消费者信任下降的形成机理,只有借助互联网这一媒介,因为互联网能客观、海量地收集消费者的反应，而且网络评论具有覆盖面广、可保存性等优势。由于互联网的帖子大多数以评论性为主，本研究在样本收集过程中设立了以下标准：第一，事件的选择从2004年之后开始；第二，样本的来源要广泛，要有各年龄层的消费者，要注意各个阶层的分布；第三，评论的涵盖面要尽量广泛，其主要内容要涵盖我国近年来的一些主要乳品事件；第四，为了搜索到全面有效的信息，需要有足够数量和具有不同争议程度的评论，这些评论既要有正面的观点，也要有反面的观点。按照以上4个标准，本研究以"乳品安全事件""三聚氰胺事件"等关键词搜索了我国比较热门的门户网站和交友网站，共搜索了357个帖子，含有13877条评论，样本的事件跨度为2004年4月—2013年8月（见表4-12）。

表4-12 样本的基本情况

| 编号 | 发起人 | 来源 | 帖子主题 | 跟帖数量 | 日期 | 用途 |
| --- | --- | --- | --- | --- | --- | --- |
| 01 | 刘洪波 | 凤凰网 | 三聚氰胺事件中失败的远不只是乳业 | 62 | 2008-12-29 | 检验 |
| 02 | 质检总局 | 凤凰网 | 质检总局：20家乳品企业普通奶粉检出三聚氰胺 | 120 | 2008-10-01 | 建模 |
| 03 | 大漠放牛带手提 | 天涯论坛 | 安徽阜阳假奶粉调查：谁谋杀了这些婴儿 | 25 | 2004-04-21 | 建模 |
| 04 | 西丁木 | 天涯论坛 | 安徽阜阳奶粉调查 | 20 | 2004-04-18 | 建模 |
| 05 | 孙金栋 | 新浪新闻 | 三鹿彻底挫伤了市场信心 | 20 | 2008-09-19 | 检验 |
| 06 | 佚名 | 太平洋亲子网 | 乳制品国际相对论：低标准牛奶不如白开水 | 21 | 2011-06-27 | 建模 |
| 07 | 佚名 | 网易新闻 | 中国乳协首次回应三聚氰胺事件赔偿质疑 | 793 | 2011-06-08 | 建模 |
| 08 | 方舟子 | 腾讯 | 三聚氰胺是怎么加到牛奶中的 | 946 | 2008-09-18 | 建模 |
| 09 | 张冲 | 腾讯 | 奶粉信誉危机是内伤 | 36 | 2011-03-01 | 建模 |

续表

| 编号 | 发起人 | 来源 | 帖子主题 | 跟帖数量 | 日期 | 用途 |
|---|---|---|---|---|---|---|
| 10 | 曾颖 | 腾讯 | 跨洋买的不是奶粉，是监督机构 | 286 | 2012-06-19 | 建模 |
| 11 | 丁阳 | 腾讯 | 恒天然出事，洋奶粉也靠不住了吗 | 536 | 2013-08-06 | 检验 |
| 12 | 连洪洋 | 网易新闻 | 漏检黄曲霉素，蒙牛难辞其咎 | 62 | 2011-12-27 | 建模 |
| 13 | 佚名 | 新浪网 | 恒天然奶源污染事件继续发酵，多个品牌受波及 | 13 | 2013-08-26 | 建模 |
| 14 | 佚名 | 财经网 | 乳品原料又出事，"奶粉门"没完没了 | 28 | 2013-08-06 | 检验 |
| 15 | 金晓岩 | 腾讯微博 | 奶农中毒牵出乳业保鲜黑幕，光明称没采购问题奶 | 174 | 2013-02-06 | 建模 |

本研究根据研究目的对所有帖子进行筛选，对帖子中含有的简单评论进行排除，对帖子中的无关内容进行排除，对于复制他人的帖子也予以排除，对于没有实质性内容的回帖予以排除。最后，剩下有效帖子242个（含有效评论2138条），其中，202个帖子用于建模使用（随机抽取），剩下的40个帖子作为检验模型理论饱和度使用。

1. 开放编码

开放编码指的是通过对所收集的资料进行概念化和范畴化，用概念和范畴把原来的资料进行萃取整合和重新归类来反映资料内容。参考以往文献开发编码的做法，本研究对所选取的242个样本帖子进行编码，开放式编码编号包括：网站编号—帖子序号—评论内容，如编码1-1-1表示网站编号1的第一个帖子的第一条评论的第一句话，通过贴标签的方法从所有帖子中整理出12个范畴及其下属的45个概念（见表4-13）。

表4-13　　　　　　　　　开放编码形成的范畴

| 编号 | 主范畴 | 概念 |
|---|---|---|
| 1 | 事件的严重性 | 事件带来金钱数额的损失及人员伤亡 |
| 2 | 群发性 | 涉及的品牌数量较多 |
| 3 | 身体风险 | 危害健康，导致死亡 |
| 4 | 心理风险 | 失望、丧失信心、担忧、害怕 |
| 5 | 法律制度 | 主要是指对我国法律、法规的健全与否以及执法力度的感知，包括法律和政策健全、执法力度 |
| 6 | 经济制度 | 主要是指对食品安全的监管力度的感知，包括卫生监督、质量控制、安全监管、商业监督 |
| 7 | 对消费者的重视 | 关心消费者的利益，重视消费者的意见，公开、透明 |
| 8 | 产品因素 | 产品的质量、价格、功能 |
| 9 | 企业的能力 | 对企业经营状况的感知：企业规模、企业制造能力、企业营销能力、企业技术能力 |
| 10 | 对顾客的关怀 | 为顾客利益着想、诚实、善意、不推脱责任 |
| 11 | 负性情绪 | 痛恨、担忧、无奈、痛心、悲痛、郁闷、恐慌、懊悔、无助、气愤、憎恨、焦虑 |
| 12 | 行为意向 | 拒绝购买、抵制、转换 |

2. 主轴编码

在建立各个范畴之间的关联时需要找到一定的线索，进而找出各个范畴之间在概念层次上的连接关系。主轴编码是在开放式编码的基础上找出众多范畴之间的联系，本研究将开放式编码中的帖子进行聚类分析，通过主轴分析发现以下5个大类关系（见表4-14）。

表4-14　　　　　　　基于主轴编码的五大类关系

| 编号 | 关系类别 | 影响关系的范畴 | 关系的范畴 |
|---|---|---|---|
| 1 | 感知风险 | 严重性、群发性、身体风险、心理风险 | 单品牌发生危机后，危机后果很严重并且涉及品牌数量多，消费者认为饮用了问题乳制品后危害健康，甚至死亡 |

续表

| 编号 | 关系类别 | 影响关系的范畴 | 关系的范畴 |
|---|---|---|---|
| 2 | 对政府责任的归因 | 法律制度、经济制度、对消费者的重视 | 群发性事件后，消费者首先对我国法律、法规的健全以及执法力度等制度因素进行评价和归因，认为法律不健全，执法力度不严格；会对政府监管企业的力度进行评价，他们认为政府对企业的卫生监督、对企业产品的质量控制、对食品安全监管、对企业的商业信用的监督不严格；最后他们认为政府对消费者的利益关心度不够，不能很好地关心消费者的利益，重视消费者的意见，公开透明等有待提高 |
| 3 | 对企业责任的归因 | 产品因素、企业的能力、对顾客的关怀 | 群发性事件后消费者还对乳品企业的产品质量、价格、功能等进行评价和归因，他们认为中国乳品的质量差、价格高、经常出问题，另外乳品企业过度追求规模的发展、关注产量、注重销售但是监控能力不过关。最后还认为乳品企业不能为顾客利益着想、不诚实而且事件后容易推脱责任 |
| 4 | 心理契约违背 | 负性情绪 | 对事件归因后他们表现出对中国乳业的痛恨、担忧、无奈、痛心、悲痛、郁闷、恐慌、懊悔、无助、气愤、憎恨、焦虑 |
| 5 | 信任下降 | 行为意向 | 他们不信任国产品牌表现为坚决不购买或拒绝购买国产乳品，对国货抵制，转换洋品牌 |

3. 选择性译码

经过开放式编码、主轴译码及其相关分析后，开始对这些范畴进行选择性译码。通过对大量帖子的分析、概念的归纳和范畴的整理与梳理，将样本归纳为对政府行为的感知和对企业行为的感知两大核心范畴（见图4-8），这两大范畴与经典的认知—态度—行为理论相一致，也就是说，在群发性危机的情况下，当这些品牌未能履行其承诺时引起消费者心理契约违背，产生了负面情绪，进而导致对国产乳品的不信任。

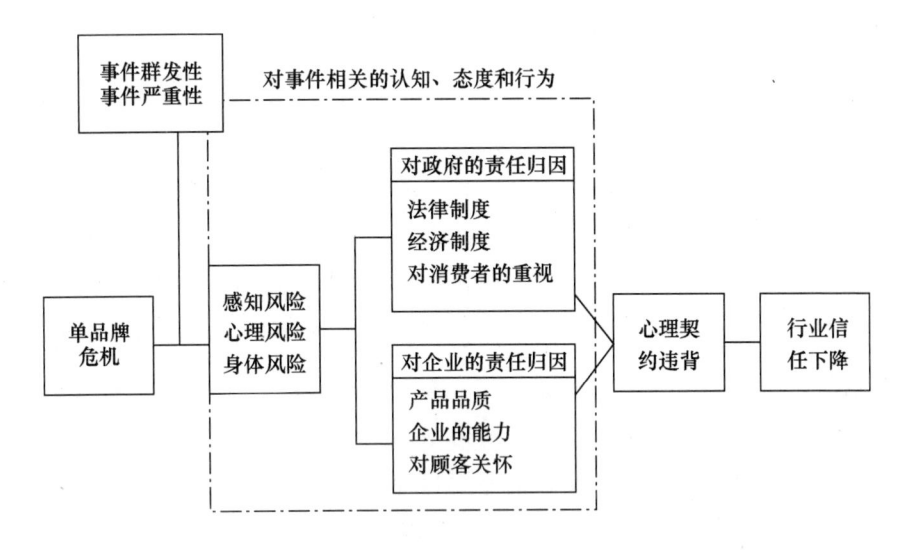

图 4-8 群发性危机下消费者行业信任的伤害机制研究

### 三 研究结果

(一) 结果分析

(1) 单品牌危机引发的群发性行业危机。大多数的行业危机都是由单品牌出现危机引发的,如果某个品牌发生危机后,危机的后果很严重并且品牌数量较多,这时消费者会感知到身体和心理层面的严重风险。(1-1-2 三鹿事件后蒙牛、伊利等大企业都相继查出含有三聚氰胺,这是奶源"潜规则"的问题,除了区域性小厂,国产品牌几乎不可能逃得掉 [严重性、群发性]。1-1-3 太可恶了,全中国每天多少人在食用各种奶制品啊,尤其是老人和娃娃。1-1-4 真可怕,这年头还让不让人喝奶了!!! [心理风险、身体风险])。

(2) 对政府责任的归因。首先,群发性危机事件后消费者会对我国法律、法规的健全以及执法力度等制度因素进行评价和归因,包括法律是否健全、执法力度是否严格。其次,会对政府监管企业的力度进行归因和评价,包括政府对企业的卫生监督、企业产品的质量控制、对企业的食品安全监管、对企业的商业信用的监督是否严格。最后，他们还会就政府对消费者利益的关心进行归因和评价，如政府是否能很好地关心消费者的利益，重视消费者的意见，是否公开、透明等（4-2-2 食品安全，我觉得，这一方面是我们的标准太低，对食物的安全没有真正有作为的部门去管；另一方面是制度和体制问题，没有真正的监督机制，已经僵化了。这种对外来货的心安，来自对法规严肃性和科学性以及监督机构的执法态度的依赖。人们与其说是在选择买奶粉，倒不如说是在选择一种监督体系［法律制度及执法力度］。4-2-10 另外国家质量监督局应该出来负责，最近几年食品事件多得很，苏丹红还记得吗？主要是他们乱发免检。4-2-14 请政府不要再保护三鹿了，难道只是奶农掺的吗？我想不会吧，强烈呼吁把毒奶粉一查到底，把相关企业法人一关到底，难道他们没有孩子吗？［经济制度］。4-6-6 我们最需要的就是事情的真相。如今中国政府最迫切亟须给予百姓的就是事情的真相［政府是否关心消费者的利益］）。

（3）对企业行为的归因。群发性品牌危机事件后消费者还对乳品企业的产品质量、价格、功能等进行评价和归因，有的消费者认为中国乳品的质量差、价格高、经常出问题。另外，乳品危机中涉及的知名乳品企业的数量多，而且都是知名度、美誉度均高的企业，这归咎于企业过度追求规模的发展、关注产量、注重销售但是监控能力不过关，有的消费者还认为乳品企业不能为顾客利益着想、不诚实而且事件后容易推脱责任（12-3-3 有些事情不是道个歉掉些眼泪就能解决的，要国人支持国产品牌，也要给我们国人放心质量的产品才行，国人对奶产品的"崇洋媚外"最根本的原因是什么？中国的奶制品企业还有几家是没曝光过问题的？没曝光过问题的企业是不是都没问题？其实出现这样的问题明明就是这个企业的管理制度有问题，最重要的是提高质量［产品质量］。12-3-7 无良的企业为了降低成本添加三聚氰胺。12-3-10 如果是企业的收购部门出问题，那么企业的质量监控部门干什么去了［企业的能力］。5-12-4 中国乳企，不是没有技术，也不是没有设备，只是没有良心!6-2-1对于新西兰恒天然因肉毒杆菌并非奶粉常规检查,如果这家企业不报,100年后也没人知道,何况浓度太低,过去几个月也没一例婴儿出事,但它是秉承自我检查的态度不惜砸自己招牌还是报了出来,并在全球范围内召回!这种态度,国内的企业们什么时候能做到呢?[企业对顾客的关怀])。

(4)心理契约违背。事件归因后,有的消费者表现出对整个乳品行业未能履行其职责的失望、痛恨、担忧、无奈、痛心、悲痛、郁闷、恐慌、懊悔、无助、气愤、憎恨、焦虑等。(1-2-7蒙昧百姓丧失天良的企业该杀了!1-8-27好可怕,这世道,无良的商家,破害了祖国的花朵。5-6-24真不知道该吃什么好了,中国的质监、质检部门都是干什么吃的,天天坐着看报纸啊,寒心呀……2-2-3纯牛奶也有问题吗?我天天喝,现在都不知道哪个牌子的奶粉可以喝。)

(5)行业信任下降。有的消费者不信任国产品牌,表现为坚决不购买或拒绝购买国产乳品,对国货抵制,转换洋品牌。(1-5-9看来只有洋奶粉安全,奶制品(雪糕、冰激凌之类)都不要吃了,危险系数太大了,不过,现如今还真不知道什么食品才是安全的!12-4-3中国的奶业已经烂到根上了。我家宝宝29个月大,从她出生到现在,吃的都是国外代购的奶粉,根本不吃在中国货架上销售的奶粉,不管这些中国货架上的奶粉是国内品牌还是洋品牌,因为哪怕是洋品牌,只要有其中一个工序是在国内加工的(比如分装),就有可能被动手脚。13-2-1珍惜生命,远离国产,个人还是不信任国产奶粉!!8-4-18就是每天喝稀饭,我也会给孩子喝好的洋奶粉。不是不想买国产的,实在是国产的奶粉,让我拿什么来相信你。13-2-10建议国内奶业纷纷倒闭……坚决抵制国产奶粉,坚决抵制双汇火腿肠……抵制任何出现质量问题的企业产品,直到它倒闭……)。

(二)理论饱和度检验

为了检验理论饱和度,本研究对预留的40个(557条)评论进行分析，这些内容和资料仍然是关于群发性危机下对消费者信任伤害机理的脉络和因果关系。由于帖子和文献太多，只能列举5条作为佐证。

（1）单品牌危机引发的群发性行业危机。伊利、蒙牛也查出了三聚氰胺，婴儿奶粉都这样了可见那些什么乳饮料，还有伊利、蒙牛出的什么冰激凌更是不能吃了，这年头啥东西还安全，哎，可怜的孩子们。(7-8-14 危机的严重和群发导致行业危机)

（2）对政府的归因。出了这么大的事，三鹿的老总们肯定吃不了兜着走，但是质检总局的局长、副局长呢？河北省的质量技术监督局负责人呢？食品卫生检验局负责人呢？他们不该负担应有的责任吗？强烈要求政府在追究奶厂直接责任人时，不要故意忽略政府执法部门长年累月的无能和不作为，否则终有一天整个国家要毁在这些人手上。政府监管不力也是导致现如今中国食品安全危机的重要因素，如果不及时严办，恐怕今天的悲剧明天仍旧会重演。没有强有力的监管的经济是混乱和脆弱的，得不到保障的民生是痛苦而悲哀的，即便是奥运的光环也无法改变，真正的工作并没太多惠及百姓。(14-4-6 对法律制度和经济制度的归因以及对消费者的关心)

（3）对企业的归因。三鹿问题说到底是诚信、品德问题。急功近利！中国人企业道德应该是在第一位需要改善。后者是品质。(13-4-7 品质上去企业的成本上去，价格也同样上去) 洋奶粉永远都比国产奶粉靠得住，国产靠不住啊，恒天然奶粉出事后美赞臣和三元就地升价啊，至少别人在努力发现问题，我们的企业呢？发现问题了都要捂着盖着。差距在哪？不是质量不是管理，是良心与责任。(13-4-8 企业的质量问题、能力、对消费者的关心)

（4）心理契约违背。我原打算给孩子换国产的奶粉的，可一次又一次的报道让我们做父母的伤透了心，请问出了问题的奶粉的总裁们，你们是被钱冲昏了吗？还是忘记奶粉是关系到宝宝的健康，还是你的宝宝就不吃中国奶粉！(7-8-10 消费者愤怒、失望)

(5) 信任下降。短时间内我是没有勇气买国产奶粉的 (5-8-4)。在国内食品没有给出让人信服的答卷之前，像奶粉这类东西肯定还是买洋货。每个家长都不想自己的孩子吃出什么问题来吧。(7-3-1 拒绝购买，转换洋品牌)

在完成预留验证组帖子的开放编码后，发现没有形成新的范畴和关系。因此，可以认为上述理论模型是饱和的（Pandit，1996）。

**四 研究结论**

通过对网络帖子开放式编码、主轴编码及其相关分析，经过选择性译码、理论饱和度检验等分析，本研究得出如下结论：

(1) 单品牌危机的严重性和群发性容易引发群发性行业危机，导致消费者对整个行业的抵制就形成了整个行业的危机。

(2) 群发性危机发生后，消费者会感知到来自身心的一些风险，会从主观上进行归因，认为产品失败的原因是由于政府的法律制度不健全、监管力度不够，对企业的监督不够，并且信息发布机制也不健全；企业过度追求生产产量而忽略了质量，不讲究诚信，没有把消费者的利益放在第一位。

(3) 群发性危机后消费者对行业的认知引起心理契约违背，进而对整个行业信任下降，导致产生愤怒情绪，包括对行业的痛恨、担忧、无奈、痛心、悲痛、郁闷、恐慌、懊悔、无助、气愤、憎限、焦虑等情绪，最后导致他们拒绝购买该行业的产品，对行业的产品产生排斥，只能转向购买国外的产品。

## 第三节 群发性危机中的"替罪羊"效应对消费者行业信任的影响研究

本研究针对群发性产品伤害危机中特有的"替罪羊"效应，深入分析了其对行业信任的影响及其内在作用机制。基于乳制品行业的危机事件，通过实验研究发现，在群发性危机背景下，消费者对于该行业内品牌的信任水平在有"替罪羊"品牌的情况下高于无"替罪羊"品牌的情况;行业中会出现的"替罪羊"品牌转移了消费者的愤怒情绪,从而能提高消费者的行业信任水平;消费者卷入度和品牌来源国在群发性危机发生后"替罪羊"效应对行业信任的影响中存在调节作用。

## 一 研究概述

近几年,各个行业中多个品牌频繁发生危机。2008年的三鹿奶粉事件中22个品牌的69批次产品被查出含有三聚氰胺;2011年的白酒塑化剂事件中涉及茅台、五粮液、古井贡酒、沱牌等知名品牌;2012年毒胶囊事件中修正、金马、蜀中、海外药业等15家企业74批胶囊被曝铬超标。与以往单品牌危机不同,群发性危机都呈现出规模巨大、范围更广、严重程度更高等特点,使整个行业遭受信任危机。当行业中多个品牌发生危机后,消费者为了缓解心理压力,往往会找某个品牌作为行业危机的主要谴责(泄愤)者(张璇,2013),即"替罪羊"(Scapegoat)现象(Gao et al.,2012)。以三聚氰胺为例,三鹿成为消费者批判的中心,是这次行业危机中的"替罪羊",三鹿的破产使其他品牌都得到解脱。由此可见,"替罪羊"品牌(公司)的出现能够转移媒体、政府和消费者批评的中心,减轻对整个行业的愤怒。那么当整个行业多个品牌出现危机后,"替罪羊"品牌的出现对其他品牌以及整个行业是如何影响的,是否有效地提高行业信任水平,给其他企业品牌带来生机呢?这是众多企业迫切关注的一个问题。尽管群发性产品伤害危机作为产品伤害危机的一个重要类型,但还未受到学者的广泛关注(张璇,2013)。现有研究大多沿用单品牌危机的范式对其进行探讨,而"替罪羊"效应作为群发性的一种特有现象,更是鲜有学者对其进行深入分析,只是停留在现象解释上(Gao et al.,2012)。基于此,本研究重点关注群发性危机背景下,"替罪羊"效应对行业信任的影响。通过深入比较分析"替罪羊"的有无对行业信任影响的不同作用机制,进一步丰富和完善群发性产品伤害危机理论,同时为陷入群发性产品伤害危机的企业走出困境而进行的策略选择提供理论支持。

## 二 研究过程

### (一) 理论综述与研究假设

1. "替罪羊"效应对行业信任的影响

《利未记》里记载着这样一段话:"亚伦为圣所和会幕并坛献完了赎罪祭,就要把那只活着的公山羊奉上。两手按在羊头上,承认以色列人诸般的罪孽、过犯,就是他们的一切的罪愆,把这罪都归在羊的头上,借着所派之人的手,送到旷野去。要把这羊放在旷野,这羊要担当他们一切的罪孽,带到无人之地。"这只羊就是"替罪羊",是邪恶的代表,通过它来减轻罪恶。Douglas (1995) 认为,人类有了神的信仰后,就存在"替罪羊"现象,这是一种充满敌意的社会心理规则,通过它来转移或者消除罪恶。当事件发生时人们担心被谴责与惩罚,为了减少过失就会通过认知过程去对事件进行归因,并进行责任的转移 (Payne and Davidson, 2008)。Coombs (2007) 通过实验证明在危机交流中可以采取"替罪羊"的方式把责任推卸给组织外的其他群体和个人来恢复声誉。Gao (2012) 研究也表明在群发性危机下,尽管消费者知道行业危机的问题只有行业革新才能解决,但他们还是选择最简便的方法——找到"替罪羊"来转移媒介或者消费者的中心,缓解心理压力。例如,麦当劳就成为孩子们肥胖的"替罪羊",虽然肯德基和赛百味也销售同样的产品,但是消费者还是认为麦当劳是罪魁祸首。尽管麦当劳也积极以健康的汉堡和碳酸饮料作为替代品进行改进,但是消费者还不断地控告麦当劳引起的肥胖,其他竞争者却没有遭受同样的问题 (Payne and Davidson, 2008),甚至还能从中受益。消费者在品牌危机中是最终的裁判,在危机管理中他们通过风险感知把责任推给了某个焦点品牌,来减轻他们的不确定性 (Fitzsimmons, 2008; Siomkos et al., 2010),从而提升了对行业的信任水平。

同样,Gao 等 (2012) 还认为不仅是消费者,政府和竞争者都想找一个品牌或者个人成为"替罪羊"的主角,这就使遭受危机的品牌承担不相应的责任。根据归因理论,在多个品牌发生危机后,只有澄清事实,当事者才不会受到谴责,然而要找到真正原因很困难,就需要进行原因推理(Folkes,1986)。以前对这个品牌越信任,罪恶感就会越强烈,越容易重视这个品牌,把这个品牌当作"替罪羊"品牌,这就是所谓的"爱之深,责之切"。在群发性危机中,"替罪羊"品牌的产生有利于产生条件信息偏见和归因的推理,进而影响了消费者的信任,他们会把所有的愤怒都集中在一个品牌上,导致对行业的其他的品牌愤怒感减轻,提出如下假设:

H1:当群发性危机发生时,如果出现"替罪羊"效应,消费者对于该行业内品牌的信任水平在有"替罪羊"品牌的情况下高于无"替罪羊"品牌的情况。

2. "替罪羊"效应影响行业信任的中介机制

情感被分为两类,目标导向型和反应情感型(Huang,1993)。目标导向型的情感是由于消费者有意识地去寻找某些经历而产生的情感,去看电影或者结婚都会产生这样的情感。第二种是反应情感型,购物或者是接受服务会产生这样的情感。反应情感型容易在过程中产生不同的情绪。例如,当实际体验超出了期望时就产生正面情绪,当实际体验不能满足期望时就产生了负面情绪。所以在产品或者服务失败后容易产生生气、愤怒、遗憾、担忧等负面情绪。生气的消费者往往会产生冲动的、不假思索的判断和行为(Bodenhausen et al.,1994b)。生气的消费者还会进行品牌的转换和抱怨行为(Bollen et al.,2011)及负面口碑传播。

危机产生后,媒体和消费者不能确定谁应该为危机负责任,于是找个"替罪羊"来减轻他们的心理压力(Siomkos,1999)、进行责任转移、减轻过失(Rothschild et al.,2012)。当食品危机发生后,尤其食品关系孩子健康时,消费者反应会更强烈,表现强烈的愤怒。另外,基于情感理论,产品危机后消费者会出现愤怒情绪,这样的情绪要想得到缓解,必须找到释放的目标。心理账户理论认为"替罪羊"能帮助个人维持外部环境，使其处于稳定的、可预测的、有序的状态，这样有助于释放心理压力。所以多个品牌发生危机后，当消费者把负面情绪转移到"替罪羊"身上，这样不仅能挽回面子而且还能表达潜在的愤怒，通过"替罪羊"来宣泄消费者的愤怒情绪。这时消费者的生气就会得到缓解，进而对行业的信任也会有所改善。所以我们提出如下假设：

H2：消费者愤怒情绪中介了"替罪羊"情境下的消费者对行业的信任。

3. "替罪羊"效应影响行业信任的调节机制

在卷入度理论中，如果消费者对某产品和服务高度关注时会更积极地参与到购买和消费过程（即卷入度高）中，心理收益就会增加。相反，当消费者对某种产品卷入度较低的时候，购买的参与度就很低。同时也有学者认为消费者对产品的重视程度不同就会产生不同的感知价值，从而对产品产生不同的评价（Richins, 1997）。当消费者感受到产品对其很重要时，他们会通过大量搜寻信息来减少不确定性。即当卷入度高的时候消费者愿意花费更多的钱，搜寻更多地方进行购买。当卷入度低时，消费者在购买选择过程中会付出很少的努力。卷入度还意味着自我尊重和对产品的独特情感，即卷入度高时消费者会强化自我尊重情绪，通过关注外部因素降低对自我认同的影响；而卷入度低时会更关注产品本身的特点。在群发性危机下，消费者的卷入度不同，感知到的行业信任也不同。Gao (2012) 认为，三聚氰胺事件发生后，形成了两类消费者，一类是旁观的消费者，这类消费者未婚或者没有孩子，他们对奶粉的卷入度很低。奶粉事件发生后，他们把危机的原因更多地归因于企业本身，这些原因有质量控制体系不完善、公司对消费者的福利不关心、过分追求利润、危机以后还对危机进行掩盖等。这时如果一个品牌充当"替罪羊"，就能有效地缓解他们的压力。但是他们仍然认为企业的内部问题在短时间内是无法改变的，即使有了"替罪羊"对行业的信任与无"替罪羊"的情况下也无显著差异。另一类是卷入度高的消费者，奶粉风波对他们的生活影响很大。危机后他们仍然需要消费奶粉，这类消费者存在着自我内疚的心理，当时由于价格便宜或者促销等原因购买了这些品牌。这时他们亟须找到"替罪羊"品牌来为以前的购买行为作辩解。这类消费者更容易把事件归因于产业链或者政府监控不力等外部的因素。"替罪羊"品牌的出现能对他们过去购买品牌找个借口，能把危机事故的真正原因转移（Douglas，1995）。这时他们的行业信任水平要比没有"替罪羊"时高很多。于是得到如下假设：

H3a：当卷入度高时，消费者对于该行业内品牌的信任水平在有"替罪羊"品牌的情况下高于无"替罪羊"品牌的情况；

H3b：当卷入度低时，消费者对于该行业内品牌的信任水平在有"替罪羊"品牌和无"替罪羊"品牌的情况下无显著差异。

国内多个品牌发生危机后，由于心理距离比较近，消费者感觉与品牌的关系距离也很近。根据解释水平理论，在高解释水平的作用下，人们的心理表征更加抽象与高层次；相反，在低解释水平的作用下，人们的心理表征会更加具体与低层次（Trope and Liberman，2003）。当个体对事件和物体感知心理距离越近，就越倾向于用低水平对其进行解释。这是因为距离的远近使事物及其背景信息的可得性和可靠性发生变化，距离越远，事物及其背景的具体信息越不可靠甚至不易得。而当距离靠近时，具体信息才变得详细、清晰、可靠（Dhar and Kim，2007）。这时人们更加重视事件的结果。同样发生产品危机后，消费者对事件的处理结果会很关注。另外由于来源国的刻板印象，他们对国内品牌的正面印象显著下降，从而影响到对行业的信任。"替罪羊"品牌的出现正好能够使他们转移愤怒，减轻心理压力，从而提高对行业的信任程度。同样当国外多个品牌发生危机后，由于心理距离远，消费者的恐慌情绪也会很低。另外，还有研究表明心理距离越远越喜欢用高水平解释，消费者会越重视事件的原因（Rhee et al.，2006），他们只关注国外品牌发生的原因，对整个行业信任不会产生很大影响。此外，来源国的

"晕轮效应"也使消费者仍保持对国外品牌的良好印象,即国外品牌好于国内品牌。当"替罪羊"品牌出现后,他们仍是以旁观者的身份观察整个事件,"替罪羊"品牌对于他们的信任影响不是很显著。所以得到如下结论:

H4a:当多个国内品牌发生危机时,消费者对于该行业的信任水平在有"替罪羊"品牌的情况下高于无"替罪羊"品牌的情况;

H4b:当多个国外品牌发生危机时,消费者对于该行业的信任水平在有"替罪羊"品牌和无"替罪羊"品牌的情况下无显著差异。

综上所述,本研究的理论框架如图4-9所示。

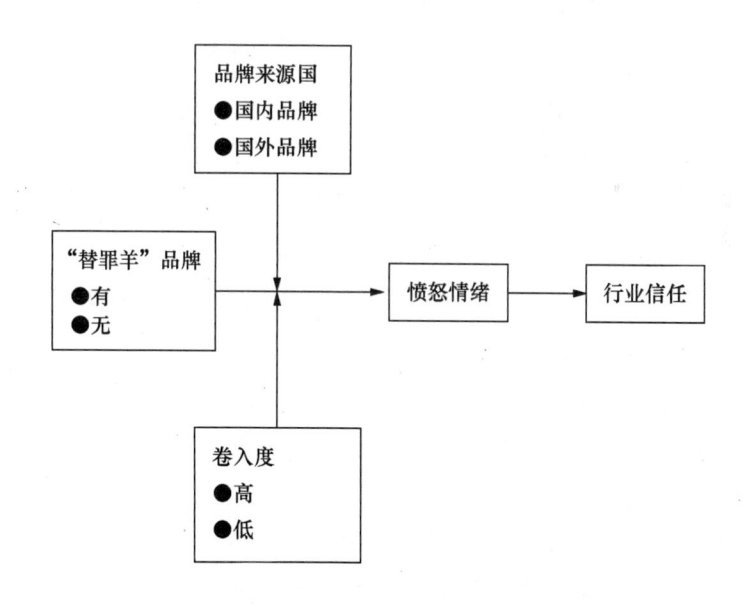

**图4-9 本研究理论框架**

(二) 研究设计

1. 变量的测量

对于消费者愤怒情绪的测量参考Coombs(2007)开发的愤怒情感的量表,共三个题项。分别是:(1) 这些事件让我很气愤;

（2）这些事件让我感到很愤怒；（3）我憎恨这些企业。采用李克特七分量表，从 1 到 7 分别表示"完全不同意"到"完全同意"。卷入度的测量采用 McQuarrie（1992）三个题项：（1）与其他产品相比，这个产品对我很重要；（2）我对这个产品很感兴趣；（3）当我购买该产品时，我会很慎重地选择。量表采用 Likert's 七分量表，从 1 表示"完全不同意"到"完全同意"。我们采用 Grayson（2008）的六个测量题项，分别是：（1）行业中的主体（企业、政府、行业协会）都很关心消费者；（2）行业中的主体（企业、政府、行业协会）能够给消费者提供帮助；（3）行业中的主体（企业、政府、行业协会）是为公众的利益着想的；（4）行业中的主体（企业、政府、行业协会）是真诚的；（5）行业中的主体（企业、政府、行业协会）是遵守诺言的；（6）行业中的主体（企业、政府、行业协会）是讲真话的。

对本研究的问卷信度进行分析，其中行业信任的 Cronbach's α 系数为 0.832，消费者的卷入度为 0.873，消费者愤怒情绪为 0.912，均达到了高于 0.7 的标准，说明本研究的量表具有良好的信度。此外，由于本研究所采用的测量题项均来自以往的文献，经过了多次证明和检验，从而保证了问卷具有较好的内容效度。

2. 预实验

在正式实验之前我们通过预实验来检测实验中情境的操控是否合理，预实验采用焦点小组专家讨论法，邀请北京某大学 5 位硕士和 4 位博士对刺激材料的真实性和刺激强度进行了判断，让他们对事件真实性和可靠性、"替罪羊"品牌出现的设计以及对加粗黑体字（国内、国外品牌）的注意程度进行打分，最后根据他们的打分情况对问卷进行了修正。

3. 实验设计

本实验设计采用 2（"替罪羊"：有 vs 无）×2（品牌来源国：国内品牌 vs 国外品牌）的组间设计，同时将消费者的购买卷入度（高，低）代入模型中进行分析。其中消费者购买卷入度（高，低）

是消费者行为的某种体现,可以通过独立的量表进行测量。北京某大学的 98 名同学参与了实验,其中男生 53 人,女生 45 人。被试者被随机分为 4 组,我们让被试首先阅读一段新闻,然后回答问题。对于一半被试的背景材料是 2011—2012 年我国乳品行业发生的一些危机事件,属于国内品牌危机;另一半被试他们阅读到的是多家国外乳品企业出现危机事件,属于国外品牌危机。在背景材料的后半部分,以上被试再分别被随机分为两组,读到不同的材料,其中一半是告诉有一个企业已经被停产检查,即成为"替罪羊";另一半被试的材料是关于危机事件的进一步介绍。所有的新闻以乳品行业的真实事件进行改编,内容的真实性和可信度较高。以上 4 组被试所阅读到的新闻内容长度基本一致。之后,让被试者填写消费者卷入度高低的问卷。最后,填写个人资料,实验结束。共回收有效问卷 84 份,有效率为 85.7%。其中无"替罪羊"组 40 人,有"替罪羊"组 44 人。实验费时 30 分钟。问题结束后解散被试,并每人赠送一份小礼品。

### 三 研究结果

1. "替罪羊"效应影响行业信任及其调节机制检验

首先我们先采用单因素方差分析的方法比较有"替罪羊"和无"替罪羊"对消费者行业信任的影响。数据分析的结果表明"替罪羊"品牌的出现对行业信任的评价具有显著影响($F(1, 40) = 17.54$,$p < 0.01$)。有"替罪羊"对行业信任的评价得分 $M_{有替罪羊} = 4.27$,$T = 0.88$,$p < 0.01$,无"替罪羊"对行业的信任的评价得分 $M_{无替罪羊} = 2.83$,$T = 0.06$,$p < 0.01$。而且有"替罪羊"对行业信任的评价显著好于没有"替罪羊"的行业评价($T = 8.22$,$p < 0.01$)。基于此,假设 H1 得到验证。

对于卷入度的调节作用我们通过双因素方差分析发现,有无"替罪羊"的主效应显著 [$F(1, 82) = 3.79$,$p < 0.05$];消费者卷入度的主效应显著 [$F(1, 82) = 3.74$,$p > 0.05$];有无"替罪羊"和消费者卷入度对行业信任的评价的交互效应显著 [$F(1, 80) = $

8.94，p<0.01]，交互作用如图4-10所示。通过单因素方差分析发现：在高卷入度组，有"替罪羊"品牌产生的行业信任评价（M=4.72）要明显好于无"替罪羊"品牌产生的行业信任评价（M=2.72），$F(1, 39) = 32.37$，p<0.01；在低卷入度组，有"替罪羊"品牌产生的行业信任评价（M=3.55）与无"替罪羊"所产生的行业信任评价没有差异（M=3.23），$F(1, 41) = 0.5$，p>0.1，如图4-11所示。因此，数据分析的结果验证了假设H3a和假设H3b。

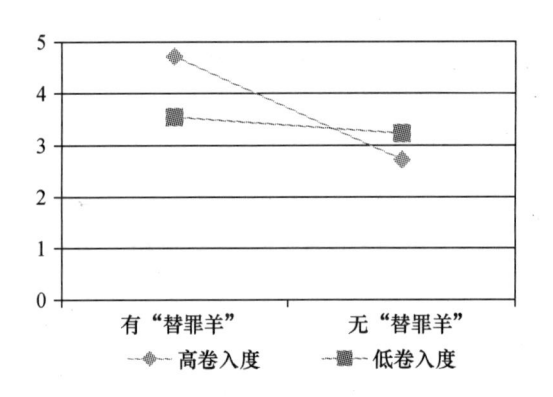

图4-10 消费者卷入度调节"替罪羊"品牌对消费者信任的影响

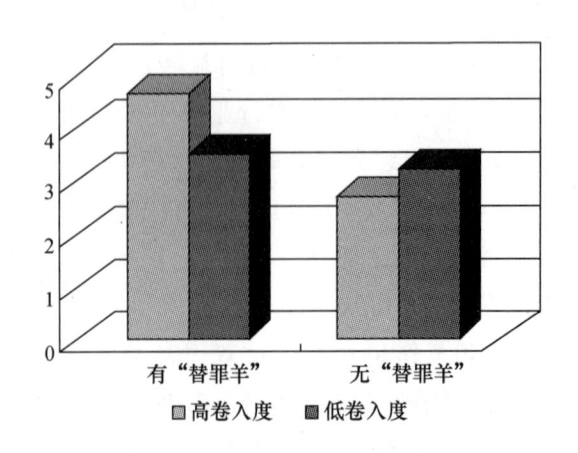

图4-11 不同卷入度下有无"替罪羊"品牌对行业信任的影响

对于品牌来源国的调节作用，通过双因素方差分析发现，有无"替罪羊"的主效应显著 [$F(1, 82) = 3.93$，$p < 0.05$]；品牌来源国的主效应显著 [$F(1, 82) = 3.87$，$p > 0.05$]；有无"替罪羊"和品牌来源国对行业信任的评价的交互效应显著[$F(1, 80) = 9.36$，$p < 0.01$]，交互作用如图 4-12 所示。通过单因素方差分析发现，当国内品牌发生危机时，有"替罪羊"品牌产生的行业信任评价（$M = 4.34$）要明显好于无"替罪羊"品牌产生的行业信任评价（$M = 2.46$），$F(1, 39) = 34.64$，$p < 0.01$；当国外品牌发生危机时，有"替罪羊"品牌产生的行业信任评价（$M = 3.75$）与无"替罪羊"品牌所产生的行业信任评价没有差异（$M = 3.47$），$F(1, 41) = 0.47$，$p > 0.1$，如图 4-13 所示。因此数据分析的结果验证了假设 H4a 和假设 H4b。

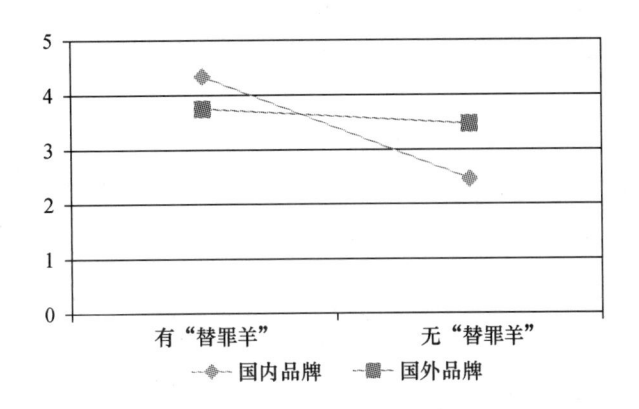

图 4-12 品牌来源国调节"替罪羊"对消费者行业信任的影响

2. 消费者愤怒的中介效应检验

对于中介变量的检验，我们采用温忠麟（2004）的方法，采用回归的方法，以有无"替罪羊"和消费者卷入度的交互项为自变量，消费者愤怒为中介变量，消费者行业为因变量。在中介作用的检验中有三个回归分析：第一，"替罪羊"和消费者卷入度的交互项对消费者愤怒的回归；第二，"替罪羊"和消费者卷入度对消费者

[图表：不同品牌来源国下的"替罪羊"对消费者行业信任的影响]

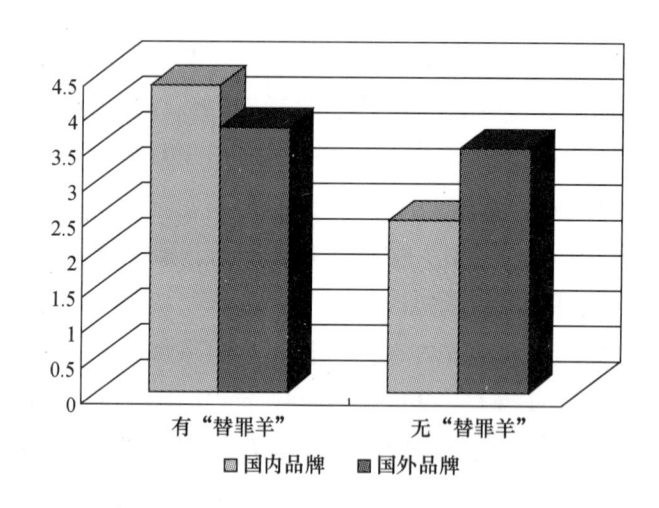

**图4-13　不同品牌来源国下的"替罪羊"对消费者行业信任的影响**

行业信任的回归；第三，"替罪羊"和消费者卷入度、消费者愤怒对消费者行业信任的回归。三个回归分析的结果如表4-15所示。

**表4-15　　　　　　　　　消费者愤怒的中介作用检验**

|  | 模型一 | 模型二 | 模型三 |
| --- | --- | --- | --- |
|  | 自变量—中介变量 | 自变量—因变量 | 自变量、中介变量—因变量 |
| 自变量 | 0.46** | 0.53*** | 0.66*** |
| 中介变量 |  |  | 0.39*** |
| $R^2$ | 0.47 | 0.37 | 0.55 |

注：*表示$p<0.1$，**表示$p<0.05$，***表示$p<0.01$。

在模型一中，"替罪羊"和消费者卷入度的交互项对消费者愤怒进行回归时，回归系数显著为正（系数=0.46，$p<0.05$），在模型二中，"替罪羊"和消费者卷入度对消费者行业信任的回归系数显著为正（系数=0.53，$p<0.01$），模型三中"替罪羊"和消费者卷入度、消费者愤怒对消费者行业信任进行回归的系数均显著（前

者系数=0.66，p<0.01；后者系数=0.39，p<0.01），但是"替罪羊"和消费者卷入的交互项对消费者信任的回归系数是显著的。以上结果表明，消费者愤怒在"替罪羊"对消费者行业信任影响中起到部分中介作用（Baron and Kenny，1986）。假设 H2 得到验证。

**四 研究结论**

在群发性危机频繁发生的背景下，本研究针对群发性产品伤害危机中特有的"替罪羊"效应，深入分析了其对行业信任的影响及其内在作用机制。基于乳制品行业发生的危机事件，通过实验设计验证了本研究的假设。本研究得到的主要结论和管理启示如下：

1. 研究结论

其一，本研究探讨了群发性危机情况下"替罪羊"效应的出现对行业信任的影响。当行业中多个品牌出现危机后，行业中会出现"替罪羊"效应，消费者对于该行业内品牌的信任水平在有"替罪羊"品牌的情况下高于无"替罪羊"品牌的情况。这是因为"替罪羊"的出现使消费者把责任推给了某个焦点品牌，这样能减轻他们的不确定性。同样政府和竞争者也想找一个品牌或者企业成为"替罪羊"，这样能减轻行业的恐慌。

其二，"替罪羊"品牌的出现有利于产生条件信息偏见和归因的推理，从而影响了消费者的信任，这时消费者把所有的愤怒都集中在一个品牌上，导致对行业的其他的品牌愤怒感减轻，提高了行业信任。因此，消费者愤怒会中介"替罪羊"情境下消费者对行业的信任。

其三，不同卷入度在群发性危机发生后"替罪羊"（有/无）对行业信任的影响中存在调节作用。即相对于低卷入度，高卷入度的消费者对于该行业内品牌的信任水平在有"替罪羊"品牌的情况下高于无"替罪羊"品牌的情况。不同品牌来源国在群发性危机发生后与"替罪羊"（有/无）对行业信任的影响中存在调节作用。即相对于国外品牌，多个国内品牌发生危机后消费者对于该行业内品牌的信任水平在有"替罪羊"品牌的情况下高于无"替罪羊"品牌的情况。

2. 研究启示

第一，在群发性产品危机爆发的情境下，危机过后容易出现"替罪羊"，同时"替罪羊"能够减轻消费者的压力并释放他们的不安和恐惧情绪，从而使消费者的生气得到缓解，进而对行业的信任也有所改善。因此对于政府和竞争者而言，找到这样的目标尤为重要，它可以用来使消费者宣泄愤怒情绪，并且"替罪羊"的出现有助于减轻消费者对行业的不信任，增加其行业信任，从而为危机中的其他品牌（企业）带来生机，有助于保证整个行业的复苏。

第二，由于公司或者品牌一旦成为"替罪羊"后，如果品牌所有者反应不及时、不正确就可能导致品牌受损，甚至是死亡，因此，企业应该避免成为"替罪羊"，通过强化品牌的声誉和危机管理，特别防范成为"替罪羊"的风险。实践表明，"替罪羊"往往是那些最早被曝出存在产品缺陷或危机的企业，因此企业应该在经营的过程中，提高质量管理，做到第一时间发现问题，努力做到在未被曝光之前做出积极反应，从而转被动为主动，做好危机公关，降低成为"替罪羊"的风险。此外，企业应重视"替罪羊"文化的培育，做到未雨绸缪，形成完备的"替罪羊"应对机制。

第三，同样是在群发性危机中，如果大品牌变成了"替罪羊"，并不意味着小品牌不会受影响；同时，某个企业或者品牌成为"替罪羊"，虽然可以提高整个行业的信任水平，但并不能保证其他每个企业都可以得到消费者的"原谅"。所以在危机管理中企业间交流很重要，公司一定要保持诚实，通过建立正确的核心价值观来提高公司的可靠性。因为空的价值观看上去很美，却过分夸大了公司的社会责任，他们承诺太多，但是在危机的形势下，却没有承诺的那么好，这更加使危机的形势恶化。因此，在群发性危机爆发后，行业中的任何品牌或企业都不可以独善其身，应该保持交流和行动的协调性，从整个行业的角度出发，合力改善行业的信任水平，提高行业的竞争力，这样才有利于企业在群发性危机中获得重生。

3. 未来研究方向

本研究尽管对"替罪羊"效应获得了一些比较重要的发现，对现有群发性产品危机理论的研究深度和广度有了一定的拓展，但研究中还存在一些不足，例如，本研究选择的产品只涉及乳制品行业，由于针对不同行业的产品消费者的购买行为会有所不同，因此本研究中所得到的"替罪羊"效应的相关结论是否在其他行业中还会存在，未来可以就不同行业中的"替罪羊"效应进行深入比较。由此，后续研究可以借助本研究框架，以此为切入点做更深层次的探索。

## 第四节　群发性危机事件后消费者信任修复的策略研究

本研究针对群发性产品伤害危机所引起的行业信任下降问题，基于宏观、微观双视角探索不同补救策略对于提升消费者信任的有效程度。通过对508个有效样本进行实证分析后发现：从微观（企业）角度看，企业的约束策略、主动召回策略、信息交流策略正向影响消费者对企业的信任；从宏观（政府等监管部门）角度看，政府加强监管、完善立法、加强调控等措施正向影响消费者对政府的信任。最后，文章从行业发展角度，对危机后的信任修复策略提出管理建议。

### 一　研究概述

产品伤害危机是指偶尔出现并被广泛宣传的关于某产品有缺陷或对消费者有危险的事件（Siomkos and Kurzbard，1994）。近年来各类产品伤害危机事件不断发生，而且危机呈现出明显的群发态势，涉及多个品牌，牵连整个行业，形成群发性危机。如2008年的三聚氰胺事件中，全国109家婴幼儿奶粉生产企业的491批次产品中，有22家企业69批次产品不同程度地检测出了三聚氰胺，包括伊利、蒙牛、光明、圣元及雅士利等多个知名品牌；2012年，质检部门对全国白酒生产企业深入排查，茅台、五粮液、古井贡酒、沱牌等相继被查出塑化剂超标；2013年，新西兰乳业巨头恒天然被曝提供的奶粉原材料浓缩乳清蛋白可能被肉毒杆菌污染，安满、娃哈哈、多美滋、可口可乐、纽迪西亚等品牌都不同程度地受到牵连等。现实案例清晰地表明，从食品到电商，群发性危机事件不仅使企业的发展受到影响，同时也导致消费者对行业信任度的下降，过低的信任度又会影响消费者购买意愿，最终使得整个行业受损，并很有可能因此陷入恶性循环从而逐步演变成行业危机，因此探究群发性危机后的行业信任修复对策就显得非常重要。

同时，围绕上述现实问题的文献梳理显示，当前学术界对单品牌发生危机后如何影响品牌信任已经进行了相关研究（Siomkos and Kurzard，1994；Dawar and Madan，2000；方正等，2011），研究表明，品牌危机发生后，负面信息会扭曲消费者的质量感知，提高感知风险，从而影响其品牌态度。有学者从归因的角度讨论了危机事件对信任的影响，产品伤害危机的归因结果会影响消费者对危机的认知、对责任的判别和对危险的感知，进而会影响他们的信任及购买行为（Tomlinson and Mayer，2009；Laufer and Gillespie，2004）。有研究证明，产品伤害危机带来的最直接威胁是消费者信任违背（Gillespie and Dietz，2009），因此通过信任修复来提升消费者信任就显得尤为重要。此外，尽管单品牌危机的研究已趋于成熟，但是对群发性危机的研究仍显不足，尤其是群发性危机后如何修复行业信任已成为学术界和业界都迫切关注的问题。从信任修复的角度看，可以从以下两个方面对以往研究展开进一步深度探索：第一，以往的信任修复策略大多只是针对单品牌，对于整个行业信任修复的影响因素及策略研究成果较为鲜见；第二，以往关于对策的研究大多将危机后的企业作为主体，对整个行业视域下政府等第三方监管机构如何有效解决消费者信任危机的深入探索较为少见。基于此，本研究以乳品行业为研究对象，以三聚氰胺事件为切入点，在全方位剖析群发性危机现象的基础上,采用2012年的乳品市场调研数据,基于信任源理论,从受信方角度,通过对企业和政府行业信任修复对策的实证分析,系统研究群发性危机后如何提升受损的行业信任这一问题。在此基础上,针对群发性危机后行业信任下降,产业链集体受损的问题,提出信任修复策略。

## 二 研究过程

（一）变量的界定

本研究借鉴已有文献,将品牌危机界定为:品牌诱因导致品牌的属性和诉求受到消费者的质疑和不信任,并且在品牌消费者群体中被广泛接受和扩散的情形（Dawar and Lei, 2009）。品牌危机具有两个重要特征:一是事件通过媒体等形式传播,传播面非常广泛;二是事件会产生很大的负面影响（王晓玉等, 2009）。

本研究借鉴已有文献,将行业信任界定为:消费者对于行业中集聚的大多数公司、立法机构、政府和产业总体感知到的信任（Grayson et al., 2008）。行业信任包括施信方和受信方,即涉及买卖交易的两个主体。消费者的行业信任包括对企业相关的信任和对行业环境的信任。其中企业相关的信任就是对企业本身的信任,对行业环境的信任就是对政府等监管机构的信任（Lewis and Weigert, 1985）。

本研究将信任修复界定为:被信任方修复信任方受损的期望,解决信任方和被信任方之间分歧的过程。此外,就信任修复策略而言,Gillespie 和 Dietz（2009）提出信任修复的内在机制可以分为不信任的约束机制（Distrust Regulation）和信任的展示机制（Trustworthiness Demonstration）两类。所谓不信任的约束机制是通过控制与防止未来再次出现信任违背来减少信任方对失信方的不信任,从而达到信任修复的目标;信任的展示机制是通过重新建立双方积极的信任关系来修复受到破坏的信任。姚琦等（2012）在此基础上研究了组织（企业）的信任违背引起员工对组织信任下降从而出现离职情况下的企业信任修复问题,得到类似结论,即同样将修复策略分为约束策略和展示策略两类，约束策略指订立和约、建立或完善规范、惩罚、监督等方法，以建立不信任的约束机制；展示策略采用口头和行为，诸如道歉、承认责任、赔偿损失等方式展现自身值得信任的方面。基于上述分析，就本研究情境而言，将从微观（企业）与宏观（政府等监管机构）两个角度考察行业信任修复策略。就微观视角而言，企业的信任修复策略包括展示策略与约束策略两种，其中展示策略下主要包括召回策略、约束策略与营销策略三种策略类型；就宏观角度而言，由于政府等监管机构自身所具有的社会秩序制定与维护等功能，其策略更倾向于是一种约束机制，因此，本研究主要从加强监管、完善立法、加强调控三种约束策略出发考察其信任修复行为。

（二）研究假设的理论推演

1. 企业的信任修复策略对消费者行业信任的影响

国内外学者普遍认为消费者信任破坏以后，应采取积极的修复策略来提高消费者对行业的信心。信任关系中的受信方包括企业和政府两方面，对于群发性危机后行业信任下降的问题，要同时解决消费者对企业和政府两者的信任。群发性危机事件后，企业为了修复消费者的信任，应该从如下两方面开展修复工作：一方面需要克服消极的影响，通过约束策略订立和约、建立规范的制度来改进企业管理中存在的漏洞，加强企业管理，减少事故的发生。另一方面还需要建立积极的预期，通过展示策略将自身值得信任的方面展现给消费者，消费者只有在感受到企业的善意和真诚之后才会缓和态度，才能重建消费者信任。

对于企业而言，危机暴露了企业制度或者管理方面的缺陷，这时企业应该进行一些制度的变革和改进，通过订立和约、建立规范等约束策略来改进企业的管理。企业的这种行为可以使消费者感受到企业想改变现状的决心，从而能够提高消费者对于企业的信心。据此，本研究提出以下假设：

H1：企业约束策略正向影响消费者的行业信任。

从企业实践可以发现，危机刚爆发时，企业常见的应对措施包括坚决否认、被动召回、主动召回、积极承担责任等。其中主动召回缺陷产品、积极承担责任被认为是最优的应对方式，已有研究证实了危机后的积极应对措施能提高消费者的信任（方正，2007），而坚决否认和被动召回则会进一步激怒消费者，并最终失去消费者的信任（Siomkos and Kurzbard，1994）。据此，本研究提出以下假设：

H2：企业主动召回策略正向影响消费者的行业信任。

此外，危机事件发生时消费者对于事件的进展、处理过程都比较关注，这时企业应该及时公布这些信息，通过不断的信息交流加强与公众的沟通，安抚情绪，减少敌对情绪的产生。另外，危机后的恢复过程中，企业也需要和消费者保持沟通，了解消费者对产品的看法和态度，注重和消费者的情感重塑。据此，本研究提出以下假设：

H3：企业信息沟通策略正向影响消费者的行业信任。

除此之外，企业还可以调整营销策略以应对危机，从产品、价格、渠道、促销、公关等方面进行改进，通过改进缺陷产品，对缺陷产品进行重新设计，对缺陷产品进行降价、促销（董亚妮，2010），防止危机的再次发生，进而改变消费者对企业的负面感知。据此，本研究提出以下假设：

H4：企业营销策略调整正向影响消费者的行业信任。

2. 政府信任修复策略对消费者行业信任的影响

大家共同认可的规范、制度承担了对行动各方采取监督合作行动及惩罚不合作行动的功能。群发性危机导致了消费者对政府等管理机构的信任下降，也直接导致了对行业信任的下降（刘呈庆，2009）。这是因为在整个产业链中政府部门是行业安全控制的主体，政府拥有最高的消费者信任，而且对相关公共机构（新闻媒体、消费者协会、第三方认证机构、食品行业协会等）都具有监管作用。消费者认为政府就是用来保护消费者避免风险的（Poortinga and Pidgeon，2003），所以对政府等管理机构的信任十分重要。行业危机发生后，政府被认为未能履行义务，监管职能受到质疑，从而引起公信力和信任的下降。信任下降后，政府就要采取相关的措施进行修复，而作为立法、监管和维护的主体，修复措施的实施就是完善这些职能的过程。政府首先要完善制度体系，制度的基础必须有法可依，只有完善的法律才能保障政府规制行为的有效实施；其次要保障这些制度能有效进行，政府要积极兑现承诺、提高监管的能力，提高消费者的满意度和忠诚度（李丹婷，2006），这样才能有效地改进政府信任。

政府是法律的制定者，设置监管制度，并且通过行政立法的形式来具体化某些内容来实现这些制度的机能。对法规法制的完善能够明确权责，约束行业各方行为，提高消费者信任和购买安全感。据此，本研究提出以下假设：

H5：完善立法正向影响消费者对政府等管理机构的信任。

政府还具有监督执法的职责。在监督执法方面，政府需要建立合理的监管体系，明确不同监管部门的职权范围，防止职权的重叠现象。还需要不断地对制度建设和监管方式进行更新，以适应形势的发展。据此，本研究提出以下假设：

H6：加强监管正向影响消费者对政府等管理机构的信任。

为了保证安全监管责任的有效实行，政府需要建立严格和完善的安全方面的政府问责机制，强化对政府的责任控制。积极履行政府在行业中的调控职责，及时响应市场变化，制订有利于行业健康发展的计划。据此，本研究提出以下假设：

H7：加强调控正向影响消费者对政府等管理机构的信任。

综上所述，本研究对影响消费者信任的企业的修复策略（包括主动召回策略、约束策略、信息沟通策略、营销策略调整）以及政府的修复策略（包括完善立法、加强监管、加强调控）进行研究，探讨不同策略之间的效果分析。

(三) 研究设计

1. 变量测量

本研究采用问卷调查的方法收集数据，消费者对乳品企业信任的测量，本研究采用 Chaudhuri 和 Holbrook（2001）以及 Sirdeshmukh 等（2002）的三个题项：（1）"我相信市场上牛奶产品的质量是安全的"；（2）"我对牛奶生产企业感到放心"；（3）"总体而言，牛奶生产企业值得信任"。对企业的信任恢复策略的测量，本研究参照了 Xie 和 Peng（2009），青平等（2012）等的问卷，由于他们的修复策略主要针对危机刚发生后企业的危机沟通，而危机恢复阶段的行为并没有涉及，因此本研究在调整和补充的基础上形成了15个题项，以此避免调查项目偏少而导致问卷信度偏低的问题。

测量消费者对政府等管理机构的信任，本研究参照 Pootinga 和 Pidgoon（2003）以及胡卫中（2010）的两个题项："我国的食品安全管理体制足以控制乳品安全风险"和"我国政府正采取恰当方法进行乳品安全管理工作"。对政府等管理机构的信任恢复策略的测量，本研究参照了 Poppe（2003）、刘东胜（2010）、胡卫中（2010）等的问卷，他们主要针对食品安全事故发生后政府的修复措施，本研究在此基础上进行了调整和补充，形成了10个题项。此外，所有上述问卷题项设计都采用 Likert's 七级量表，从1分到7分表示"完全不同意"到"完全同意"。

2. 数据收集

本研究数据收集于北京市七个区县，调研分布在各大超市、广场、小区和学校。共发放764份问卷，回收704份，回收率为92.14%，剔除数据缺失及作答不认真的问卷后，最终得到有效问卷508份，有效问卷率达72.12%。

在对数据的处理过程中，本研究采用 SPSS 18.0 进行统计分析。首先对乳品企业的修复策略进行因子分析，简化这些策略的数据结构，提取公因子。接着以消费者的企业信任为因变量，将企业的修复策略因子分析后提取的公因子做自变量，进行逐步的回归分析，来检验各个因子对消费者信任的影响。

采用相同的方法，检验政府等监管机构的各个修复策略对消费者信任的影响。即首先对政府等监管机构的修复措施进行探索性因子分析，提取公因子。接着以消费者对政府等管理机构的信任为因变量，将采取的修复措施因子分析后提取的公因子做自变量，做逐步回归分析。

### 三 研究结果

（一）企业修复策略对消费者企业信任的影响

1. 探索性因子分析

首先对乳品企业的修复策略因子进行检验。采用主成分分析法对因子进行提取，统计结果显示，企业修复策略的 KMO 值为 0.875，采用方差最大正交旋转得到 Bartlett 球形检验卡方值为 1763.451，在小于 0.001 的水平上显著，表明数据适合做探索性因子分析。计算各标准化数据的特征值、方差贡献率和累计方差贡献率，结果表明，企业的危机修复策略可以提取 4 个特征根大于 1 的公因子，这四个因子累计解释方差为 85.582%，符合碎石检验以及抽出的因子旋转前至少能解释 3% 变异的标准，并且各题项间不存在交叉负荷现象。因子 1 的方差特征值为 2.836，解释了 39.702% 的总体方差，包括重新制定规章制度，加强质量监管，加大奶源的控制，加强生产过程控制，把这个因子命名为约束策略因子；因子 2 的方差特征值为 1.751，解释了 21.517% 的总体方差，包括积极召回、道歉、补偿，积极承担责任，把这个因子命名为主动召回因子；因子 3 的方差特征值为 1.173，解释了 13.279% 的总体方差，包括及时提供危机处理的信息和不掩盖食品安全问题，把这个因子命名为信息沟通因子；因子 4 的方差特征值为 1.008，解释了 11.083% 的总体方差，包括产品改进，降低价格，增加分销渠道，加大促销力度，增加公益活动，把这个因子命名为营销策略调整因子（见表 4 - 16）。

## 2. 问卷信度检验

对问卷的信度进行分析（见表 4-17），问卷中总的内部一致性 Cronbach's α 系数为 0.815，各个因子的内部一致性也都在 0.75 以上，另外企业修复策略的 Cronbach's α 系数为 0.802，消费者对企业信任的 Cronbach's α 系数为 0.812，均大于 0.7 的临界水平，表明问卷量表具有良好的信度。信度检验表明本问卷的一致性信度很高，调查结果可靠。

表 4-16　　　　　矩阵的特征值与累计贡献率

| 因子 | 旋转前 | | | 旋转后 | | |
|---|---|---|---|---|---|---|
| | 特征值 | 方差贡献率（%） | 累计贡献率（%） | 特征值 | 方差贡献率（%） | 累计贡献率（%） |
| 1. 约束策略因子 | 3.716 | 45.784 | 45.784 | 2.836 | 39.702 | 39.702 |
| 2. 主动召回因子 | 1.342 | 16.015 | 61.799 | 1.751 | 21.517 | 61.219 |
| 3. 信息沟通因子 | 1.062 | 12.179 | 73.978 | 1.173 | 13.279 | 74.498 |
| 4. 营销策略调整因子 | 1.005 | 11.604 | 85.582 | 1.008 | 11.083 | 85.582 |

表 4-17　　　消费者信任测度及修复策略调查各量表 α 系数

| 量表 | 项目数 | α 系数 | 均值 |
|---|---|---|---|
| 消费者信任 | 3 | 0.812 | 4.82 |
| 修复策略总量表 | 15 | 0.802 | 4.50 |
| 主动召回策略 | 3 | 0.779 | 4.72 |
| 营销策略调整 | 5 | 0.746 | 3.79 |
| 约束策略 | 5 | 0.803 | 4.87 |
| 信息沟通策略 | 2 | 0.798 | 4.62 |

## 3. 回归分析及假设检验

为了验证企业修复策略对消费者信任的影响，利用逐步回归分析（Stepwise Regression）分别对各个假设模型进行实证检验。为了保证实证回归结果严谨,对自变量进行多重共线性和序列相关检验,结果表明,回归方程的容忍度和 VIF 值均在理想范围之内,因此本研究不存在多重共线性,另外,DW 值接近 2,不存在序列相关性。以消费者对乳品企业的信任为因变量,企业修复策略的 4 个因子为自变量分别进行逐步回归分析(见表 4-18),结果显示,有三个因子对消费者的信任影响显著,分别是约束策略、主动召回策略、信息沟通策略,在先后引入这三个因子的逐步回归过程中,各个变量对模型的解释力不断增强,$R^2$ 不断增大,且回归系数均为正值,因此这三个因子对消费者信任均有不同程度的正向影响,假设 H1、假设 H2、假设 H3 得到验证。但营销策略调整不显著,被排除在回归方程以外,假设 H4 没有得到验证。

表 4-18　　消费者信任影响因素的逐步回归方程系数

| 解释变量 | 非标准回归系数 | 标准误 | 标准回归系数 | t 值 | p 值 |
| --- | --- | --- | --- | --- | --- |
| 常数项 | 0.354 | 0.144 |  | 1.842 | 0.083 |
| 约束策略 | 0.781 | 0.043 | 0.702 | 22.433 | 0.000 |
| 主动召回策略 | 0.538 | 0.281 | 0.521 | 18.003 | 0.000 |
| 信息沟通策略 | 0.125 | 0.037 | 0.113 | 3.410 | 0.000 |

第一,企业约束策略正向影响消费者的行业信任,假设 H1 得到验证。这印证了李胜利(2008)认为三聚氰胺事件是由乳品企业发展无序造成,乳制品企业的盲目扩张、兼并使得企业忽视了质量管理以及内部质量控制体系的建设,才导致了产品的问题。消费者认为企业首先应该实施约束策略,说明其对企业的监管能力、控制能力的怀疑是信任下降的一个主要原因。

第二,企业主动召回策略正向影响消费者的行业信任,假设 H2 得到验证。这与大多数研究保持一致,陈锟(2012)认为食品企业危机最优的策略是主动召回,积极承担责任,最差的策略是行业应对,被动处理。企业积极召回产品,最大限度地弥补了消费者的损失，积极重建信任，提供其他替代产品弥补顾客因使用缺陷产品所产生的损失，体现了企业处理危机的实力（熊焰，2012）。因此，危机事件后企业要主动承担责任，不应推卸责任。

第三，企业信息沟通策略正向影响消费者的行业信任，假设 H3 得到验证。群发性危机产生的原因之一是信息不对称，消费者常常无法直接感知产品质量，质量信号失效，市场上高质量和低质量的产品共存，消费者以市场价格购买了低质量的产品，产生"柠檬市场"，这时由于市场竞争激烈，企业展开激烈的价格战，容易使质量发生扭曲。为了取得价格竞争优势只有在产品中掺假，从而降低成本，引起质量问题。同时 Xie 和 Peng（2009）也认为，为了提高消费者对企业能力的判断，应该在修复过程中提供足够的信息，使得消费者及时了解危机处理的情况。同时在信任恢复阶段，公布企业的质量安全信息，展示企业值得信赖的方面，增强消费者信任。

第四，营销策略的调整对消费者的信任修复没有显著影响，假设 H4 没有得到验证。表明在经历多次危机事件后，企业仅仅做出新的质量承诺已变得不太有效，因为消费者想要看到的是实际行动而不仅仅是承诺。价格和促销已经不是促进消费者购买产品的主要刺激。同时，增加分销渠道只是增加了新的购买方式而已，因而该策略对提升消费信任的效果并不理想。

（二）企业修复策略对消费者企业信任的影响

1. 探索性因子分析

对政府等管理机构的修复措施的因子进行检验。采用主成分分析法对因子进行提取，政府修复的 KMO 值为 0.883，Bartlett 球形检验卡方值为 1573.621，在小于 0.001 的水平上显著，表明数据适合做探索性因子分析。提取 3 个特征根大于 1 的公因子，这 3 个因子累计解释方差为 81.28%。因子 1 的方差特征值为 6.377，解释了 53.132% 的总体方差，包括加强乳品安全的检测，加强对专业认证机构的管理，加强行业管理，加强对媒体的管理，加大违法的责任追究，把这个因子命名为加强监管；因子 2 的方差特征值为 1.751，解释了14.576%的总体方差，包括对食品相关的法律法规进行完善和修改，健全质量管理制度，完善乳品行业的质量标准体系，把这个因子命名为完善立法；因子3的方差特征值为1.628，解释了13.572%的总体方差，包括完善乳品标识制度，进一步完善信息发布机制，把这个因子命名为加强调控（见表4-19）。

表4-19　　　　矩阵的特征值与累计贡献率

| 因子 | 旋转前 | | | 旋转后 | | |
|---|---|---|---|---|---|---|
| | 特征值 | 方差贡献率（%） | 累计贡献率（%） | 特征值 | 方差贡献率（%） | 累计贡献率（%） |
| 1. 加强监管因子 | 4.274 | 40.117 | 40.117 | 6.377 | 53.132 | 53.132 |
| 2. 完善立法因子 | 1.896 | 22.312 | 62.429 | 1.751 | 14.576 | 67.708 |
| 3. 加强调控因子 | 1.451 | 18.851 | 81.280 | 1.628 | 13.572 | 81.280 |

2. 问卷信度检验

对问卷的信度进行分析（见表4-20），问卷中总的内部一致性Cronbach's α系数为0.873，在分量表中，各个因子内部一致性都在0.75以上，政府修复策略的Cronbach's α系数为0.844，消费者对政府信任的Cronbach's α系数为0.838，表明问卷量表具有良好的信度。

表4-20　　　　机构信任测度及修复策略调查各量表α系数

| 量表 | 项目数 | α系数 | 均值 |
|---|---|---|---|
| 消费者信任 | 3 | 0.838 | 4.89 |
| 修复策略总量表 | 19 | 0.844 | 4.80 |
| 加强监管的措施 | 5 | 0.779 | 5.02 |
| 完善立法的措施 | 3 | 0.746 | 4.73 |
| 加强调控的措施 | 2 | 0.803 | 4.64 |

### 3. 回归分析及假设检验

将消费者对政府等管理机构的信任为因变量,修复策略的三个因子为自变量分别进行逐步回归分析(见表4-21),结果显示,加强监管措施、完善立法措施、加强调控措施三个因子对消费者政府信任影响都很显著,在逐步回归的过程中对模型的解释力不断增强,且回归系数均为正值,因此这三个因子对消费者信任均有不同程度的正向影响,假设H5、假设H6、假设H7得到验证。

表4-21　　消费者信任影响因素的逐步回归方程系数

| 解释变量 | 非标准回归系数 | 标准误 | 标准回归系数 | t值 | p值 |
| --- | --- | --- | --- | --- | --- |
| 常数项 | 0.081 | 0.131 |  | 0.621 | 0.547 |
| 加强监管的措施 | 0.456 | 0.027 | 0.473 | 15.983 | 0.000 |
| 完善立法的措施 | 0.417 | 0.032 | 0.439 | 14.292 | 0.000 |
| 加强调控的措施 | 0.153 | 0.036 | 0.158 | 5.236 | 0.000 |

第一,加强监管正向影响消费者对政府等管理机构的信任,假设H5得到验证。从结果可看出,消费者认为提高对政府的信任首先应该加强监管,由于我国食品行业的监管缺失,监管力度不足,认证机构管理不严格,被查出含有三聚氰胺的乳品企业都含有QS标志。所以政府必须对认证机构加强管理,提高他们的进入门槛和处罚力度,督促他们认真履行责任。政府等机构还应该制定合理的行业规范,三聚氰胺事件的爆发说明我国行业规范的混乱,需要重新整顿,促进行业的协调发展,避免恶性竞争。对媒体也应加强管理,媒体的放大效应,使危机事件被扩大,引起消费者的恐慌,对行业的发展造成了不良的影响。

第二,完善立法正向影响消费者对政府等管理机构的信任,假设H6得到验证。消费者认为政府应该对食品相关的法律法规进行完善和修改,健全质量管理制度,完善乳品行业的质量标准体系。我国的相关法律制度对于细节的规定还是有些欠缺,对整个产业链缺乏完整、系统的法律体系，例如，三聚氰胺事件中就凸显了对于奶站的管理体系缺乏，奶站是连接奶农和乳品企业的枢纽，对他们的规范不严格就会对上下游的企业产生影响，而我国对奶站环节的法律缺失、促使了他们的不道德行为的滋生，助长了违法行为。我国的违法成本过低也是导致企业品牌出事的原因，所以应加大违法责任的追究，提高处罚力度，增加食品生产者的违法成本，使他们在巨大经济、法律以及社会成本的压力下克制机会主义行为。

第三，加强调控正向影响消费者对政府等管理机构的信任，假设 H7 得到验证。乳品行业的产业链长，涉及主体较多，难以有效把握监管，因此政府应积极调控，优化资源配置，保证行业信息公开透明，从而建立健康有效的市场，提升消费者信任。

### 四 研究结论

1. 研究结论

群发性危机后，企业和政府等监管机构采取相应策略进行信任修复，对这些策略影响信任程度的大小对比显示，企业策略方面，影响程度最高的首先是约束策略，其次是信息沟通策略，最后是主动召回策略，营销策略调整不显著；政府策略方面，影响程度最高的首先是加强监管措施，其次是完善立法措施，最后是加强调控措施。

企业修复对策方面，消费者认为解决危机最重要的是应该实施约束策略，包括重新制定规章制度，加强质量监管，加大奶源的控制，加强生产过程控制。群发性危机对消费者信任的损害往往是长时间的，对品牌的负面态度仅仅通过即时处理难以扭转，消费者在内心更需要企业制定长效机制保障产品的安全，因此约束策略的实施可以在第一时间消除不安，重塑信任；其次是主动召回策略，企业积极地召回产品，承担了社会责任，最大限度地弥补了消费者的损失，对于企业善意、正直信任和能力信任的修复都有帮助，用实际行动解决当前问题，安抚情绪，积极重建消费者的信任；最后是信息的沟通，消费者认为有效的信息沟通能够提高其对企业的信任,群发性危机发生后,消费者同企业间普遍存在的质疑状态严重影响双方的交流,在解决问题、重塑信任的过程中企业需要注意信息沟通的流畅性,确保其他修复措施的目标能够实现;消费者认为营销策略的效果最差,不能有效地提升信任。政府修复对策方面,消费者认为提高对政府的信任最重要的首先应是加强监管,包括加强对专业认证机构的管理,制定完善的行业规范,加强对媒体的管理等。我国食品行业的监管缺失,监管力度不够是造成危机事件频发的原因之一。政府积极履行自身监管责任为当务之急;其次是完善立法的措施,消费者认为法律法规的不健全造成危机行为没有受到制裁,所以政府应该对法律法规进行完善和修改,健全质量管理制度,完善行业的质量标准体系;最后消费者认为加强调控措施也能很好地提高信任。应该建立完善的信息披露制度,调控市场资源,优化配置,保证行业整体运行效率,恢复受损市场,重建消费者信任。

2. 管理启示

群发性危机事件的频发致使很多行业的信任受到影响,如何预防危机的发生并有效提升整个行业的信任是亟须解决的问题,根据危机后企业和政府的修复行为对消费者信任的影响,对于提出有效的行业信任提升策略,得出以下管理启示:

其一,从企业角度而言:首先,企业应加强质量管理,完善质量管理体系。从原材料的采购、生产到流通,在整个环节控制质量。严格执行国家相关的原材料检测标准,把各环节、各工序的质量管理职能纳入统一的质量管理系统,形成一个有机整体。明确产品质量为一切服务之根本。其次,企业要积极主动地承担自身责任,不推脱抵赖,本着积极妥善处理危机的诚意,认真负责地解决问题,以此换取消费者的好感。最后,企业要加强与消费者的交流,塑造积极的情感和行为。倾听消费者的宝贵意见,时刻以消费者利益为中心,对消费者的不满意要及时给予解决,赢得消费者的理解和信任。需要注意的是,从本研究的结果看,诸如降价、促销、增加分销渠道等传统营销调整策略在群发性危机后不一定有效，原因可能在于消费者在经历行业信任下降后更多的是对产品本身安全性的担心以及整个行业好感度的缺失，此时其他附加属性的调整已不足以改变态度。因此，从根源做起，直面问题，主动承担责任，加强监管和沟通是更有效的措施。

其二，从政府等监管部门的角度而言：首先，加大行业监管力度，构建全方位的监管体系，确保公平的市场环境，为交易的顺利开展创造良好的环境。其次，政府应该完善相关的法律、法规，确保整个产业链的安全。对产品生产的整个过程立法，明确违法者受到的处罚和应承担的责任。最后，监管部门要建立企业考核机制，对企业进行定期检查、不定期抽查。并将检查结果信息公开，让各企业接受公众的监督，增强消费者和投资者的信心。总体而言，政府作为整个市场中的第三方，应当好裁判，做到有法可依，有律可循。严格监管行业内部各项活动，对于损害市场发展的行为绝不姑息，提高消费者信任。

3. 研究不足与展望

本研究对群发性危机后企业和政府修复策略有效性进行了研究，未来可从以下方面进行进一步的探索：第一，在研究对象的选择方面，本研究以较有代表性的乳品行业为例，但是从食品行业向其他行业推广的过程中，这些机制是不是合理有待进一步的验证，未来可以选择行业信任度低并且容易出现危机的多个行业进行验证。第二，本研究在群发性危机后的受信方选取了企业和政府两个主体，未来的研究还可以对供应商和销售商的行为进行研究，从供应到流通整个产业链的主体来研究行业信任修复策略，这样有助于我们更好地了解群发性危机后行业信任的特征，从而有针对性地开展修复策略。第三，本研究未讨论危机发生后的不同时间段，没有讨论不同阶段各个修复策略对消费者信任的不同影响，未来研究可进行多时点研究，从而给予更加详细和具有步骤先后的修复建议。

# 第五章 实证研究专题二：群发性产品危机对消费者购买意愿的影响研究

本章重点关注在群发性产品伤害危机情境下，未被曝光企业在介入时机和应对方式的策略选择上是否合理将会很大程度地影响消费者危机平息前后的情绪反应和品牌购买意愿。基于此，本研究中相应的研究情境假设为：

某品牌企业（后面统称涉事企业）所在行业的其他企业相继发生产品伤害危机（群发性），且逐一被媒体曝光，该企业知道自己存在同样问题（不可辩解），在尚未被曝光的情境下该如何决策及决策的影响效应问题。

该情境下，涉事企业既可以选择危机被曝光前主动向消费者坦白自身问题，也可以选择隐瞒真相，直到事件被曝光后被动介入（介入时机）；同时，无论是主动介入还是被动介入，涉事企业都可以选择不同的应对方式（本研究中界定为赔偿型措施和服务型措施两类），由此形成涉事企业的应对策略选择集合。面对涉事企业不同的应对策略（介入时机和应对方式），消费者必然会产生不同的认知评价（介入评价），这种认知评价上的差异所引发的消费情绪和品牌购买意愿在危机中（本研究中界定为危机事件持续产生影响的时间范围内）和危机后（本研究中界定为权威部门或行业机构证实行业内已不存在类似危机事件）是否存在显著差异及其形成的内在机制成为本研究关注的焦点。同时，为了考察该内在机制的形成机理，本研究还专门验证消费者认知评价和负面情绪（消费者层面）在这一过程中的中介效应以及危机范围（事件层面）、品牌声誉（企业层面）对这一过程的调节效应。

# 第一节 危机范围的调节作用研究

产品伤害危机在整个行业内大范围爆发的属性被称为群发性。已有研究表明，在产品伤害危机情境下，危机爆发的范围以及危机本身的危害程度与其所带来的负面溢出效应密切相关。一般而言，危机范围较大、危害程度较高的产品伤害危机往往会给消费者传递更多的负面信息，从而更有可能加强危机品牌的负面溢出效应（余伟萍、庄爱玲，2013）。从事件层面来看，当危机产品的可替代性较低时，危机范围的大小将在很大程度上影响消费者是否选择继续购买涉事品牌的意愿；从企业层面看，不同的危机范围同样会影响其他竞争企业对涉事企业的品牌溢出效应程度（王晓玉，2012）；从消费者层面来看，危机范围的大小将会直接影响危机品牌与其他品牌之间的溢出效应。当危机范围小时，危机品牌与其他品牌相比更容易产生对比效应，消费者因此会更加关注危机事件本身的危害性，从而倾向于转移购买其他品牌；而当危机范围大时，危机品牌与其他品牌相比更容易产生同化效应，消费者因此会更加关注涉事企业的危机应对策略，从而会由于企业恰当的应对策略所产生的品牌认同，选择继续购买该品牌（Cleeren et al., 2013；涂铭等，2013）。

由此可见，危机事件范围的大小往往与消费者对危机事件本身的感知密切相关。已有研究表明，刺激信息作用认知判断的主要表现可区分为可接近性、可诊断性和相对可诊断性（王海忠等，2009）。一般来讲，记忆包括对信息的译码、储存和检索三个过程，而可接近性主要针对消费者对相关信息的检索过程。在产品伤害危机情境中，消费者往往会通过相关信息的检索提取，联想到其他品牌，这一过程决定了危机事件本身溢出效应的大小；可诊断性则是针对消费者用于认知判断的信息有效性。在产品伤害危机情境中，负面信息对消费者具有更强的可诊断性，而危机品牌与其他竞争品牌之间的属性相似性决定了负面信息的传递程度。如果其负面信息具有可诊断性，那么将影响消费者对其他品牌的认知，从而产生各类涉事品牌之间的溢出效应。

综上所述，产品危机范围的大小与消费者的认知水平往往密切相关，继而会影响到消费者对涉事企业应对策略的评价和判断。因此，关注危机范围本身对不同认知需求特征的消费者危机前后的购买意愿随涉事企业应对策略的变化而呈现的规律性特点也是本研究的一个重要组成部分。

遵循解释水平理论的基本逻辑，本研究系统地分析了群发性产品危机情境下未曝光企业危机平息前后的响应策略影响消费者行为的动态变化过程及其内在机制。通过两个实验研究发现，群发性产品危机动态变化过程中，就介入时机而言，与被动介入相比，未曝光企业主动介入会使消费者产生更高的购买意愿；就应对方式而言，未曝光企业采取赔偿型策略和服务型策略会带来消费者有差异的购买意愿；就危机范围而言，未曝光企业不同介入时机和不同应对方式会对消费者购买意愿产生有差异的作用关系。

## 一 研究概述

近几年，企业及其产品一旦出现危机，其被媒体曝光的概率和频率越来越高，负面影响的范围也越来越大。面对危机，相关涉事企业的反应各不相同：有的主动召回、有的沉默不语、有的矢口否认、有的乘虚而入。本研究通过对震惊全国的"三聚氰胺毒奶粉"事件的追踪研究发现，多家涉事企业应对危机的方式不同，其消费者的行为反应以及涉事企业的最终命运也不尽相同。2008年9月10日，"三鹿"乳业在被质疑三聚氰胺含量超标之后，先是坚决否认，随着奶粉质量问题被检验确认后，又推卸责任；"蒙牛"当即发表声明向消费者道歉，宣布召回问题牛奶，并于 18 日发起员工进驻采奶站的"一人一站"活动，新浪网、优酷网等网站全天 24 小时不间断地将蒙牛生产流程的视频传递到互联网上，让三亿网民成为蒙牛液态奶的网络"安检员"；"伊利"于 17 日公开道歉并宣布召回问题产品，承诺立即加强监控并将于几天后采取专项补救措施；所受冲击最小的光明乳业则在 19 日才发表声明公开道歉，宣布召回其问题产品。几家公司 2009 年的年度财务报表对比结果显示，介入及时且主动应对的"蒙牛"成为季度利润扭亏为盈相对最早（2009 年 6 月）的企业，而在整个危机过程中应对不力、疲于应付的"三鹿"则以破产告终。类似的情况在"毒胶囊事件""塑化剂事件"中同样得到了证实。

这是巧合还是必然？同样的危机事件，不同甚至相似的应对举措却会使市场（即消费者购买）产生截然不同的行为意向，涉事企业的命运也随之不同。如何合理解释这些现象？从企业应对策略到消费者行为反应之间是否存在某种特定的传导机制？

基于上述问题，本研究在对产品伤害危机情境下企业响应策略及其消费行为的相关研究进行了系统梳理后发现，现实中很多陷入群发性产品危机中的企业大多都表现为不可辩解型产品危机（方正等，2011），当前理论界对此类产品伤害危机响应策略的研究主要体现为以企业为主体的响应、以消费者为主体的响应以及多重主体视角下的响应。其中，企业视角下的相关研究较为充分地考虑了企业在危机过程中的主动权，但对于危机发生过程中消费者的主体作用考察不足；而消费者视角下的相关研究虽然考虑了消费者在危机处理中的主体作用，但却容易使企业在危机中缺乏真正的主见和偏重策略，从而会丧失一定的主动权（Zhao et al., 2011）；而多重主体视角下的研究更好地探讨了企业和消费者在危机应对过程中基于各自主体地位进行的动态互动行为，这也是本研究的基本出发点。

已有关于企业危机应对的研究焦点往往是存在问题并且已经被

曝光的企业，对企业响应策略集的关注也紧紧围绕"应对还是不应对""主动承认、缄默，抑或是竭力辩解"（方正、江明华等，2011）等意向性层面的策略建议，鲜有未曝光企业策略应对及其效果的比较研究。而且，当涉事企业采取不同的应对策略后，消费者在危机中和危机平息后两个不同时间节点下的购买意愿是否存在差异？理论界对出现这些差异的影响因素及其内在机制的系统研究更为少见。

鉴于此，本研究试图打破以往研究中重点关注"单个企业或品牌产品伤害危机溢出效应"的传统思维，探索危机动态变化前后消费者购买意愿随之变化的内在机理，由此建立起企业应对策略与消费者购买意愿之间的内在关联，从时机和方式的组合层面对企业的策略集合进行全新的阐释，继而从时间效应角度分析危机前后消费者购买意愿的差异，进一步丰富和完善产品伤害危机理论，为危机中的企业最终实现转"危"为"机"的危机管理决策提供全新的、更具现实意义的策略选择集。

## 二 研究过程

（一）理论基础及研究假设

解释水平理论（Construal Level Theory）由 Trope 和 Liberman（1998）提出，被认为是十几年来迅速发展的一种"纯粹认知导向"的社会心理学理论（Dhar et al., 2007）。该理论认为，人们对事件的反应取决于对事件的心理表征，而这种心理表征具有不同的抽象程度，即解释水平。不同维度下的心理距离对解释水平的影响都服从相同的规律，即事件的心理距离越远，人们描绘该事件的解释水平就越高（Trope and Liberman, 2007）。Goodman 和 Malkoc（2012）的研究发现，心理距离会影响消费者对策略选择集的偏好。当决策发生在当前时，消费者相对更偏好较大的策略选择集；当决策将发生在未来遥远的时点时，消费者相对更偏爱较小的策略选择集；此外，随着时间距离的增大，与低水平解释相关的价值和与高水平解释相关的价值变化方向是相反的，前者会出现时间折扣现象，而后者则会出现增大的现象（李雁晨等，2009）。而且，Chandran 和 Menon（2004）也使用了时间距离这一维度，创造性地把时间划分为近期和远期，继而通过其来描述风险，并对风险结果的效价进行控制。结果发现，近期的风险表述更容易唤起人们对风险和威胁的强烈感知。这一研究成果将为本研究中从危机中和危机平息后两个不同时间节点来考察企业响应策略影响消费行为的动态传导机制提供直接的理论借鉴。

综上所述，本研究将遵循解释水平理论基本逻辑，在多个企业同时陷入的不可辩解型群发性产品危机中，系统关注未曝光企业的应对策略、消费者认知评价及购买意愿之间的相互关系，进而探究危机平息前后企业响应策略影响消费行为的动态变化过程及其内在机制。基于解释水平理论，本研究重点关注群发性产品危机动态变化过程中，企业响应策略（介入时机、应对方式）对消费者不同时点（危机中、危机后）购买意愿的影响，详见图 5-1。即在产品危机情境下，消费者感知的心理距离会负向影响消费者的感知风险。当产品伤害危机与自己的心理距离较大时，人们对危机相关信息的关注动机会更小（Kunda，1990），由此对产品伤害危机带来的感知风险也会相对比较小。此外，心理距离不仅会影响消费者对事件的评价，同时还能够调节消费者的行为意向，这正是本研究中所遵从的基本理论逻辑。

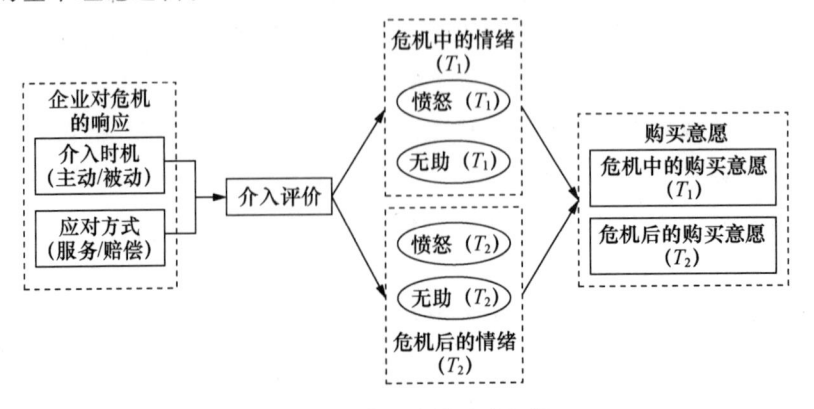

图 5-1　本研究的理论框架

## (二) 理论假设的推演

1. 涉事企业应对策略对消费者购买意愿的动态影响

产品伤害危机一旦发生，涉事企业的应对行为将会对消费者的购买意愿产生各种不同的影响（Laufer and Coombs，2006；方正等，2011；涂铭等，2013）。总的来看，以往的研究认为，涉事企业危机处理的方式应当快速、一致和公开（Coombs，2007）；Huang（2008）在其研究中也证实，危机处理应当及时、一致和主动。企业危机处理过程中，消费者获得信息的来源、类型以及信息的一致性都将会影响危机企业的形象修复；Ulmer（2001）则在研究中发现，主动处理危机的企业能向利益相关者传递大量的所需信息，不主动的企业很容易失去消费者的信任，而在消费者获悉企业早已知晓却没有及时采取行动去解决危机的情况下，消费者对企业的负面态度将会因为各种负面情绪的叠加而变得更加强烈。由此可见，涉事企业在危机中的反应时间是一个非常关键的因素。因为，危机中消费者处于信息匮乏的状态，如果不能够及时有效地得到相关正确信息，那么谣言就会填补信息真空，从而强化消费者的负面态度；并且，企业及时的反应能够在一定程度上改善消费者的负面态度（Strong et al.，2001）。此外，涉事企业的及时介入将在很大程度上影响到消费者的预期和看法，这将进一步显著提高消费者的满意程度和信任；同时，及时介入也能够显示涉事企业的信心与能力（Darling，1994）。相对于及时有效的快速反应，涉事企业迟缓被动的处理行为会使人们陷入关于涉事企业可能无力控制局面的联想和猜测中，从而有可能失去对相关企业的信任和信心。例如，Polinsky和Shavell（2012）的研究表明，当企业掌握产品风险信息时，若企业对产品风险没有责任，企业强制披露信息好于自愿披露，因为强制披露信息对消费者是有利的。也就是说，一旦产品有问题，越早让消费者知道对消费者越有利。因此，如果涉事企业掌握自身产品风险的信息，那么在被曝光前主动介入，无论其采取什么样的介入方式，消费者的情绪和行为反应相对会更为积极。Vassilikopoulou等

(2009)的研究进一步发现，在产品危机爆发3天、3个月和1年后消费者的反应是有差别的：几个月后危机的影响会相对减弱，因为消费者倾向于忘记危机及其影响。如果涉事企业在社会责任上表现好而且还主动召回，那么上述时间效应就会更加明显。即消费者对危机事件信息的记忆随着时间的推移弱化，消费者将更为关注企业在危机事件中的态度和行为表现等非具体的因素。按照解释水平理论，随着时间距离增大，消费者更倾向于采用高解释水平客体表征，他们会更关注抽象和本质的方面，更关注涉事企业的行为态度，而不是具体的事件危害。基于此，本研究提出如下假设：

H1：群发性产品危机动态变化时，与被动介入相比，未曝光企业主动介入会对消费者响应产生更积极影响；

H1a：群发性产品危机发生时，与被动介入相比，未曝光企业主动介入会显著地提高消费者购买意愿；

H1b：群发性产品危机平息后，与被动介入相比，未曝光企业主动介入会显著地提高消费者购买意愿。

涉事企业在介入时机上的主动性很容易被消费者识别并接受，但是应对方式却不尽然。就危机爆发时的短期来讲，涉事企业选择赔偿型策略需要其付出很大一部分现金，成本相对较高；服务型策略则相反，仅需要企业付出较小的代价即可向消费者表明自身立场和态度。从消费者角度来看，赔偿型措施通常被认为是涉事企业为了补偿消费者在危机中的直接损失而采取的应对方式；服务型措施则被认为是涉事企业为了安抚消费者的负面情绪而采取的应对方式。考虑到消费者的购买意愿，一旦某个品牌被确证存在问题，涉事企业再去采取补救措施，不管是采取赔偿型措施还是服务型措施，消费者对于该危机品牌发生的问题在短期内都无法掌握足够信息做出判断。他们因此都会倾向于"用脚行动"，趋利避害，继而可能会寻求别的安全品牌，从而对危机品牌的购买意愿下降，而不会受到涉事企业补救措施差异的显著影响。另外，按照解释水平理论，随着危机的曝光，短期内涉事品牌与消费者的时间距离更近，消费者倾向于采用更低的解释水平，即关注的是产品伤害危机本身所产生的具体伤害和影响。同时，为避免这种伤害，无论未曝光企业采取什么样的补救行动，消费者往往会一致地表现出相对高觉醒水平的负面行为。换言之，在群发性产品危机中，不论未曝光企业采取何种应对方式，消费者均会在危机中表现出比较负面的回应，不会显著影响消费者的购买意愿。据此，本研究提出如下假设：

H2：群发性产品危机发生时，不论未曝光企业采取何种应对方式，均不会对消费者购买意愿产生显著影响。

产品伤害危机爆发后，赔偿型措施本身是对已经发生的问题进行补偿，这是企业责任意识的一种体现。同时，采取赔偿型措施的企业必然也会通过内部措施改进等方式去提高未来的产品质量，以避免再次发生类似问题。从这个角度看，赔偿型措施的长期综合效果包含了服务措施的部分效果。而且，赔偿型措施在短时间内似乎更容易得到消费者对涉事企业主动悔改诚意的心理认同，从而呈现出相对较高的购买意愿。此外，根据解释水平理论，随着危机的平息，距离产品伤害危机爆发的时间距离越来越远，涉事品牌在危机中的应对策略所表现出来的责任意识也会逐渐得到消费者的认可和重视，从而会表现出或高或低的危机平息后的购买意愿。然而，由于产品伤害危机中的信息在长时间后将被消费者逐渐遗忘（Vassilikopoulou et al.，2009），尤其是在涉事企业进行主动召回产品的情况下更为明显。由此可知，服务型措施的长期效果会比赔偿型措施更好，影响时间也更长。整体来看，在不可辩解的危机中，采取赔偿型措施的态度，可以最大限度地从情感和物质上补偿受到伤害的消费者，同时涉事企业需要付出更多。这样的付出是涉事企业责任感的体现，有可能由此而获得消费者更多的谅解和认可，具体表现在消费者购买意愿的扭转或回升。因此，危机平息后，那些采取赔型偿措施的企业对消费者品牌购买意愿的影响可能会高于仅仅采取服务型措施的企业，由此，本研究提出如下假设：

H3：群发性产品危机平息后，相对于服务型措施，未曝光企采取赔偿型措施时，消费者具有更高的购买意愿。

2. 危机范围动态变化时未曝光企业不同介入时机对消费者购买意愿的影响

Kotzegger 和 Schlegelmilch（2013）的研究表明，危机事件对消费者的影响以及消费者对危机事件的反应会受到危机背景、消费者个人背景以及企业背景的影响，也即危机事件中波及企业的数量将影响消费者接触负面信息的可能性，继而会影响其购买意愿。与此同时，涂铭（2013）等验证了危机群发范围的大小将影响消费者对危机事件本身的危险度感知。行业产品危机范围大小会使得消费者选择替代品牌的机会明显不同。在产品伤害危机事件中和危机平息后，二者往往会出现不同的反应（Griffin et al.，1991）。并且，本研究推断，当危机范围较小时，一方面，涉事企业的品牌消费者会有未受波及的其他产品作为备选，且在有更多替代品牌可选择的情况下，消费者很有可能因为对企业的责备归因从而在危机中出现购买行为的转换。另一方面，在小范围危机平息后，此类消费者往往会倾向于更关注涉事企业产品所出现的问题，易于产生企业应该更多地承担责任的责备归因，从而不愿意选择继续信任该企业并重新购买其产品。由此，本研究提出如下假设：

H4：群发性产品危机动态变化时，未曝光企业介入时机不会在产品危机范围较小时对消费者购买意愿产生影响；

H4a：群发性产品危机发生时，且在产品危机范围较小情况下，未曝光企业两种介入时机均不会对消费者购买意愿产生影响；

H4b：群发性产品危机平息后，且在产品危机范围较小情况下，未曝光企业两种介入时机均不会对消费者购买意愿产生影响。

当危机范围较大时，涉事企业的品牌消费者难以在危机中进行转换购买，从而有可能因为涉事企业在危机中的良好表现和主动挽救的诚意从而使消费者在危机平息后继续选择购买该品牌。由于行业较低的替代性，消费者可另选品牌的机会大幅减少，所以，在替代性品牌选择相对有限的条件下，消费者可能会对危机中采取积极应对措施的涉事企业产生明显正向的溢出效应（田阳等，2013）。也就是说，涉事企业积极主动的介入将会显著提高消费者的品牌好感，继而更容易促使消费者品牌购买意愿的提升。据此，本研究提出如下假设：

H5：群发性产品危机动态变化时，未曝光企业介入时机会在产品危机范围较大时对消费者购买意愿产生不同影响；

H5a：群发性产品危机发生时，且在产品危机范围较大情况下，与被动介入相比，未曝光企业采取主动介入方式会使消费者产生更高购买意愿；

H5b：群发性产品危机平息后，且在产品危机范围较大情况下，与被动介入相比，未曝光企业采取主动介入方式会使消费者产生更高购买意愿。

3. 危机范围动态变化时未曝光企业不同应对方式对消费者购买意愿的影响

本研究认为，群发性产品伤害危机范围大小不同时，消费者的替代选择也是不一样的。当危机范围小，由于消费者的替代性选择很多，所以，消费者此时会更多地产生内部归因，造成对企业的不信任。且根据上述分析，此时企业的不同介入时机很难得到消费者认可，那么，与介入时机类似，可以合理推断，此时不论对处于危机中还是危机后的消费者均很难受到企业不同应对方式（赔偿型策略或服务型策略）的影响而继续产生购买意愿。鉴于此，本研究提出如下假设：

H6：群发性产品危机动态变化时，未曝光企业应对方式不会在产品危机范围较小时对消费者购买意愿产生影响；

H6a：群发性产品危机发生时，且在产品危机范围较小情况下，未曝光企业两种应对方式均不会对消费者购买意愿产生影响；

H6b：群发性产品危机平息后，且在产品危机范围较小情况下，未曝光企业两种应对方式均不会对消费者购买意愿产生影响。

此外，如果当危机范围大时，不论危机中还是危机平息后，消费者均很少有备选的替代选择，那么，此时，消费者往往会产生外部归因，从而只要企业采取更有责任担当的应对方式措施，消费者更易对企业相对负责任的行为倾向产生某种程度的宽恕或原谅，从而表现出相对较高的品牌购买意愿。并且，由于赔偿型措施在一定程度上包含服务型措施的部分效果，所以，我们可以合理推断，当群发性产品危机大范围爆发时，未曝光企业应对方式中的赔偿型策略会优于服务型策略的效果。据此，本研究提出如下假设：

H7：群发性产品危机动态变化时，未曝光企业应对方式会在产品危机范围较大时对消费者购买意愿产生不同影响；

H7a：群发性产品危机发生时，且在产品危机范围较大情况下，与服务型策略相比，未曝光企业采取赔偿型策略会使消费者产生更高购买意愿；

H7b：群发性产品危机平息后，且在产品危机范围较大情况下，与服务型策略相比，未曝光企业采取赔偿型策略会使消费者产生更高购买意愿。

(三) 变量测量

为了最大限度地保证整个研究的效度和信度，本研究中的相关测量量表主要选择前人研究中已多次使用，并被充分验证过的相对成熟量表。只是在消费者介入评价和危机范围这两个变量的量表选择上，借鉴并改良了已有相关量表，进行了相应的量表检验并确定了最终的量表测量题项。

1. 应对策略变量测量

依据涉事企业介入危机的时间顺序，本研究界定了两种不同的介入时机，分别为被曝光之前的"主动介入"和被曝光之后的"被动介入"，这也是本研究一个主要的操控变量。综合考虑涉事企业应对方式选择决策过程中的成本收益思维，本研究在对以往企业应对方式进行提炼的基础上，创新型提出要考虑涉事企业应对措施的内容和其实际的操作成本，进而将涉事企业的应对方式具体区分为物质层面和非物质层面两类，前者包含缺陷产品退还、召回，消费者经济损失补偿等，需要涉事企业付出物质上的代价以弥补消费者在事件中的损失，在本研究中被界定为赔偿型措施；后者包含对其服务过程的改进，对消费者道歉或承诺加强管控检测，杜绝问题产品等，涉事企业不必付出或付出很少物质上的代价，主要目的是从精神上安抚消费者，缓解消费者的负面情绪，本研究中被界定为服务型措施。这种划分思维打破了以往企业危机应对方式区分的单线思维，很好地兼顾了涉事企业与消费者之间的共同关注点。从消费者角度来看，关注的焦点在于消费者本身能否从已发生的产品伤害危机中直接得到相应的经济补偿；从企业的角度来看，关注的焦点在于涉事企业是否承担了直接的经济成本。"介入时机"和"应对方式"在本研究中被统称为"应对策略"。

2. 介入评价及其量表

本研究中的介入评价特指消费者对涉事企业介入时机和应对方式满意与否进行认知判断后的一种综合表达，即消费者对涉事企业在产品伤害危机中"应对策略"的整体认知评价。考虑以往研究中很少出现同时涉及"介入时机"和"应对方式"两个层面信息的"应对策略"量表，本研究将在 Simonson（2001）、Huang（2008）等相关研究的基础上，遵照严格的量表开发程序，结合研究问题的具体情境对已有的相近量表进行修正和开发，并形成专门的初始测量问卷，然后通过小样本的预调研数据结果进行探索性分析，继而对所确定的测量量表进行进一步的纯化，并在此基础上对所获得的数据进行主成分分析，提取主因子，最终将确定产品伤害危机情境下涵盖企业响应策略的效果、及时性和主动性等方面相关题项的正式测量量表。Simonson 等（2001）在他们的研究中测量了消费者对企业所提供解决问题的服务（满意度）评价，所使用的量表共有五个测项，分别是：（1）问题处理得有多好；（2）反应时间；（3）解决问题所花的时间；（4）工程师的礼貌；（5）工程师提供的服务的水平。这个满意度评价的量表与本研究中所界定的"介入评价"不完全一样，但其中包括两点非常重要的信息：一是"反应时间"实际上就是涉事企业是否及时响应,这与本研究中的"主动介入"和"被动介入"具有明显的一致性;二是"问题处理得有多好"与本研究中所关注的消费者对企业应对方式的评价具有内在一致性;另外,Huang(2008)在研究企业的危机管理者、公共事务管理者等对企业的危机响应策略评价时,考察"危机响应"行为时也关注了相应策略的及时性、一致性和积极性,量表为5级李克特量表,具体包括三个测项:(1)做出一致的响应或者行动;(2)从文字和行动上积极主动地响应危机;(3)总是更新最新的信息和状况。Huang的三个测项最重要的就是强调了企业的积极主动性,虽然此量表通常用于考察管理者的评价,但是对于本研究考察消费者对企业介入策略的评价同样具有重要的参考价值,其研究中所使用的评价量表非常接近本研究所关注的"介入评价"。在此量表基础上,本研究遵照严格的量表开发程序,结合本研究研究问题的具体情境对已有的相近量表进行修正和开发,并形成专门的初始测量问卷,然后通过小样本的预调研数据结果进行探索性分析,继而再对所确定的测量量表进行进一步的纯化,最终确定了产品伤害危机情境下涉事企业应对策略的效果、及时性和主动性等方面一共九个题项的正式测量量表。每个题项均为一个陈述,需要消费者针对相应陈述选择"非常同意(7)"到"非常不同意(1)",详见表5-1。

3. 购买意愿量表

本研究中的购买意愿特指针对涉事品牌的购买意愿,而非具体的产品或者服务。在Vassilikopoulou等关于产品伤害危机对消费者的情绪影响会随时间的流逝而出现变化的研究成果,本研究进一步将"品牌购买意愿"又具体区分为"危机中的品牌购买意愿"和"危机平息后的品牌购买意愿"两类,并把这种"中"与"后"的界定拓展到信息的维度,相应界限体现在两个方面,一方面是危机发生时间有前有后;另一方面是危机本身要确实得以平息,这种事件平息的表达以政府相关职能部门通过官方媒体发布正式声明为标志。也就是说,消费者在不同时间距离下的行为差异不仅仅是因为

表5-1　　　　　　　　　　介入评价测量

| 题项 | 非常同意 | 同意 | 比较同意 | 一般 | 比较不同意 | 不同意 | 非常不同意 |
|---|---|---|---|---|---|---|---|
| 1. ×品牌的问题处理得很好 | | | | | | | |
| 2. ×品牌的问题处理的时间恰好 | | | | | | | |
| 3. 我对×品牌的应对行为总体满意 | | | | | | | |
| 4. ×品牌采取应对行为的时间及时 | | | | | | | |
| 5. ×品牌应对行为解决问题的效率很高 | | | | | | | |
| 6. ×品牌的应对态度很好 | | | | | | | |
| 7. ×品牌的应对行为完全解决了给消费者造成的问题 | | | | | | | |
| 8. ×品牌积极主动响应危机 | | | | | | | |
| 9. ×品牌的危机处理效果好 | | | | | | | |

时间而产生的忘记，还因为这一过程信息的变化和丰富使得其认知发生改变，从而产生行为意向上的改变，最终表现为"危机中"和"危机平息后"两个不同阶段品牌购买意愿。以往研究中针对消费者品牌购买意愿的相应测量量表已经非常成熟，本研究选用以前的学者们（Coyle and Thorson，2001；Kim and Biocca，1997；Putrevu and Lord，1994）在其研究中所广泛使用的品牌购买意愿测量量表。量表为7级李克特量表，共有四个测项：（1）很可能我会买这个品牌；（2）下次需要时我会买这个品牌；（3）我肯定会尝试这个品牌；（4）假设昨晚有一个朋友向你寻求购买产品的建议，你会推荐朋友买这个品牌的产品。具体内容详见表5-2。

4. 危机范围测量

本研究中将危机范围界定为群发性产品伤害危机中的涉事品牌数量，具体分为危机范围大和危机范围小两种。在本研究中，危机范围是一个重要的调节变量，需要进行操控。为保证操控的有效性，需要明确的是，涉事企业数具体为多少能够合理表征消费者对危机范围大小的心理感知，本研究中通过前测确定。鉴于以往产品伤害危机研究的重点往往是单发性产品伤害危机，对于群发性产品危机的研究非常有限，因而对危机范围大小的界定也没有现成的量表，根据实际需要和危机范围本身的数量特征，本研究通过给出一段关于产品伤害危机中的涉事企业数的情境描述材料，并通过一个题项"您认为此次事件危害是否广泛"的7级量表来测定消费者对危机范围大小的感知评价，消费者可以根据自己的实际感知选择7代表"非常大"，选择3代表"一般"，选择1代表"非常小"。在正式实验中，对危机范围大小的操控检验与之类似。

表 5-2　　　　　　　　　　品牌购买意愿

| 品牌购买意愿 | 题项 | 测量 |
| --- | --- | --- |
| 测项 | （1）很可能我会买这个品牌<br>（2）下次需要时我会买这个品牌<br>（3）我肯定会尝试这个品牌<br>（4）假设昨晚有一个朋友向你寻求购买产品的建议，你会推荐朋友买这个品牌的产品 | 1. 非常不赞同<br>2. 不赞同<br>3. 较不赞同<br>4. 不确定<br>5. 较赞同<br>6. 赞同<br>7. 非常赞同 |

（四）实验对象的选择及前测

1. 实验对象的选择

本研究所有实验（包括前测）中拟选用的品牌均来自两个行业，一是日常用品——洗发水，二是耐用品——手机。

选择洗发水品牌出于以下几点考虑。一是洗发水是大众消费品，消费者对很多品牌都耳熟能详；二是洗发水与人们日常生活密切相关，因而由洗发水品牌危机感受到的情绪反应会非常明显，而且直接会反映到其相应的购买行为上；三是洗发水品牌在一定程度上能够反映沐浴露、洗面奶等相似品类的产品特征及其目标受众的行为选择特征，从而会使得本实验中的研究结果体现出良好的品类普适性；四是近年来各个行业产品危机不断出现，洗发水行业中的很多知名品牌如霸王等均出现了负面影响很大的危机事件，此类企业的品牌信任危机问题已经引起了消费者以及社会各界的普遍关注。因此，选择洗发水品类进行研究具有较高的代表性和现实意义。

选择手机品牌有以下几点考虑。一是手机属于耐用消费品，从而有效地弥补了以洗发水等日常消费品做研究在产品类别代表性上的缺陷，可以更全面地考察消费者对其情绪及行为意愿变化的不同。二是手机在一定程度上反映了耐用消费品如电脑、电视等产品的品类特征，因而也具有较为普遍的品类代表意义。三是手机作为科技导向型产品的代表，在人们越来越离不开手机通信信息时代，成了人们的必需品而非选购品，甚至很多人已然形成了无手机恐慌症，而且随着移动互联网时代的提前到来，人们通过网络等各种信息途径对手机产品本身的了解程度也逐渐提升。从这个意义上来讲，手机一旦出现产品质量问题，生产手机的相关企业一旦陷入危机，其负面影响的辐射范围相对较大，从而对消费者的情绪及行为意愿的影响也非常明显，非常符合本研究中所关注核心问题的现实情境特征。四是作为耐用消费品，部分手机的价值不菲，一旦此类品牌出现危机尤其是群发性产品危机，给消费者带来的经济损失比较大，因此消费者对此类品牌的危机关注程度相对会比较高，这也是手机品类危机与洗发水品类危机的重要不同之处。

2. 前测

考虑到危机范围的大小是个相对值，加上个体认知的差异，危机范围概念不具备可量化的特点。因此，本研究中对于危机范围这一变量的确定通过操控的方法来实现。本研究预设了四组不同危机范围大小的情境，四组中发生危机的品牌分别是4个、8个、16个、24个，危机范围大小与数字大小相对应。为避免可能的侵权问题，本研究选用曾经被曝光过且确实存在问题的品牌，其他以数字大小的操控来代替。

按照洗发水品牌排名将所选品牌划分为四个档次，每个档次分别选取1个品牌、2个品牌、5个品牌、6个品牌；接下来，让被试对四组设定的危机范围进行评判。为避免个体认知差异对结果可能造成的影响，本研究对危机范围的确定采用组内测试的方式，即让每个被试对四组操控分别评判。前测的预期目标是随着每组涉事品牌数目的增多，消费者对危机范围的评判有一致的变化，且范围大小的评价之间有显著差异。在本研究中，重点关注的是发生危机的品牌数量，把危机范围界定为发生产品伤害危机的品牌数量。按照前面的设计思路，研究过程中首先界定危机范围分别为4个、8个、16个和24个，并通过一个题项来测试消费者对同时发生危机的品牌数量认知是否会影响其对危机范围大小的判断。

前测在宁夏某高校完成。危机范围为4个品牌的组共有47个样本，删除有缺失值的样本3个，剩下有效样本44个，其中男性21个，女性23个。危机范围为8个品牌的组有50个样本，删除有缺失值的样本3个，剩下有效样本47个，其中男性22个，女性25个。危机范围为16个品牌的组有46个样本，删除有缺失值的样本5个，剩下有效样本41个，其中男性21个，女性20个。危机范围为24个品牌的组有56个样本，删除有缺失值的样本3个，剩下有效样本53个，其中男性24个，女性29个。两个行业各组的得分均值描述性统计结果显示，随着发生危机的品牌数量变化，被试所评价的危机范围大小也会变化，洗发水组四种危机范围得分分别为$M_4 = 4.32$，$M_8 = 5.32$，$M_{16} = 4.49$，$M_{24} = 6.08$，手机组得分分别为$M_4 = 4.32$，$M_8 = 5.13$，$M_{16} = 4.44$，$M_{24} = 6.08$。相应的单因素方差分析（ANOVA）结果显示，无论是手机行业（$F(3, 181) = 15.00$，$p = 0.000$）还是洗发水行业（$F(3, 181) = 19.70$，$p = 0.000$），随着危机品牌数量的改变，消费者感知到的危机范围会呈现出显著的差异。独立样本t检验结果显示，洗发水行业（$M_4 = 4.32$，$M_{24} = 6.08$，$p = 0.000$）和手机行业（$M_4 = 4.09$，$M_{24} = 5.96$，$p = 0.000$）危机范围为4个和24个时总是有显著差异的。因此，在正式实验中研究危机范围的调节作用时，为保证操控的有效性，可以考虑选择在同时有4家品牌发生危机时，界定为危机范围小，而同时有24家品牌发生危机时，界定为危机范围大。

### 三 研究结果

**（一）实验一的数据分析及假设验证**

实验一选择2（组间：主动与被动）×2（组间：赔偿与服务）的组间设计，总共四个组，分别对应四种应对策略：主动赔偿、主动服务、被动赔偿和被动服务。实验在北京和宁夏的几所高校招募大学生被试进行，被试按男女被随机地分配到各个组中去。实验前，被试被告知参加一个消费者行为研究测试，并提醒其独立认真完成相应题项。实验采取完全匿名的方式进行，不会涉及消费者的隐私。实验正式开始后，被试将依次看到一些电脑页面呈现的内容，主动介入和被动介入两种条件下呈现的顺序略有差异。实验中被试依次看到若干个页面，有的页面仅仅呈现信息和刺激物，有的页面需要被试完成相关的题项。

实验一中有效被试153人，主要来自宁夏及北京的高校，其中男性64人，女性89人，95.4%的被试年龄在18—28岁，98%有大专及以上的教育程度，具体如表5-3所示。

表5-3　　　　　　　　实验一被试基本情况

| 性别 | 频率 | 百分比（%） | 年龄 | 频率 | 百分比（%） | 教育 | 频率 | 百分比（%） |
| --- | --- | --- | --- | --- | --- | --- | --- | --- |
| 男 | 64 | 41.8 | 17岁以下 | 6 | 3.9 | 高中及以下 | 3 | 2.0 |
| 女 | 89 | 58.2 | 18—22岁 | 118 | 77.1 | 大专 | 4 | 2.6 |
|  |  |  | 23—28岁 | 28 | 18.3 | 本科 | 140 | 91.5 |
|  |  |  | 45岁及以上 | 1 | 0.7 | 硕士及以上 | 6 | 3.9 |
| 合计 | 153 | 100 |  | 153 | 100 |  | 153 | 100.0 |

实验一的四个组别最少的为28个有效样本，最多的为44个有效样本，样本数量符合消费者行为研究的样本数量要求。本实验的目的在于研究群发性产品伤害危机条件下涉事企业品牌的介入时机

和应对方式如何影响消费者在危机中和危机平息后的品牌购买意愿。对危机中购买意愿和危机平息后购买意愿的量表的效度分析显示，危机中购买意愿量表的 Cronbach's α 系数为 0.898，信度非常好，危机后购买意愿量表的 Cronbach's α 为 0.901，信度也很高。以介入时机和应对方式为自变量，对危机中购买意愿进行协方差分析的结果显示，介入时机（$M_{主动}=4.55$，$M_{被动}=3.10$，$p<0.01$）有显著的主效应，即涉事企业在被曝光前主动介入，与被曝光后被动介入相比，被试有更高的危机发生时的购买意愿，假设 H1a 获得支持；应对方式（$M_{赔偿}=3.93$，$M_{服务}=3.78$，$p=0.144$）没有显著的主效应，假设 H2 获得支持，即"群发性产品危机发生时，涉事企业采取服务型策略或者赔偿型策略介入，消费者购买意愿没有差异"。另外，结果还显示，介入时机与应对方式有显著的二维交互效应（$p=0.00$），如图 5-2 所示。

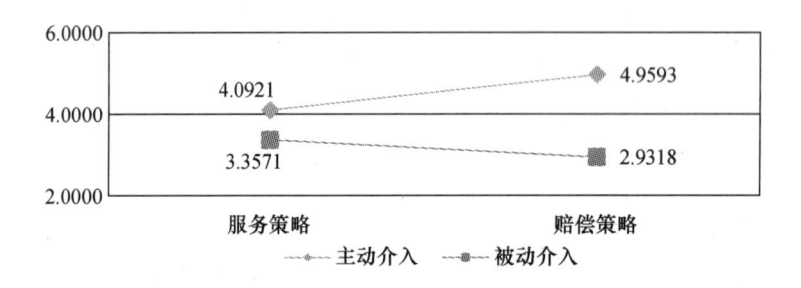

**图 5-2 危机发生时消费者的购买意愿**

与此同时，ANOVA 分析结果显示，被动介入时，赔偿措施显著劣于服务措施（$M_{赔偿}=2.93$，$M_{服务}=3.36$，$p=0.030$），而当涉事品牌主动介入时，赔偿措施显著优于服务措施（$M_{赔偿}=4.96$，$M_{服务}=4.09$，$p=0.000$）。综合来看，当行业发生群发性产品伤害危机时，企业采取主动赔偿的应对策略是最优的，而当品牌已经被曝光处于被动时，采取服务策略反而更好。同样地，对危机后购买意愿进行协方差分析，其中自变量还是介入时机和应对方式。结果显示，介入时机（$M_{主动}=4.72$，$M_{被动}=3.27$，$p=0.000$）有显著的主效应，即涉事企业在被曝光前主动介入，与被曝光后被动介入相比，被试有更高的危机平息后品牌购买意愿，假设 H1b 获得支持；由此，假设 H1 获得支持。此外，应对方式（$M_{赔偿}=4.19$，$M_{服务}=3.84$，$p=0.003$）也有显著的主效应，赔偿措施比服务措施好，假设 H3 获得支持。并且，介入时机和应对方式对危机后购买意愿有显著的交互效应（$p=0.001$），如图 5-3 所示。分别看主动介入和被动介入两种条件涉事品牌的应对方式，ANOVA 分析显示，当涉事品牌主动介入时，赔偿措施显著优于服务措施（$M_{赔偿}=5.15$，$M_{服务}=4.24$，$p=0.000$）；当涉事品牌在被曝光后被动介入时，赔偿措施与服务措施没有显著差异（$M_{赔偿}=3.25$，$M_{服务}=3.29$，$p=0.834$）。

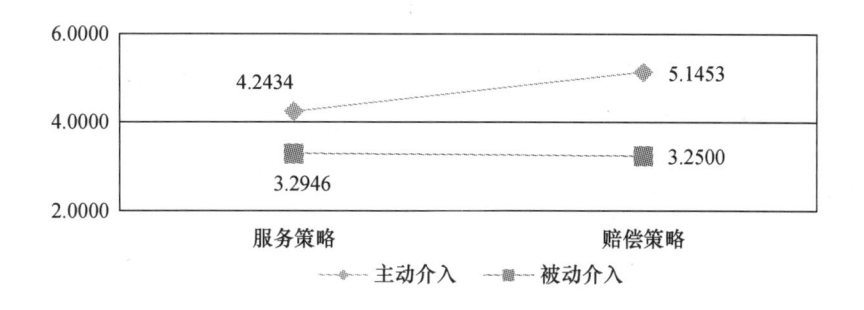

**图 5-3　危机后消费者的购买意愿**

从实验一的数据分析结果来看，本研究所提出的相关假设均得到了支持。与被曝光后被动介入相比，只要是涉事品牌在被曝光前主动介入，消费者在危机中和危机平息后的购买意愿都会更高。也就是说，涉事品牌在危机发生时主动介入的负责任态度和行为得到了消费者认可，这种认可具体表现为相对更高的购买意愿。这与 Ulmer（2001）的研究结论比较吻合，即主动处理危机的企业能向利益相关者传递大量的所需信息，如果能够第一时间传递信息将避免消费者处于信息匮乏状态（Coombs，2007），并在一定程度上改善消费者的态度（Strong et al., 2001）。从应对方式的对比来看，相对于服务型措施，涉事品牌采取赔偿型措施时，消费者在危机中的品牌购买意愿没有差异，但危机平息后该品牌购买意愿会更高。换言之，在危机中，消费者会倾向于短期内回避涉事品牌的产品，继而表现出一致的较低购买意愿，而在危机平息后，消费者会对危机中的应对方式采取认可的态度且表现出水平不一的购买意愿。实验一的结果还表明，危机中两种应对方式对购买意愿的影响没有显著的交互效应，但是危机后购买意愿，介入时机和应对方式之间存在明显的交互效应。即整体来看，涉事企业主动介入明显优于被动介入，采取赔偿型措施明显好于服务型措施，但是分别在主动介入和被动介入条件下来看，两种应对方式的效果是有差异的。如图5-3所示，主动介入条件下，赔偿型措施显著优于服务型措施，而在被动介入时，两种应对方式没有显著差异。必须要说明的是，实验一的结果都是在没有考虑危机范围的条件下使用虚拟品牌获得的结果，而真实的市场条件下，危机范围大小也会有影响。因此，实验一的结果还需要拓展，接下来实验二将研究危机范围的调节作用。

（二）实验二的数据分析及假设验证

为将研究精度与企业实践进一步对接，实验二选用真实的洗发水品牌（资生堂）来重点考察群发性产品危机背景下有多少品牌发生问题，即危机范围大小的问题。按照前测的结果，实验二中将比较研究危机范围大（24家品牌发生问题）和危机范围小（4家品牌发生问题）的不同调节作用。实验二的整体设计为2（组间：主动介入与被动介入）×2（组间：赔偿措施与服务措施）×2（组间：危机范围大和危机范围小）。在实验二中所有因变量测量之后，也即危机平息后的购买意愿页面之后人口统计信息页面之前加入一个页面，专门测量被试对所在组呈现危机范围大小的评价，以便完成对危机范围的操控检验，危机范围的测量方法与前测中的方法相同；在实验二中的"报道1"和"报道2"呈现的危机品牌数量不同，在危机范围操控为大（前后一共24个品牌）的组，报道1和报道2

分别报道不同的 12 个品牌；在危机范围小（前后一共 4 个品牌）的组，报道 1 和报道 2 分别报道不同的 4 个品牌；所有被报道的品牌都会呈现品牌名字并出现在报道 2 中。

实验二中有效被试 212 人，全部来自北京和宁夏的高校，其中男性 84 人，占总数的 39.6%，女性 128 人，占总数的 60.4%；全部被试均为 18—28 岁；有 4 人受教育水平高中以下，7 人为硕士及以上，其余 201 人为大专或者本科，占总数的 94.8%。8 个实验组平均样本数为 26.5 人，最少 22 人，最多 35 人。对危机范围的操控检验显示，在被试看来，危机范围大小有显著的差异（$M_{大}=5.23$，$M_{小}=4.18$，$p=0.000$），说明实验对危机范围大小的操控是成功的。对危机中购买意愿进行协方差分析，其中自变量为介入时机、应对方式和危机范围。结果显示，介入时机（$p=0.296$）、应对方式（$p=0.932$）和危机范围（$p=0.783$）都没有显著的主效应，三者之间也没有显著的三维交互效应（$p=0.539$）。危机范围和危机介入时机有显著的交互效应（$p=0.048$），如图 5-4 所示。分别对危机范围大和危机范围小条件下以介入时机和应对方式为自变量，对危机发生时购买意愿进行的协方差结果显示，危机范围小时，主动介入与被动介入没有显著差异（$p=0.496$），而当危机范围大时，主动介入显著优于被动介入（$M_{主动}=4.06$，$M_{小}=3.58$，$p=0.034$）。因此，假设 H4a、假设 H5a 获得支持。再看危机范围大小与涉事企业选择的应对方式的交互效应，以危机范围、介入时机和应对方式为自变量的协方差分析结果显示，两者交互效应不显著（$p=0.345$）。为进一步分析危机范围对应对方式的调节作用，分别在危机范围大和危机范围小的条件下作协方差分析，因变量为危机中购买意愿，自变量为介入时机和应对方式，分析表明，危机范围大时（$p=0.543$）和危机范围小时（$p=0.453$）赔偿措施和服务措施都没有显著差异，假设 H6a 得到验证，但是，假设 H7a 被拒绝，即在危机发生时，无论危机范围大小，无论涉事企业采取服务型措施还是赔偿型措施，消费者在产品伤害危机过程中的购买意愿都没有显著差异。

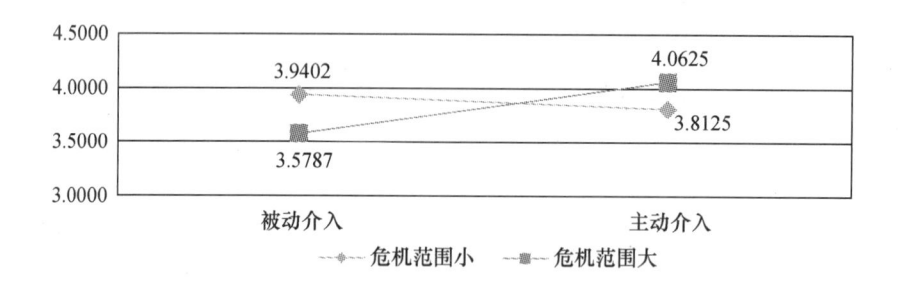

```
4.5000
                                        4.0625
      3.9402
4.0000
                                        3.8125
3.5000
      3.5787
3.0000
      被动介入                          主动介入
       ——— 危机范围小    ——— 危机范围大
```

**图 5-4　危机发生时购买意愿—危机范围对介入时机的调节效应**

接下来看危机范围与介入时机和应对方式对危机平息后品牌购买意愿的交互效应，以危机范围、介入时机和应对方式为自变量，以危机后购买意愿为因变量的协方差分析结果显示，危机范围、介入时机和应对方式的主效应、三维交互效应以及介入时机和应对方式的交互效应均不显著，但是，危机范围与介入时机（p=0.039）和应对方式（p=0.044）的交互效应均显著。为了进一步验证其余研究假设，我们将实验组按照危机范围大小划分，分别在危机范围大和危机范围小条件下，以介入时机和应对方式为自变量对危机后购买意愿进行协方差分析，结果显示，危机范围小时，介入时机和应对方式对危机后购买意愿的主效应以及交互效应都不显著（p=0.224），即危机范围小时，不同的介入时机和不同的应对方式之间均没有显著差异；危机范围大时，介入时机与应对方式的交互效应不显著（p=0.799），但是介入时机（p=0.004）和应对方式（p=0.045）的主效应均显著。即在危机范围大的条件下，未曝光企业在危机被曝光前主动介入与被动介入相比，被试表现出了显著更高的危机平息后品牌购买意愿（$M_{主动}$=4.46，$M_{被动}$=3.88，p=0.004）。因此，危机范围对介入时机影响危机平息后品牌购买意愿的调节作用是显著的，假设 H4b、假设 H5b 得到验证，由此，假设 H4、假设 H5 亦得到验证。如图 5-5 所示，即当产品危机范围大时，涉事企业采取主动介入与被动介入相比，消费者有更高的购买意愿；当产品危机范围小时，涉事企业采取主动介入或被动介入，消费者购买意愿没有差异。

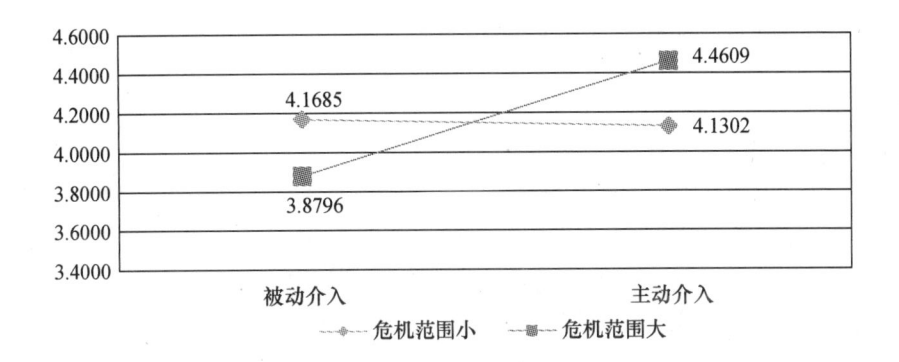

```
4.6000
4.4000                                           ■ 4.4609
4.2000    ● 4.1685
4.0000                                           ● 4.1302
3.8000
          ■ 3.8796
3.6000
3.4000
          被动介入                                 主动介入
        ●— 危机范围小    ■— 危机范围大
```

**图 5-5　危机后购买意愿—危机范围对介入时机的调节效应**

此外，本研究进一步证实，在危机范围大的条件下，涉事企业采取赔偿型措施与采取服务型措施相比，被试表现出了更高的危机平息后的品牌购买意愿（$M_{赔偿} = 4.40$，$M_{服务} = 3.98$，$p = 0.045$）。由此可见，危机范围对应对方式影响危机平息后品牌购买意愿的调节作用是显著的。具体而言，如图 5-6 所示，即当产品危机范围大时，与服务型策略相比，涉事企业采取赔偿型策略，消费者有更高的购买意愿，假设 H7b 得到证实；当产品危机范围小时，涉事企业采取赔偿型策略或服务型策略，消费者购买意愿没有差异，假设 H6b 得到证实。综上可知，假设 H6 得到支持，假设 H7 得到部分支持。

实验二关注的是危机范围分别与介入时机和应对方式的交互，研究在危机范围有显著差异的条件下介入时机和应对方式对消费者在危机中和危机平息后购买意愿的影响。实验结果表明，对于真实品牌且考虑危机范围时，涉事品牌所采取的介入时机和应对方式的效应与实验一的结果表现出了一定的差异。首先，当产品危机范围大时，涉事企业采取主动介入与被动介入相比，消费者有更高的危机发生时的购买意愿和危机平息后的购买意愿；当产品危机范围小时，涉事企业采取主动介入或被动介入，消费者在危机中的购买意愿没有差异，危机平息后的购买意愿也没有显著差异。实验二不仅验证了实验一的结果，而且更具体地表明了应对时机的效应在危机范围大时更显著。其次，不管危机范围大小，无论涉事品牌采取何种应对方式，消费者在危机中的购买意愿不会有显著的差异。这一结果与实验一的验证结果吻合。更进一步地，当产品危机范围大时，与服务型策略相比，涉事企业采取赔偿型策略，消费者有更高的危机平息后的购买意愿；当产品危机范围小时，涉事企业采取赔偿型策略或服务型策略，消费者的危机平息后的购买意愿没有差异，从而有效地拓展了实验一的研究结论。

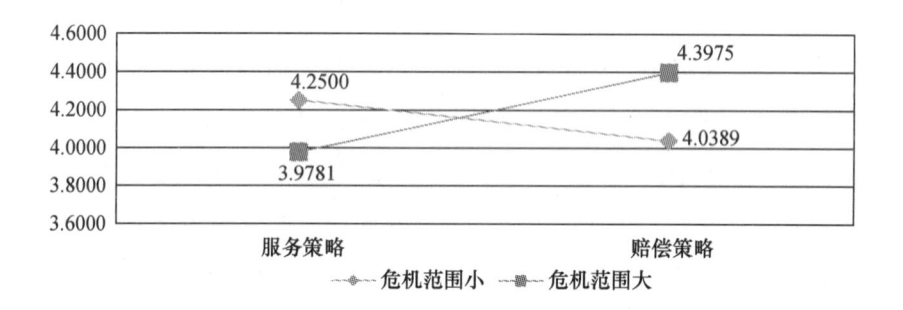

**图 5-6 危机后购买意愿—危机范围对应对方式的调节效应**

## 四 研究结论

本研究在解释水平理论阐述的基础上，结合产品伤害危机及消费者行为领域的最新研究成果，梳理了企业应对策略对消费者购买意愿产生影响的内在机制。其理论贡献和管理启示可以总结如下：

1. 本研究的理论贡献

首先，以群发性产品危机情境下未被曝光企业的应对策略作为研究起点，通过深入探讨危机前后消费者认知评价对其购买意愿的引致效应,将产品伤害危机的研究从单个静态的研究引入持续动态的关注,更加贴近实际地考察了产品伤害危机发生时和发生后消费者购买意愿的变化机理,且进一步丰富了企业危机应对策略的选择集。

其次,打破了以往研究中重点关注"单个企业或品牌产品伤害危机溢出效应"的传统思维,明确提出将"介入时机和应对方式"这一全新的应对策略作为涉事企业的决策考虑集,从时机和方式的组合层面对企业的策略集合进行了全新的阐释,并重点考察危机范围对这一过程的调节作用。同时,从时间效应的角度提出并分析了危机前后消费者购买意愿的差异,进一步丰富和完善了产品伤害危机理论。

最后,本研究中应对策略的二维设计将为涉事企业在危机群发的背景下实现转"危"为"机"的危机管理决策提供全新的、更具现实意义的策略选择集。此外,通过深入对比研究"危机中"和"危机后"的消费者反应差异,从而将企业响应策略与消费者行为反应之间的互动关系研究由传统的静态思考推向现实的动态思考,更好地兼顾了其策略的短期效果和长期效果。

2. 本研究的管理启示

第一,对于不可辩解的群发性产品伤害危机,如果自身企业本身存在问题却还未被曝光时,总的来说,主动介入往往会产生更好的效果。面对危机,特别是群发性产品伤害危机,企业的管理决策者要主动介入,以积极主动的自信和负责任的态度向消费者说明自身的问题,同时,还要考虑产品伤害危机范围的大小。具体来说,当管理者判断产品危机范围大时,应当选择主动介入,这样消费者会有更高的危机中的购买意愿和危机平息后的购买意愿。如果当产品危机范围小时,无论主动介入还是被动介入,消费者在危机中和危机后的购买意愿都没有差异,因此,此时企业管理者需要考虑其他措施去重新吸引消费者。

第二,同样是在不可辩解的群发性产品伤害危机背景下,涉事企业应该根据产品危机范围确定到底采取赔偿型还是服务型的应对措施。本研究的研究结果说明，赔偿型措施不总是有用的，而由于赔偿型措施需要涉事企业付出很高成本，在确定赔偿型措施不会有显著更好的效果时，应当选择服务型措施；仅有当管理者综合产品伤害危机范围后认为采取赔偿型措施更好时才选用该措施。一个重要的启示是，不管危机范围大小，无论涉事企业采取何种应对方式，消费者在危机中的购买意愿不会有显著的差异，也就是说管理者不要期望所采取的赔偿型措施或者服务型措施有很好的短期效果。

第三，当危机范围较大时，与服务型措施相比，涉事企业管理者更应该采取赔偿型措施，以促使消费者有更高的危机平息后的购买意愿。本研究的一个重要启示是，当管理者判断群发性产品危机范围较小时，虽然赔偿型措施与服务型措施的长短期效果没有显著差异，但是，由于赔偿型措施需要付出相对更高成本，所以，此时管理者选择服务型措施更好。

3. 本研究局限及未来研究方向

本研究尽管获得了一些比较重要的发现，对现有产品伤害危机理论及消费者行为理论的研究深度和广度有了一定的拓展，但研究中还存在一些不足：例如，本研究中没有着重研究介入时机和应对方式对消费者危机前后品牌购买意愿影响的交互效应。一方面，前人的研究中虽然有关于产品伤害危机中涉事企业主动性的研究，但是并没有像本研究这样清晰地划分出是否"被曝光"这一界限；另一方面，本研究在清晰界定出危机曝光前的主动介入和曝光后的被动介入这两个介入时机之后，并没有具体研究介入时机与应对方式（赔偿型和服务型）之间的交互效应，也没有提出相应的假设。但是，实验的数据分析结果显示，涉事企业的介入时机和应对方式是存在交互影响的。由此，后续研究可以借助本研究框架，以此为切入点做更深层次的探索。

## 第二节 品牌声誉的调节作用研究

Siomkos 等（1994）研究表明，品牌声誉、企业社会责任感水平有利于维持消费者的购买意愿。事实上，围绕品牌资产在产品伤害危机中的损失与产品伤害危机后消费者信任和品牌声誉修复的研究已经得到了学者们的广泛关注。基于印象理论的负面信息效应理论认为，处于负面事件情境中的消费者群体更倾向于关注危机事件本身所传递的负面信息，而这种负面信息效应的不对称性很容易影响到消费者对品牌的评价，继而降低消费者对已知品牌的信任。在此过程中，企业的品牌资产往往具有一定的缓冲作用（Coombs et al.，2006），这种缓冲使得消费者在危机事件中接收正面信息的可能性增大，从而为企业挽留具有较高忠诚度和信任感的消费者提供了依据。而且，针对不同危机类型所采取的应对策略如果恰当合适的话，将能够有效地降低消费者的风险感知和负面情绪，进而有利于保护涉事企业的品牌资产（方正，2007；王晓玉等，2006；2008）。还有研究表明，消费者品牌忠诚、品牌信任等品牌资产因素同样能有效缓冲危机事件本身带给消费者的心理创伤（Laufer and Coombs，2006）。而且，危机中涉事企业的品牌声誉在很大程度上会影响产品伤害危机的溢出效应水平。一般而言，危机中，较高声誉或较高顾客感知质量的品牌往往会呈现更高的负向溢出效应；较低声誉或较低顾客感知质量的品牌对高声誉或高感知质量品牌可能存在正向溢出效应，但这样的溢出通常都是短期的。因此，在产品伤害危机情境下关注品牌声誉对企业应对策略影响消费者行为的调节效应，具有很重要的研究意义，表5-4对产品伤害危机中品牌资产影响的相关研究做了简要总结。

基于上述分析，上一节探讨了群发性产品危机前后消费者购买意愿的变化，并分析了危机范围的调节作用。在上一节的基础上，本研究深入分析了品牌声誉在群发性产品伤害危机中的调节作用。通过两个实验研究发现，群发性产品危机动态变化过程中，就介入时机而言，未曝光企业主动介入与被动介入相比，会使消费者产生更高的购买意愿；就应对方式而言，未曝光企业采取赔偿型策略和服务型策略会带来消费者有差异的购买意愿；在品牌声誉的调节作用下，未曝光企业不同介入时机和不同应对方式会对消费者购买意愿产生有差异的作用关系。

表 5-4　产品伤害危机中品牌资产影响作用的代表性观点

| 代表性学者 | 代表性观点 |
| --- | --- |
| Ahluwalia et al., 2000；王海忠等，2010 | 品牌承诺能够有效地抵御负面信息，从而有助于帮助企业渡过危机 |
| Kathleen et al., 2008；方正等，2011；2013 | 较高的品牌忠诚，能相对长久地维持消费者对产品价值的认知，并在危机中有助于消费者的购买意愿恢复；主品牌下，强势子品牌较弱势子品牌更容易在产品伤害危机后恢复 |
| Laczniak et al., 2001；童璐琼等，2011 | 在产品伤害危机中，消费者归因过程与企业品牌声誉有关，对声誉较高的企业，消费者倾向于外部归因，从而习惯于将责任归咎于使用者；对于声誉较低的企业，消费者倾向于内部归因，从而习惯于将责任归咎于企业本身 |
| Ahluwalia et al., 2000；李国锋、周晓舟，2007；黄静等，2012 | 对不同类型的消费者，维护企业品牌资产的难度不同；对减少失调型消费者，企业较难维护；对复杂型购买者，企业能在一定程度上维护；对于习惯性购买者，企业可以通过适当的应对策略维持消费者购买；对于多样化消费者，品牌评价甚至可能超过危机以前 |

资料来源：根据相关文献整理。

## 一　研究概述

随着媒体对企业及其产品危机曝光的概率和频率越来越高，企业一旦出现失误而又应对不当时很容易陷入"一着不慎，满盘皆输"的尴尬境地。此外，随着媒体及人际口碑的负面传播，危机的负面效应很有可能被扩散甚至蔓延，从而带给其现实顾客与潜在顾客极大的心理压力，最终有可能导致其出现异常的行为意向（Vassilikopoulou et al.，2009）。品牌声誉不同的涉事企业即使采取相同的应对策略，对于具有不同认知需求特征的消费者造成的影响也是有差异的。企业品牌资产对产品伤害危机事件的影响是近些年来学者们关注的热点，但具体到涉事企业品牌声誉在群发性产品危机背景下的调节效应研究仍然比较少见。而且，当涉事企业采取不同的应对策略后，消费者在危机中和危机平息后两个不同时间节点下的购买意愿是否存在差异？理论界对出现这些差异的影响因素及其内在机制的系统研究更为少见。

鉴于此，本研究在打破以往研究中重点关注"单个企业或品牌产品伤害危机溢出效应"的传统思维的基础上，继续基于解释水平理论，探索危机动态变化前后消费者购买意愿随之变化的内在机理的基础上，从时机和方式的组合层面对企业的策略集合进行全新的阐释，继而从品牌声誉角度分析企业不同策略集在危机前后影响消费者购买意愿的差异，进一步丰富和完善产品伤害危机理论，从而为企业实现转"危"为"机"的危机管理决策提供更具现实意义的全新策略选择集。

**二　研究过程**

（一）理论假设

1. 品牌声誉动态变化时未曝光企业不同介入时机对消费者购买意愿的影响

在产品伤害危机中，品牌资产对企业应对策略引致消费者购买意愿的变化的影响机制有着重要的调节效应（王海忠等，2010）。一方面，涉事企业的品牌声誉普遍存在品牌影响力的"晕轮效应"，从而在一定程度上会保护危机企业（Coombs，2007），对于品牌声誉较高的企业，消费者较容易将责任归咎于使用者，从这个角度来看，涉事企业相对较高的品牌声誉和社会责任水平能更好地维持消费者的品牌购买意愿（Siomkos and Kuzbard，1994）；另一方面，涉事企业品牌声誉的不同可能会导致消费者的选择性注意和偏向的信息处理。消费者对品牌声誉较高的企业往往会表现出更积极正面的态度和评价，对品牌声誉较低的企业则刚好相反。以高声誉品牌为例，当涉事企业在产品伤害危机事件中能够积极主动地承担相应的社会责任时，其行为与消费者态度的内在一致性会使得消费者在处理信息时，给涉事企业相对积极的应对信息赋予更高的权重（Kunda，1990）。由此推断，无论在危机发生中，还是在危机平息后，当其他条件差异不大时，拥有较高声誉的品牌始终是消费者首选的购买对象，也即高品牌声誉能够在很大程度上缓解危机事件本身对该品牌消费者情绪的负面影响。由此，本研究提出如下假设：

H1：群发性产品危机动态变化时，未曝光企业介入时机不会在企业品牌声誉较高时对消费者购买意愿产生影响；

H1a：群发性产品危机发生时，对于高声誉品牌，未曝光企业两种介入时机均不会对消费者购买意愿产生影响；

H1b：群发性产品危机平息后，对于高声誉品牌，未曝光企业两种介入时机均不会对消费者购买意愿产生影响。

而对于品牌声誉较低的企业，消费者较容易将责任归咎于涉事企业（Laczniak et al.，2001）。同时，若该企业所采取的应对措施未能得到消费者的认可与肯定，消费者在处理信息时，将倾向于更为关注危机事件本身的危害性。从解释水平的角度来看，品牌声誉是企业本质的、抽象的信息。对于品牌声誉较低的企业，在产品伤害危机事件中，通过积极合理的应对方式拉近消费者与事件的心理距离，向消费者传递企业积极主动的态度，从而使消费者更为关注企业具有的策略信息，将有助于改变消费者对危机事件本身的认知资源分配，更多地转换至对涉事企业应对策略的关注，进而通过策略的优化组合对消费者的品牌购买意愿起到一定程度的保护作用。据此，本研究提出如下假设：

H2：群发性产品危机动态变化时，未曝光企业介入时机会在企

业品牌声誉较低时对消费者购买意愿产生不同影响;

H2a:群发性产品危机发生时,对于低声誉品牌,与被动介入相比,未曝光企业采取主动介入方式会使消费者产生更高购买意愿;

H2b:群发性产品危机平息后,对于低声誉品牌,与被动介入相比,未曝光企业采取主动介入方式会使消费者产生更高购买意愿。

2. 品牌声誉动态变化时未曝光企业不同应对方式对消费者购买意愿的影响

Justin 等学者(2009)在对产品伤害危机中消费者对危机事件的归因研究中发现,消费者对品牌的熟悉程度会反向影响消费者把危机事件责任归咎于企业。如果消费者对品牌越熟悉,那么越不会把危机归因于企业;Laufer 等(2009)的研究也发现,消费者对品牌熟悉时,国别对归因无影响,消费者对品牌不熟悉时,消费者会把他国的品牌危机事件归因于企业本身,结果还发现品牌本身会影响消费者的信息处理过程。这些研究已经表明,品牌声誉对企业缓解危机影响有着不可忽视的缓冲和保护作用。也就是说,具有良好品牌声誉的企业,消费者对其有着相对稳定积极正面的态度和评价,对于较低的品牌声誉的企业则恰恰相反。这种差异性的态度会导致与之一致性的行为信息较强的说服力(Ahluwalia et al.,2000)。此外,已有研究表明,高声誉的品牌往往是那些在长期的市场竞争中以过硬的质量和服务获得消费者认可的品牌,先天的品牌声誉可以帮助企业抵御来自市场的竞争,使企业能够在提价或者面对危机时依然获得消费者选择(方正等,2010)。因此,对于拥有较高品牌声誉的企业来说,企业危机响应策略对消费者情绪反应的影响并不非常明显,消费者在危机中和危机平息后的购买意愿也不会因此呈现非常显著的差异。鉴于此,本研究提出如下假设:

H3:群发性产品危机动态变化时,未曝光企业应对方式不会在企业品牌声誉较高时对消费者购买意愿产生影响;

H3a：群发性产品危机发生时，对于高声誉品牌，未曝光企业两种应对方式均不会对消费者购买意愿产生影响；

H3b：群发性产品危机平息后，对于高声誉品牌，未曝光企业两种应对方式均不会对消费者购买意愿产生影响。

但是，对于品牌声誉较低的企业，由于品牌资产自身的影响力有限，消费者的品牌认知评价不高，其在危机未被曝光的情况下采取相对积极的应对方式，反倒可能赢得消费者对其主动整改的悔过意识产生的同情心理，从而更容易获得消费者的某种谅解与认可。而且，这种谅解与认可会随着危机的平息和时间的流逝而趋于更加稳定和牢固。总体来看，对于低声誉品牌，在危机动态变化过程中，未曝光企业积极的响应策略效果更佳，即赔偿型措施可能带来更高的消费者购买意愿。由此，本研究提出如下假设：

H4：群发性产品危机动态变化时，未曝光企业应对方式会在企业品牌声誉较低时对消费者购买意愿产生不同影响；

H4a：群发性产品危机发生时，对于低声誉品牌，与服务型策略相比，未曝光企业采取赔偿型策略会使消费者产生更高购买意愿；

H4b：群发性产品危机平息后，对于低声誉品牌，与服务型策略相比，未曝光企业采取赔偿型策略会使消费者产生更高购买意愿。

（二）变量测量及前测

1. 变量界定、测量及量表来源

为了最大限度地保证整个研究的效度和信度，本研究中的相关测量量表主要选择前人研究中已多次使用，并被充分验证过的相对成熟量表。只是在消费者介入评价和危机范围这两个变量的量表选择上，借鉴并改良了已有相关量表，进行了相应的量表检验并确定了最终的量表测量题项。"介入时机"和"应对方式"、介入评价以及购买意愿等的量表与测量在上一节中已有详细阐述，在此不再赘述。

## 第五章 实证研究专题二:群发性产品危机对……的影响研究

品牌声誉是企业品牌资产的一个重要维度。在产品伤害危机中,品牌资产对企业应对策略引致消费者购买意愿的变化的影响机制有着重要的调节效应。关于品牌声誉的测量,之前的研究中大多都采用直接的方式进行测量(Chaudhuri,2002)。本研究具体选用 Chaudhuri 在 2002 年的研究中所用的量表,该量表为 7 级李克特量表,具体包括五个测项:(1)这个品牌具有重要地位;(2)这个品牌具有优质的名声;(3)这是一个著名的品牌;(4)这是一个流行的品牌;(5)这个品牌具有高的消费者评价,详见表 5 – 5。

表 5 – 5  品牌声誉

| 品牌声誉 | 题 项 | 测 量 |
|---|---|---|
| 测项 | (1)这个品牌具有重要地位<br>(2)这个品牌具有优质的名声<br>(3)这是一个著名的品牌<br>(4)这是一个流行的品牌<br>(5)这个品牌具有高的消费者评价 | 1. 非常不赞同<br>2. 不赞同<br>3. 较不赞同<br>4. 不确定<br>5. 较赞同<br>6. 赞同<br>7. 非常赞同 |

2. 前测

考虑到品牌声誉的高低会受很多因素的影响,如广告、品牌历史、企业公关活动等,除了少数几个特别强势的领导品牌外,大部分企业的品牌声誉是根据消费者的感知和评判而定的。因此,品牌声誉的高低是个相对不固定的概念,在实验中不适宜被量化。故通过前测来选定具有高低品牌声誉的代表性品牌,为主实验中的相关 t 检验操控做准备。

本研究根据从博思品牌排行榜(洗发水品牌)和中关村在线品牌排名榜(手机品牌)上收集的相应洗发水和手机品牌的品牌声誉排名情况,选择了洗发水行业(洗发水组 A1、B1、C1、D1 依次为:海飞丝、资生堂 SHISEIDO、多芬 Dove、风影)和手机行业

(手机组 A2、B2、C2、D2 依次为：苹果、小米、康佳、欧新）各四个品牌进行实验，全部为组内，即一位被试需要对两个行业共 8 个品牌进行品牌声誉的测评。在给被试呈现品牌时，要求被试对两个行业内 8 个品牌按照单品牌分别完成品牌声誉的量表测试，每个品牌单独呈现在一个电脑页面上。为了避免可能的顺序影响，各个品牌呈现给每位被试的顺序是：洗发水行业和手机行业的各四个品牌按照两个板块以相同的概率随机顺序先后出现；在行业板块内部，四个预期品牌声誉高低有差异的品牌按照随机的顺序先后出现，所有的随机顺序由电脑控制。

前测在中国宁夏某高校进行，一共有 43 名大学生参加。正式实验前，大学生们被告知他们参加的是一个与消费者行为相关的研究，希望其能独立认真地完成实验过程。数据整理过程中去掉了大于两个缺失值的个案共 6 个，剩下 37 个有效被试个案，其中男性 18 人，女性 19 人，个案中有一个或者两个缺失值的用序列均值代替。对性别进行的单因素方差分析（ANOVA）结果显示，在 0.05 的显著水平下，消费者的男女性别对苹果品牌、小米品牌以及所有四个洗发水品牌的评价没有显著差异，评价比较一致，而对康佳品牌（$M_{男} = 4.80$，$M_{女} = 3.64$，$F(1, 35) = 10.46$，$p = 0.003$）和欧新品牌（$M_{男} = 4.16$，$M_{女} = 3.08$，$F(1, 35) = 7.42$，$p = 0.010$）的评价有显著差异，也就是说男性消费者和女性消费者对这两个品牌各自的声誉高低评价可能出现不一致，若选用这两个品牌进行后续的正式研究，为保证结果的有效性，须保证男女比例大致相同。此外，从描述性统计结果可以看出被试对品牌声誉的评价结果，手机行业四个品牌按照得分递减依次为苹果（6.18）、小米（5.61）、康佳（4.21）和欧新（3.60），洗发水行业依次为海飞丝（5.73）、多芬（4.76）、资生堂（4.36）和风影（4.00）。此外，对品牌声誉大小进行配对样本 t 检验结果显示，在 0.05 的显著水平下，手机品牌中，苹果、小米、康佳和欧新的声誉依次显著递减，而且相邻两个品牌声誉差距中小米和康佳的品牌声誉差距最大；洗发水品牌中,海飞丝、多芬和风影的品牌声誉依次显著递减,海飞丝、多芬和资生堂的品牌声誉依次显著递减。但是资生堂的品牌声誉得分高于风影得分（p=0.07）,仅在0.1显著水平下显著。整体来看,综合男女消费者对品牌声誉评价的一致性和不同个体对品牌声誉高低评价差距的显著性,当正式实验中研究品牌声誉的调节作用时,为保证品牌声誉操控的显著性,应该优先选择洗发水行业,品牌建议为资生堂或多芬（低声誉品牌）、海飞丝（高声誉品牌）。

### 三 研究结果

根据前测的结果,实验中选择的高声誉品牌为海飞丝,低声誉品牌为资生堂。实验采取2（组间:高品牌声誉的海飞丝与低品牌声誉的资生堂）×2（组间:主动介入与被动介入）×2（组间:赔偿措施与服务措施）的组间设计。由于操控变量不同,实验的过程也略有差异。实验的过程和实验细节与上一节实验一相比有三个差异。第一,在"报道1"之前增加一个页面,这个页面要求被试对所在组的品牌（资生堂或者海飞丝）的品牌声誉进行高低评价,这一方面是为了最后的操控检验,另一方面也是为了唤醒消费者对品牌声誉的认知,品牌声誉的量表与前测一中所用量表相同。在品牌声誉评价之后,所有的实验步骤与前一节实验一相同,只是前一节实验一中所有出现虚拟品牌的地方全部换成被试所在组的品牌（海飞丝或资生堂）。

实验中有效样本共235个,其中男性88个,占总数的37.4%,女性147个,占总数的62.6%;年龄为18—28岁的被试为231人,占总数的98.3%;所有被试均为具有大专及以上的受教育水平者;各个实验组中最多40人,最少22人,平均约29人。本实验中有四个组被试面对的是高品牌声誉的海飞丝,另外四个组被试面对的是低品牌声誉资生堂,操控检验结果表明,前四组被试对海飞丝品牌的品牌声誉评价显著高于后四组被试对资生堂品牌的品牌声誉评价（$M_{海飞丝}=5.41$,$M_{资生堂}=4.00$,$p=0.000$）,说明对品牌声誉的操控成功。接下来,运用协方差分析实验中的涉事品牌介入时机、应对方式以及品牌声誉本身如何影响消费者在危机中的品牌购买意愿，协方差分析的自变量为品牌声誉、应对方式和介入时机，全部为分类变量。实验结果表明，品牌声誉的主效应是显著的，即被试在高品牌声誉的海飞丝品牌上表现出来的危机中购买意愿显著高于低品牌声誉的购买意愿（$M_{高声誉}=4.12$，$M_{低声誉}=3.45$，$p=0.000$）。同时，在考虑品牌声誉的条件下，介入时机（$p=0.055$）和应对方式（$p=0.027$）的主效应都是显著的。涉事品牌在问题被媒体曝光前主动介入与被曝光后被动介入相比，被试表现出了更高的危机中品牌购买意愿（$M_{主动}=4.00$，$M_{被动}=3.55$，$p=0.055$）；采取赔偿措施显著好于服务措施（$M_{赔偿}=3.99$，$M_{服务}=3.62$，$p=0.027$）。

但是，从上述危机中品牌购买意愿的分析来看，当品牌声誉作为变量一起分析之后，品牌声誉与应对方式（$p=0.418$）和介入时机（$p=0.944$）的交互效应以及介入时机和应对方式（$p=0.154$）之间的交互效应都不显著。从品牌声誉高低不同的结果来看，高声誉品牌条件下，介入时机和应对方式对危机中品牌购买意愿的主效应和交互效应都不显著；在低品牌声誉条件下，介入时机的主效应也是不显著的，即在危机中，无论涉事品牌是主动介入还是被动介入，被试表现出的危机中品牌购买意愿没有显著差异；但是，应对方式的主效应是显著的，即涉事品牌采取赔偿型措施与采取服务型措施相比，被试表现出了更高的危机中品牌购买意愿（$M_{赔偿}=3.73$，$M_{服务}=3.16$，$p=0.034$）。由此可见，无论是针对高品牌声誉的海飞丝还是低品牌声誉的资生堂，涉事品牌在产品伤害危机被媒体曝光前主动介入或者被曝光后被动介入，被试表现出来的危机中的品牌购买意愿都没有显著差异，因此假设 H1a 获得支持，假设 H2a 不被支持。然而，应对方式的效应却不一样。对于高声誉品牌，与采取服务型措施相比，涉事品牌采取赔偿型措施时，被试表现出的危机中购买意愿没有显著差异；但对于低声誉品牌，与采取服务型措施相比，涉事品牌采取赔偿型措施时，被试表现出了显著更高的危机中品牌购买意愿（$M_{赔偿}=3.73$，$M_{服务}=3.16$，$p=0.034$），

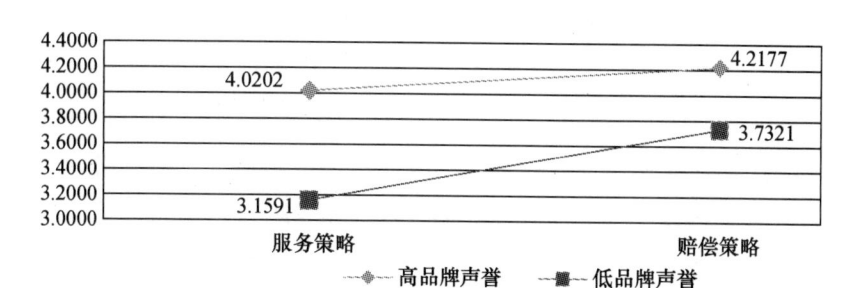

如图 5-7 所示，假设 H3a、假设 H4a 获得支持。

**图 5-7　危机中购买意愿—品牌声誉对应对方式的调节效应**

以品牌声誉、介入时机和应对方式三个因素为自变量，对消费者危机平息后的品牌购买意愿进行协方差分析结果显示，品牌声誉、介入时机和应对方式对被试在危机平息后品牌购买意愿都具有显著的主效应。在危机平息后，高声誉品牌的购买意愿显著高于低声誉品牌的购买意愿（$M_{高声誉}=4.49$，$M_{低声誉}=3.62$，$p=0.000$）；与危机曝光后被动介入相比，涉事品牌在危机曝光前主动介入时，消费者会表现出显著更高的危机平息后品牌购买意愿（$M_{主动}=4.00$，$M_{被动}=3.55$，$p=0.055$）。品牌声誉、介入时机和应对方式不存在显著的三维交互效应，品牌声誉与介入时机、品牌声誉与应对方式的两个二维交互效应也都不显著。但是，介入时机和应对方式的交互效应却是显著的（$p=0.031$）。

针对前文的假设，将实验组按照高低声誉分开之后进行协方差分析，因变量为危机后品牌购买意愿，自变量为介入时机和应对方式。结果显示，对于低声誉品牌，介入时机和应对方式的主效应都是显著的，与被动介入相比，涉事品牌采取主动介入时，被试表现出了显著更高的危机平息后品牌购买意愿（$M_{主动}=3.89$，$M_{被动}=3.36$，$p=0.046$）；涉事品牌采取赔偿型措施与服务型措施相比，被试表现出了更高的危机平息后品牌购买意愿（$M_{赔偿}=3.91$，$M_{服务}=3.33$，$p=0.033$）。而在高品牌声誉的实验组中，介入时机和应对方式的主效应不显著，即涉事品牌主动介入或被动介入时被试在危机平息后表现出来的品牌购买意愿都没有显著差异，采取服务型措施或者赔偿型措施时被试在危机平息后的品牌购买意愿都没有显著差异。品牌声誉对介入时机调节效应见图5-8，即危机平息后，对于低声誉品牌，相对被动介入，涉事企业主动介入会显著提高消费者的购买意愿；对于高声誉品牌，涉事企业主动介入或被动介入对消费者购买意愿没有影响，假设H1b、假设H2b获得支持。综上，假设H1获得支持，假设H2得到了部分支持。

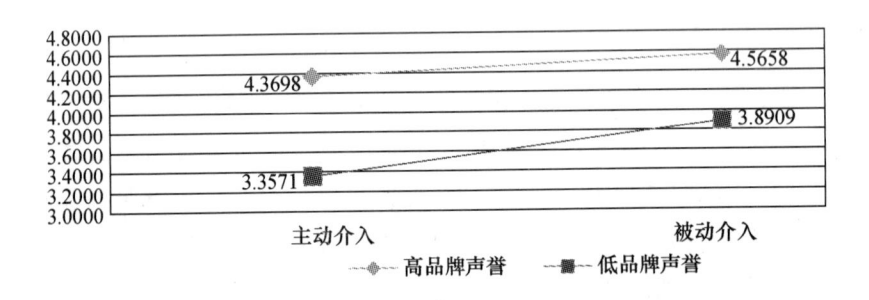

**图5-8 危机后购买意愿—品牌声誉对介入时机的调节效应**

品牌声誉对应对方式的调节效应见图5-9，即危机平息后，对于低声誉品牌，相对服务型策略，涉事企业采取赔偿型策略会更显著提高消费者的购买意愿；对于高声誉品牌，涉事企业采取赔偿型策略或服务型策略对消费者购买意愿没有影响，假设H3b、假设H4b获得支持。综上，假设H3、假设H4得到了验证。

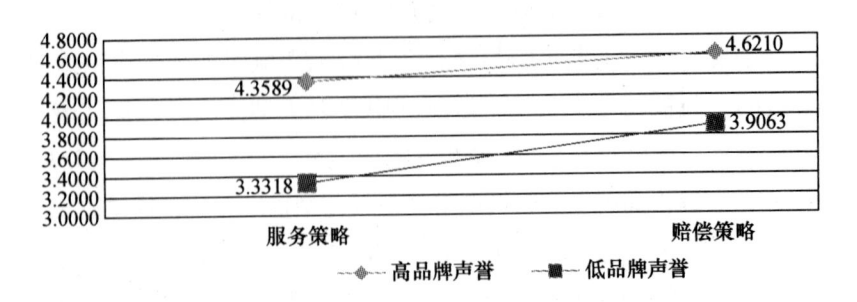

**图5-9 危机后购买意愿—品牌声誉对应对方式的调节作用**

实验数据分析结果表明，无论品牌声誉高低，涉事品牌主动介入与被动介入相比，被试表现出来的危机中的品牌购买意愿没有差异，但是高品牌声誉的购买意愿总体高于低品牌声誉购买意愿。对于低声誉品牌，其在危机中的主动介入的行为短期内很难获得认可，消费者保持回避，而长期来看，会获得消费者的认可，并且表现在消费者的购买意愿上；而对于高声誉品牌，消费者始终保持一致的购买意愿。此外，数据分析结果还显示，对于低声誉品牌，相对服务型策略，涉事品牌采取赔偿型策略会更显著提高消费者危机中的品牌购买意愿和危机平息后的品牌购买意愿；对于高声誉品牌，涉事品牌采取赔偿型策略或服务型策略对消费者危机中的品牌购买意愿和危机平息后的品牌购买意愿都没有显著影响。结果说明对于低声誉品牌，涉事品牌采取赔偿型措施，通过物质性的付出，短期内和长期内可获得消费者的认可和选择；而对于高声誉品牌，相同条件下，无论涉事品牌采取何种应对方式，消费者对这一品牌的购买意愿始终保持在较高且一致的水平，而不会因为涉事品牌没有采取赔偿型措施而显著降低。

### 四 研究结论

本研究在上一节研究的基础上，结合产品伤害危机及消费者行为领域的最新研究成果，梳理了企业应对策略对消费者购买意愿产生影响的内在机制。重点考察品牌声誉对这一过程的调节作用。同时，从时间效应的角度提出并分析了危机前后消费者购买意愿的差异，进一步丰富和完善了产品伤害危机理论。本研究的管理启示有：

第一，群发性产品伤害危机中，总的来说，如果自身企业本身存在问题却还未被曝光时，主动介入往往会产生更好的效果。但企业的管理决策者主动介入，以积极主动的自信和负责任的态度向消费者说明自身的问题时，还要考虑品牌声誉高低的影响。具体来说，当企业自身品牌声誉在行业中处于较低的位置时，其在危机中的主动介入的行为短期内很难获得认可，消费者保持回避，而长期来看，会获得消费者的认可，并且表现在消费者的购买意愿上；而对于高声誉品牌，消费者始终会保持一致较高的购买意愿。

第二，涉事企业还应该根据其品牌声誉高低确定到底采取赔偿型还是服务型的应对措施。研究发现，赔偿型不总是必要的，而由于赔偿型措施需要涉事企业付出很高成本，在确定赔偿型措施不会有显著更好的效果时，应当选择服务型措施；当企业品牌声誉较低时，与服务型措施相比，涉事企业管理者更应该采取赔偿型措施，以促使消费者有更高的危机中与危机平息后的购买意愿。此外，本研究还有一个重要启示是，企业品牌声誉较高时，虽然赔偿型措施与服务型措施的长短期效果没有显著差异，但是，由于赔偿型措施需要付出相对更高成本，所以，此时管理者可以适当选择服务型措施。

第三，群发性产品伤害危机中，涉事企业既要慎重考虑到底是否要在自身问题被曝光前主动介入，还要慎重考虑一旦介入，应该采取何种应对方式。现实中的产品伤害危机情况往往是复杂多样的，品牌声誉的高低，危机范围的大小以及其他诸如竞争者状况等因素的存在都可能会影响涉事企业最终应该采取的应对方式。两种应对方式和两种介入时机各自独立的影响效应在本研究中已作了重点研究，但是两者的交互作用有待进一步考察，管理者在实践中必须要综合考虑不同应对策略之间的交互效应，这需要企业在实际经营过程中慎重决策。

## 第三节 消费者情绪的中介作用研究

本研究遵循"认知—评价—情绪—行为"的研究范式，基于解释水平理论，尝试从危机事件、涉事企业和消费者三个层面系统关注多个企业同时陷入不可辩解型的群发性产品危机情境下，未曝光企业所采取的应对策略对消费者危机前后的品牌购买意愿影响的内在机制。实验选择真实的手机品牌作为刺激物，通过构建四个结构方程模型验证发现：在群发性产品危机动态变化过程中，未曝光企业选择主动介入与赔偿型措施时，涉事企业可获得消费者更高的品牌购买意愿；涉事企业选择被动介入以及服务型措施时，消费者的介入评价对其愤怒情绪的影响程度更高；消费者愤怒情绪较无助情绪对其品牌购买意愿影响更大；此外，消费者的负性情绪会对消费者的介入评价与品牌购买意愿之间的关系具有部分中介作用。

## 一 研究概述

产品伤害危机（product harm crisis）是指偶尔出现并被广泛宣传的关于某个产品有缺陷或对消费者有危险的产品伤害事件（Siomkos and Kurzbard，1994）。近几年，国内外很多行业都出现了不同程度的产品伤害危机事件：从高科技行业到传统行业，从食品加工行业到医疗卫生行业，从机械制造行业到零售服务行业，均未能幸免。据统计，近10年国内先后发生过39次比较严重的乳品危机事件，而且此类事件呈现出明显的群发态势。[①] 通过追踪近几年发生的产品伤害危机发现，面对危机，涉事企业的应对行为各不相同：有的企业主动解释、有的企业被迫召回、有的企业矢口否认、有的企业沉默不语（Coombs，2007；Silvera et al.，2012；方正等，2011）。涉事企业在危机中的不同应对策略会显著影响消费者的认知评价、情绪反应及其相应的品牌购买意愿，涉事企业的命运也随之不同。我们不禁要问：同样的危机事件，不同甚至相似的响应策略为什么会导致企业命运的截然不同？从企业应对策略到消费者行为反应之间是否存在某种特定的传导机制？

群发性产品危机事件从性质上来界定的话，大多数表现为不可辩解型。此类危机通常是指已经证实企业产品确实存在某种缺陷的危机类型（Smith，2003）。对于不可辩解型危机影响的研究，营销领域里更多地表现为关注其所带来的溢出效应（Ahluwalia et al.，

---

[①] 此处结论转引自中国农业大学陆娟教授在《农民日报》（2013年11月4日）发表的一篇署名文章《乳品品牌危机缘何出现》，http://www.farmer.com.cn/jjpd/xm/ry/201311/t20131104_906108.htm。

2001；王晓玉等，2006；青平等，2013）。此外，尽管当前围绕不可辩解型产品伤害危机应对策略的研究成果已经很多（Dawar and Pillutla，2000；Huang，2008；Kathleen Kathleen Cleeren，Harald J. van Heerde，Marnik G. Dekimpe，2013；方正等，2013），但已有研究中对应对策略的研究焦点大多集中在已经被曝光的企业上，很少关注尚未被曝光企业的策略选择，而且以往研究中对相应策略集合的设计整体停留在"该如何做"的思考层面，对于"什么时间怎么去做"策略组合考虑相对较少，而且，当前不可辩解型产品伤害危机呈现出明显的"频发、多发"特征，但学者们对此类危机中企业应对策略的关注往往局限在单个企业或品牌危机，对于群发性产品危机情境下的相关研究还比较少见。

从消费者的视角来看，当前营销界关于产品伤害危机各类负面影响的研究已经很多（Jorgenson，1996；Dawar and Pillutla，2000；Roehm and Tybout，2006；Baolong Ma et al.，2014；方正等，2010），但这些研究的一个共同点在于没有考虑时间效应的存在会使得消费者的品牌购买意愿在危机前后产生某种变化，而这种变化反过来又可能会对涉事企业的策略选择产生相应的影响。基于上述分析，本研究选择群发性不可辩解型产品伤害危机作为背景，重点考察危机中和危机平息后这两种时间节点下消费者对企业响应策略（介入时机、应对方式）的认知评价、情绪反应和行为意愿的显著差异，并试图利用解释水平理论来探索产生这种差异的本质性原因，为涉事企业"化险为夷"，甚至"转危为机"提供策略建议，继而为帮助企业尽早建立科学有效的危机预警及紧急响应机制和避免陷入更大范围的危机提供相应的理论支持和管理建议。

## 二 研究过程

（一）研究假设的理论推演

1. 涉事企业的应对策略对消费者品牌购买意愿影响的变化机制

按照解释水平理论，随着产品伤害危机带来的直接或间接损失，消费者对危机品牌会产生负面情绪的长期积累，从而逐渐疏远了消费者与品牌之间的心理距离，最终引起消费者—品牌关系的破裂（徐小龙等，2012；杨志勇、王永贵，2013）。消费者的负面情绪整体上可以区分为回顾型和展望型两大类（Lazarus，1991），其代表性的负面情绪类型分别表现为愤怒和无助。与其他消费情境不同，产品伤害危机事件中的消费者购买体验、认知评价和情绪反应，从时间的角度上来看是分离的：消费者可能有良好的购买体验，但在产品伤害危机事件爆发后，消费者可能会产生非常负面的认知评价和情绪反应。消费者在遇到不公平待遇时常常会爆发出愤怒和无助情绪（Folkes，1984；Zeelenberg and Pieters，2004）。愤怒的消费者往往倾向于采取报复行为（如转换购买）从而使危机企业遭受损失；而无助情绪则会降低消费者采取行为的可能性，从而对消费者寻求解决的行为产生负面影响。已有研究表明，危机中负面情绪和危机平息后的负面情绪的主要区别在于，危机平息后的负面情绪是对危机中情绪的延迟和回忆。按照情绪回忆偏差理论（Hseeand Hastie，2006；Aaker et al.，2008），消费者对情绪的记忆往往不会准确地反映出即时消费时真正的情绪体验。因为，消费者对过去情绪的回忆可能产生正向或负向的扭曲，从而产生相对于真实体验情绪的正向或负向偏差（Gilbert et al.，1998）。而且，情绪的觉醒度与随后的回忆高度相关（Cahill and Mcgaugh，1995；Mcgaugh，2004）。具体到产品伤害危机事件中，较多的愤怒情绪更易被保留到危机平息后，从而增强消费者的负面情绪。而涉事企业合理的介入时机和应对方式将有助于缓解消费者负面情绪的强度。这种缓解来自消费者对涉事品牌的介入时机和应对方式整体介入评价的影响，整体介入评价水平的不同会使消费者的危机中和危机平息后的负面情绪产生差异。而消费者的愤怒和无助两种负面情绪的影响又会随着时间和信息的差异而有所不同。

就介入时机而言，以往的研究认为，涉事企业危机处理的方式应当快速、一致和公开（Coombs，2007）；Huang（2008）在其研究中也证实，危机处理应当及时、一致和主动。杜志刚等（2011）

也在研究中证实，企业危机处理过程中，消费者获得信息的来源、类型以及信息的一致性都将会影响危机企业的形象修复；Ulmer（2001）则在研究中发现，主动处理危机的企业能向利益相关者传递大量的所需信息，不主动的企业很容易失去消费者的信任，而在消费者获悉企业早已知晓却没有及时采取行动去解决危机的情况下，消费者对企业的负面态度将会因为各种负面情绪的叠加而变得更加强烈。此外，由于危机中消费者处于信息匮乏的状态，如果不能够及时有效地得到相关正确信息，那么谣言就会填补信息真空，从而强化消费者的负面态度；并且，企业及时的反应能够在一定程度上改善消费者的负面态度（Strong et al., 2001）。基于此，本研究提出如下假设：

H1：群发性产品危机动态变化时，与主动介入相比，未曝光企业被动介入时，消费者的介入评价对消费者愤怒情绪的影响程度更高；

H1a：危机中，与主动介入相比，涉事企业选择被动介入时，消费者的介入评价对消费者愤怒情绪的影响程度更高；

H1b：危机后，与主动介入相比，涉事企业选择被动介入时，消费者的介入评价对消费者愤怒情绪的影响程度更高。

就介入方式而言，产品伤害危机爆发后，涉事企业选择赔偿型措施需要其付出很大一部分现金，成本相对较高；服务型策略则相反，仅需要企业付出较小的代价即可向消费者表明自身立场和态度。赔偿型措施本身是对已经发生的问题进行补偿，这是企业责任意识的一种体现。同时，采取赔偿型措施的企业必然也会通过内部措施改进等方式去提高未来的产品质量，以避免再次发生类似问题。从这个角度看，赔偿型措施的综合效果包含了服务措施的部分效果。而且，赔偿型措施在短时间内似乎更容易得到消费者对涉事企业主动悔改诚意的心理认同，从而呈现出相对较高的购买意愿。此外，根据解释水平理论，随着危机的发展，距离产品伤害危机爆发的时间越来越远，涉事品牌在危机中的应对策略所表现出来的责任意识也会逐渐得到消费者的认可和重视，从而会引起消费者或高或低的认知评价。然而，由于产品伤害危机中的信息在长时间后将被消费者逐渐遗忘（Vassilikopoulou et al., 2009），尤其是在涉事企业进行主动召回产品的情况下更为明显。因此，服务型措施的长期效果会比赔偿型措施更好，影响时间也更长。整体来看，在不可辩解的危机中，采取赔偿型措施的态度，可以最大限度地从情感和物质上补偿受到伤害的消费者，有可能因此而获得消费者更多的谅解和认可，于是，本研究提出如下假设：

H2：群发性产品危机动态变化时，与赔偿型措施相比，未曝光企业选择服务型措施时，消费者的介入评价对消费者危机中愤怒情绪的影响程度更高；

H2a：与赔偿型措施相比，涉事企业选择服务型措施时，消费者的介入评价对危机中消费者愤怒情绪的影响程度更高；

H2b：与赔偿型措施相比，涉事企业选择服务型措施时，消费者的介入评价对危机后消费者愤怒情绪的影响程度更高。

产品伤害危机事件会使消费者处于相对不利的境地，危机事件的有效解决是消费者与企业信任关系破裂与重建的过程（王海忠，2009）。在这一过程中，消费者往往会因为危机事件本身的破坏性而产生各种各样的负面情绪。在以往的研究中，消费者的负面情绪被证实会对消费者的后续购买行为产生决定性的作用。在产品伤害危机情境下，消费者由于危机事件而产生对企业及其产品的非理性判断，将会进一步地影响消费者对企业应对行为认知评价，并最终影响消费者的负面情绪和抵制意愿。按照情绪回忆偏差理论（Hsee and Hasie, 2006；Aaker et al., 2008），消费者对过去情绪的回忆可能产生正向或负向的扭曲，从而产生体验情绪的正向或负向变化，高觉醒度的情绪相对于低觉醒度的情绪更容易保留在记忆中并且对情绪的记忆有增强作用（McGaugh, 2004）。具体到产品伤害危机事件中，觉醒程度相对较高的愤怒情绪更易被保留到危机平息后，从而降低消费者的品牌购买意愿，而觉醒程度相对较低的无助情绪随着时间的流逝会出现对情绪记忆的逐渐弱化，从而将负向影响消费者的报复行为，在一定程度上会起到保护消费者购买意愿的作用。Coombs 和 Holladay（2007）的研究也证实了消费者的负性情绪中介了企业责任危机和消费者购买意愿的关系，并认为企业管理者在伤害危机事件中可以通过安抚消费者愤怒的情绪来减缓消费者购买意愿的降低。如果愤怒在购买前平息了，危机事件很有可能不会对消费者的购买产生影响。此外，Fishman（1999）认为，大部分危机事件是可以遗忘的，如果能够平息消费者的愤怒情绪，其购买意愿就可能恢复到危机前的水平。如前所述，群发性产品危机事件中，相对于被动应对和服务型措施，涉事企业的主动应对和赔偿型措施将更有助于平息消费者因为危机事件本身而引发的高觉醒度的负性情绪，比如愤怒，因而更有可能通过对此类负面情绪强度的降低来挽回消费者在危机前后的品牌购买意愿。因此，可以推断当消费者在产品伤害危机中抱有较强烈的愤怒情绪时，这一情绪将很可能保留，甚至在危机平息后仍有所增强，从而不利于企业维持消费者的品牌购买意愿，而低觉醒度的无助情绪的记忆程度随时间的推移可能会逐渐削弱。因此，提出如下假设：

H3：群发性产品危机动态变化时，消费者愤怒情绪较消费者无助情绪对消费者的品牌购买意愿影响更大；

H3a：危机中，消费者愤怒情绪较消费者无助情绪对消费者的品牌购买意愿影响更大；

H3b：危机后，消费者愤怒情绪较消费者无助情绪对消费者的品牌购买意愿影响更大。

已有研究表明，消费者对危机的感知程度会影响其应对行为，而这中间是一个从认知到情绪到行为的复杂过程（Lazarus，1970）。Roseman 等（1990）发现不同情绪在各评价维度上的得分存在差异，不同评价诱发了不同的情绪。其他一些采用类似研究方法的研究者（Smith et al.，2003）也证明了认知评价是主观情绪产生的前提，情绪会受到个体对客体评价的影响，才会进一步影响行为。Sheth 等（1991）在对消费者态度的研究中同样发现，消费者特定的认知评价会导致其对应的情感和行为倾向，继而会影响到其行为意向。由此可见，从刺激到评价（认知）到情绪再到行为这一逻辑过程的存在可以较好地解释个体行为的产生与变化。在产品伤害危机情境中，消费者会对涉事企业的应对行为产生知觉反应，并会在其头脑中形成对企业应对的时机特征、方法措施等信息的综合判断，继而会启动其记忆中与之相关的信息搜索及对比，并经由其自身的认知加工过程形成对涉事企业应对行为最终的认知判断和评价（庄爱玲、余伟萍，2010）。这种特定的认知判断将最终影响消费者在群发性产品伤害危机中的情绪反应和品牌购买意愿。此外，根据前面的分析可知，未曝光企业积极响应策略会更加强烈影响消费行为的变化，也即积极响应策略下消费者负面情绪的中介作用会更大。在产品伤害危机情境下，消费者由于负面情绪而产生对企业及其产品的非理性判断，进一步影响消费者对企业应对行为的认知评价，认知评价的高低与否在一定程度上又会影响消费者的负面情绪，最终反映为消费者品牌购买意愿的变化。而且，消费者对涉事企业介入时机和应对方式相对较高的综合评价水平将有助于消费者负面情绪程度不同的缓解，继而最终表现为对消费者危机中和危机平息后品牌购买意愿的影响。由此，提出如下假设：

H4：群发性产品危机动态变化时，未曝光企业积极响应与合理介入时，消费者相对正面的介入评价会减弱其负面情绪，进而会提高其购买意愿；

H4a：危机中，与被动介入相比，涉事企业选择主动介入时，消费者相对正面的介入评价会减弱其负面情绪，进而会提高其购买意愿；

H4b：危机平息后，与被动介入相比，涉事企业选择主动介入时，消费者相对正面的介入评价会减弱其负面情绪，进而会提高其购买意愿；

H4c：危机中，与服务型措施相比，涉事企业选择赔偿型措施时，消费者相对正面的介入评价会减弱其负面情绪，进而会提高其购买意愿；

H4d：危机平息后，与服务型措施相比，涉事企业选择赔偿型措施时，消费者相对正面的介入评价会减弱其负面情绪，进而会提高其购买意愿。

2. 消费者负性情绪的中介效应

研究表明，个体的情绪反应会受到包括环境事件、生理状况和认知过程等因素的影响（Lazarus，1970），还会因为受到个体目标、信念等内部因素和他人的反应、产品特征等外部因素的共同影响而存在差异，从而导致其主观体验的不同，也即情绪强度的不同，最终表现为不同的内部心理反应及行为倾向（涂铭、景奉杰，2013）。Roseman 等（1990）发现，不同情绪在各评价维度上的得分存在差异，不同评价诱发了不同的情绪。其他一些采用类似研究方法的研究者（Ellsworth and Smith，1988；Manstead and Tetlock，1989）也证明了认知评价是主观情绪产生的前提，而不同的情绪反应最终会带来不同的个体行为。

已有研究表明，在群发性产品危机情境下，产品伤害危机事件的属性、消费者的认知特点、涉事企业品牌声誉等因素都会对消费者的认知评价行为产生不同的影响，继而引致消费者情绪的变化（Smith et al.，1993）。消费者认知评价的不同，直接决定了消费者对涉事企业的情绪反应与认知态度的变化，从而影响到其对危机品牌后续购买行为的不同反应。由此我们可以推断，消费者对危机的感知程度会影响其行为反应，而这中间是一个从认知到情绪再到行为的复杂过程。也就是说，外界刺激情境并不直接引发行为的产生，个体对刺激情境的认知评价与情绪反应是从刺激到反应的中介过程。由此提出如下假设：

H5：群发性产品危机动态变化时，消费者的负性情绪中介了介入评价对危机中品牌购买意愿的影响；

H5a：消费者在危机中的负性情绪中介了介入评价对危机中品牌购买意愿的影响；

H5b：消费者在危机平息后的负性情绪中介了介入评价对危机平息后品牌购买意愿的影响。

（二）研究设计

1. 研究方法选择

鉴于本研究的核心问题主要在于因果关系的探索和验证，即需要通过实验法能更合理地控制相应的实验环境，从而实现对本研究中所关注变量进行操纵的目的。因此，本研究具体选用实验室试验的方法进行整体研究，即通过危机情境的设置在实验室条件下采集相关数据，然后对相应数据进行统计分析处理，继而在此基础上对提出的假设进行逐一验证。

2. 变量说明与量表

为了最大限度地保证整个研究的效度和信度，本研究中的相关测量量表主要选择前人研究中已多次使用，并被充分验证过的相对成熟量表。只是在消费者介入评价变量的量表选择上，借鉴并改良了已有相关量表，进行了相应的量表检验并确定了最终的量表测量题项。

"介入时机"和"应对方式"、介入评价、购买意愿参见本章第一节的内容。媒体广泛报道的产品伤害不仅会给消费者造成损失和影响，还会使消费者产生愤怒、无助、后悔、失望、遗憾等负面情绪（Gelbrich，2010）。这些负面情绪从产品伤害危机开始，将长期持续存在直至危机补救结束（汪兴东、景奉杰，2011；段桂敏、余伟萍，2012）。国内学者阎俊和佘秋玲（2010）运用扎根理论对负面事件刺激时消费者的情感反应进行了深入的研究，通过对产品伤害危机事件中消费者的网络论坛评价意见的归类处理，他们发现负面事件所引发的消费者负面情绪主要表现为愤怒、失望、麻木和怀疑四种；段桂敏和余伟萍（2012）则从失望、遗憾、生气、愤怒四个维度对产品伤害危机中消费者的情绪进行了测量；Lazarus（1991）将消费者负面情绪区分为回顾型和展望型两种类型。其中，愤怒属于回顾型情绪，是对过去发生的事件进行评估后产生的负面情绪；无助属于展望型情绪，是消费者感觉到产品伤害危机问题难以获得解决时的无力控制感；Jorgensen（1996）也认为，产品伤害危机后消费者的负面情绪主要表现在生气和同情两个维度。随后，在产品伤害危机中消费者负面情绪的研究中，很多学者都认为愤怒与无助是消费者负性情绪中最具代表性的两种典型情绪，并在此基础上继续深入研究这两种负面情绪类型对消费者行为意愿的不同影响（祝瑶，2010；涂铭等，2013）。

基于此，本研究借鉴前人的研究成果，综合考虑产品伤害危机本身的事件属性和消费者的负面情绪反应，重点关注群发性产品伤害危机中经常出现的愤怒和无助情绪，所使用的负面情绪测量量表来自前人研究中已多次使用的成熟情绪量表（Bonifield and Cole，2007；Yi and Baumgartner，2004；Richins，1997；Gelbrich，2010），详见表5-6。

表5-6　　　　　　　　　　无助与愤怒情绪

| 负性情绪 | 题项 | 测量 |
| --- | --- | --- |
| 1. 无助情绪 | （1）×品牌产品使我会感到无助<br>（2）×品牌产品使我会感到失落<br>（3）×品牌产品使我会感到无法捍卫自己的权益<br>（4）×品牌产品使我会感到束手无策 | 1. 非常不赞同<br>2. 不赞同<br>3. 较不赞同<br>4. 不确定<br>5. 较赞同<br>6. 赞同<br>7. 非常赞同 |
| 2. 愤怒情绪 | （5）我面对×品牌产品很愤怒<br>（6）面对×品牌产品的这些问题我很生气<br>（7）我对×企业感到很恼火 | |

3. 实验中的产品与被试选择

本实验中选用真实小米手机品牌，选择手机品牌有以下几点考虑。首先，手机是大众消费品，消费者对很多品牌都耳熟能详；其次，手机与人们日常生活密切相关，因而由手机品牌危机感受到的情绪反应会非常明显，而且直接会反映到其相应的购买行为上；再次，手机在一定程度上反映了如电脑、电视等产品的品类特征，同时，近年来手机行业产品危机不断出现，此类企业的品牌信任危机问题已经引起了消费者以及社会各界的普遍关注，因此，选择此类产品进行研究具有较高的代表性和现实意义；最后，作为耐用消费品的手机，部分手机的价值不菲，一旦此类品牌出现危机尤其是群发性产品危机，给消费者带来的经济损失比较大，因此消费者对此类品牌的危机关注程度相对会比较高。

此外，针对这类产品的消费群体特征，为了在一定程度上排除由于年龄、职业和收入等因素差异可能造成的实验结果偏差，相对更好地保障整个实验的内外部效度，本研究的被试分别从经济发达地区和经济欠发达地区的某几所高校的在校大学生中随机选取。

### 三 研究结果

#### （一）实验过程与信度检验

实验选择 2（组间：主动与被动）×2（组间：赔偿与服务）的组间设计，构成主动赔偿、主动服务、被动赔偿和被动服务四个实验组。开始实验前，被试被告知参加一个消费者行为相关的研究，并提醒其独立认真完成相应实验，实验将采取完全匿名的方式进行，不会涉及消费者的隐私。之后，实验正式开始，被试将依次看到一些电脑页面呈现的内容，主动介入和被动介入两种条件下呈现的顺序略有差异。实验中被试依次看到若干个页面，有的页面仅仅呈现信息和刺激物，有的页面需要被试完成相关的题项。

实验在北京和宁夏的几所高校招募大学生被试进行，被试按男女被随机地分配到各个组中去。从北京和宁夏两个地方共收集有效样本 256 个，其中男性 116 个，占总数的 45.31%；女性 140 个，占总数的 54.69%；年龄在 18—28 岁的被试占总数的 98.20%；全部为大专及以上的受教育水平者。实验的四个组别最少的有 40 个有效样本，最多的有 75 个有效样本，平均样本数量 60 个，符合消费者行为研究的样本数量要求。本实验选择涉入度相对较高的手机品牌，目的在于验证群发性产品伤害危机条件下未曝光企业介入时机和应对方式对消费者在危机中和危机平息后的品牌购买意愿的影响机制，并深入探索消费者认知评价及情绪反应在这一影响过程中的中介效应。对危机中购买意愿和危机平息后购买意愿的量表的效度分析显示，危机中愤怒情绪和无助情绪量表 Cronbach's α 系数分别为 0.909、0.832；危机中购买意愿量表的 Cronbach's α 系数为 0.921，信度非常好；危机后愤怒情绪和无助情绪量表 Cronbach's α 系数分别为 0.876、0.832；危机后购买意愿量表的 Cronbach's α 系数为 0.902，信度也很高。

(二) 数据分析与假设检验

为有效检验本部分的相关假设，本研究构建了四组不同的结构方程概念模型，分别是在应对方式不变时，不同介入时机下消费者介入评价对其危机中、危机后品牌购买意愿的影响以及在介入时机不变时，不同应对方式下消费者介入评价对其危机中、危机后品牌购买意愿影响的理论模型。本质上而言，这是对介入时机和应对方式类型不同的调节效应的进一步检验。为明确其差异，本研究运用 AMOS 软件采用多组群线性结构方程的分析方法对不同介入时机和应对方式的模型进行分析。

多组群线性结构方程检验的目的在于评估研究者提出的理论模型在不同样本群体间是否相等或参数具有不变性（吴明隆，2009）。多组群参数不变性检验主要包括测量系数相同、结构系数相同、结构平均数相同、结构协方差相同、结构残差相同以及测量误差相同等检验。

由于本研究重点关注不同介入时机和不同应对方式对路径系数的影响效应，因此，采用结构系数相同检验。其具体做法为：先将两组结构方程的结构系数（即路径系数）限制为相等，得到 $\chi^2$ 值和自由度，同时利用 AMOS 输出没有限制的无约束模型的 $\chi^2$ 值和自由度，前面的 $\chi^2$ 减去后面的 $\chi^2$ 得到新的 $\chi^2$，如果 $\Delta\chi^2$ 检验结果是统计显著的，则调节效应显著。

# 第五章 实证研究专题二：群发性产品危机对……的影响研究

如表 5-7 所示，对于介入时机不同而应对方式不变在危机中的模型检验结果表明，$\Delta\chi^2 = 5.12$，在 0.001 水平上具有统计显著性，说明路径系数等同检验假设不成立，即受不同介入时机影响，消费者介入评价对其危机中购买意愿模型的路径系数会发生显著改变，故调节效应存在。同理，其他检验结果均表明，$\Delta\chi^2 = 21.16$，在 0.001 水平上具有统计显著性，说明路径系数等同检验假设不成立，即受介入时机不同影响，危机后消费者介入评价对消费者购买意愿模型的路径系数会发生显著改变，调节效应也存在；$\Delta\chi^2 = 27.32$，在 0.001 水平上具有统计显著性，说明路径系数等同检验假设不成立，即受应对方式不同的影响，消费者介入评价对危机中消费者品牌购买意愿模型的路径系数会发生显著改变，调节效应存在；$\Delta\chi^2 = 4.97$，在 0.001 水平上具有统计显著性，说明路径系数等同检验假设不成立，即受应对方式不同影响，消费者介入评价对危机中消费者品牌购买意愿模型的路径系数会发生显著改变，调节效应存在。

表 5-7    模型的恒定性检验结果

| 路径 | $\chi^2$ | $df$ | $\chi^2/df$ | RMSEA | CFI | IFI | $\Delta\chi^2$ | 检验结果 |
|---|---|---|---|---|---|---|---|---|
| 无约束模型（1） | 156.16 | 46 | 3.39 | 0.053 | 0.92 | 0.93 | — | 存在 |
| 结构系数相同检验（1） | 161.28 | 45 | 3.58 | 0.054 | 0.91 | 0.92 | 5.12*** | |
| 无约束模型（2） | 189.65 | 85 | 2.23 | 0.075 | 0.91 | 0.92 | — | 存在 |
| 结构系数相同检验（2） | 210.81 | 86 | 2.45 | 0.076 | 0.90 | 0.91 | 21.16*** | |
| 无约束模型（3） | 354.62 | 105 | 3.38 | 0.062 | 0.94 | 0.95 | — | 存在 |
| 结构系数相同检验（3） | 381.94 | 106 | 3.60 | 0.063 | 0.94 | 0.95 | 27.32*** | |
| 无约束模型（4） | 177.38 | 78 | 2.27 | 0.048 | 0.93 | 0.95 | — | 存在 |
| 结构系数相同检验（4） | 182.35 | 77 | 2.37 | 0.049 | 0.92 | 0.94 | 4.97*** | |

注：***表示在 0.001 水平（双侧）上显著相关；（1）、（2）、（3）、（4）分别代表介入时机不同危机中、危机后以及应对方式不同危机中、危机后四个模型的检验结果。

**1. 涉事企业介入时机的选择对消费者品牌购买意愿影响的变化机制**

由上文模型的恒定性检验结果可知，不同介入时机的调节效应存在。整体而言，由图 5-10、图 5-11、图 5-12 以及图 5-13 的验证结果可知，在结构方程恒定的情况下，不论是在不同介入时机下，还是在不同应对方式下，消费者介入评价对危机中的消费者品牌购买意愿的影响路径系数均略小于危机后的情况。换言之，与危机中相比，消费者介入评价对危机后消费者购买意愿具有更高的影响。由图 5-10 路径系数可知：与被动介入相比，涉事企业选择主动介入时，消费者的介入评价对其危机中品牌购买意愿更高（$\beta_{被动}=0.36<\beta_{主动}=0.41$）；与主动介入相比，涉事企业选择被动介入时，消费者的介入评价对消费者愤怒情绪的影响程度更高（$\beta_{被动}=-0.12<\beta_{主动}=-0.04$）；此外，与主动介入相比，涉事企业选择被动介入时，消费者的愤怒情绪对其危机中品牌购买意愿的影响程度更高（$\beta_{被动}=-0.17<\beta_{主动}=-0.08$）。同时，由消费者的愤怒情绪路径系数大于无助情绪的路径系数可知（无论被动介入或主动介入均如此），危机中消费者愤怒情绪较无助情绪影响更大。由此证实：第一，与主动介入相比，涉事企业选择被动介入时，消费者的介入评价对其危机中愤怒情绪的影响程度更高；第二，消费

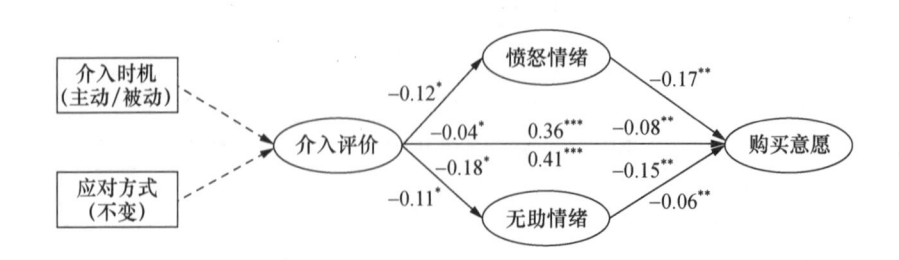

**图 5-10 危机中不同介入时机调节效应路径系数**

注：＊＊＊表示在 0.001 水平（双侧）上显著相关，＊＊表示在 0.01 水平（双侧）上显著相关，＊表示在 0.05 水平（双侧）上显著相关；图中上部数字为被动介入组路径系数结果，下部数字为主动介入组路径系数结果。

者愤怒情绪较无助情绪对其危机中的品牌购买意愿影响程度更大;第三,与被动介入相比,涉事企业选择主动介入时,消费者会表现出相对更高的危机中品牌购买意愿。

表 5-8　危机中不同介入时机下介入评价影响购买意愿的标准化路径系数与拟合结果

| 研究假设 | 标准化系数 | t 值 | 假设验证 |
| --- | --- | --- | --- |
| 介入评价→愤怒情绪(被动) | -0.12* | -2.73 | 验证 |
| 介入评价→愤怒情绪(主动) | -0.04* | -2.10 | 验证 |
| 介入评价→无助情绪(被动) | -0.18* | -4.21 | — |
| 介入评价→无助情绪(主动) | -0.11* | -3.49 | — |
| 介入评价→购买意愿(被动) | 0.36*** | 6.92 | 验证 |
| 介入评价→购买意愿(主动) | 0.41*** | 8.46 | 验证 |
| 愤怒情绪→购买意愿(被动) | -0.17** | -5.98 | 验证 |
| 愤怒情绪→购买意愿(主动) | -0.08** | -3.67 | 验证 |
| 无助情绪→购买意愿(被动) | -0.15** | -7.55 | 验证 |
| 无助情绪→购买意愿(主动) | -0.06** | -7.31 | 验证 |

模型拟合优度指数(被动):$\chi^2 = 197.29$, df. $= 81$ ($p = 0.0000$), $\chi^2/\text{df.} = 2.44$, RMSEA $= 0.053$, GFI $= 0.93$, AGFI $= 0.90$, CFI $= 0.98$, NNFI $= 0.98$, PNFI $= 0.90$;

模型拟合优度指数(主动):$\chi^2 = 164.15$, df. $= 85$ ($p = 0.0000$), $\chi^2/\text{df.} = 1.93$, RMSEA $= 0.051$, GFI $= 0.95$, AGFI $= 0.94$, CFI $= 0.99$, NNFI $= 0.99$, PNFI $= 0.93$。

注:* 表示 $p < 0.05$;** 表示 $p < 0.01$;*** 表示 $p < 0.001$。

由图 5-11 路径系数可知:与被动介入相比,涉事企业选择主动介入时,消费者的介入评价对其危机后的品牌购买意愿影响程度更高($\beta_{被动} = 0.42 < \beta_{主动} = 0.48$);与主动介入相比,涉事企业选择被动介入时,消费者的介入评价对其危机后愤怒情绪的影响程度更高($\beta_{被动} = -0.15 < \beta_{主动} = -0.03$);此外,与主动介入相比,涉事企业选择被动介入时,消费者的愤怒情绪对其危机后的品牌购买意愿的影响程度更高($\beta_{被动} = -0.23 < \beta_{主动} = -0.05$),同时,由消费

者的愤怒情绪路径系数大于无助情绪的路径系数可知（无论被动介入或主动介入均如此），消费者愤怒情绪较无助情绪而言对其危机后的品牌购买意愿影响更大。

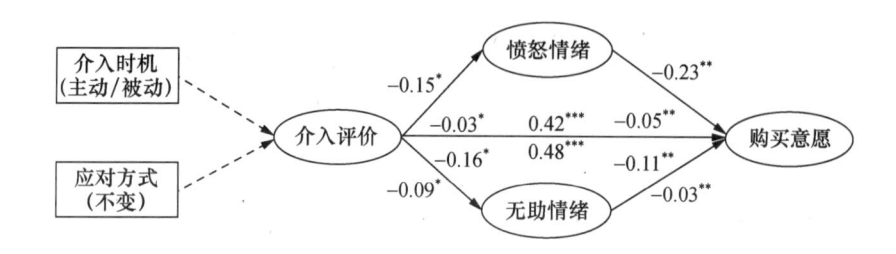

**图 5-11　危机后不同介入时机调节效应路径系数**

注：\*\*\* 表示在 0.001 水平（双侧）上显著相关，\*\* 表示在 0.01 水平（双侧）上显著相关，\* 表示在 0.05 水平（双侧）上显著相关；图中上部数字为被动介入组路径系数结果，下部数字为主动介入组路径系数结果。

**表 5-9　危机后不同介入时机下介入评价影响购买意愿的标准化路径系数与拟合结果**

| 研究假设 | 标准化系数 | t 值 | 假设验证 |
| --- | --- | --- | --- |
| 介入评价→愤怒情绪（被动） | -0.15\* | -3.48 | 验证 |
| 介入评价→愤怒情绪（主动） | -0.03\* | -2.52 | 验证 |
| 介入评价→无助情绪（被动） | -0.16\* | -3.07 | — |
| 介入评价→无助情绪（主动） | -0.09\* | -2.78 | — |
| 介入评价→购买意愿（被动） | 0.42\*\*\* | 10.42 | 验证 |
| 介入评价→购买意愿（主动） | 0.48\*\*\* | 9.89 | 验证 |
| 愤怒情绪→购买意愿（被动） | -0.23\*\* | -4.21 | 验证 |
| 愤怒情绪→购买意愿（主动） | -0.05\*\* | -3.55 | 验证 |
| 无助情绪→购买意愿（被动） | -0.11\*\* | -3.35 | 验证 |
| 无助情绪→购买意愿（主动） | -0.03\*\* | -4.11 | 验证 |

模型拟合优度指数（被动）：$\chi^2 = 235.15$，df. $= 68$（$p = 0.0000$），$\chi^2/\text{df.} = 3.46$，RMSEA $= 0.070$，GFI $= 0.91$，AGFI $= 0.89$，CFI $= 0.94$，NNFI $= 0.93$，PNFI $= 0.92$；
模型拟合优度指数（主动）：$\chi^2 = 216.45$，df. $= 62$（$p = 0.0000$），$\chi^2/\text{df.} = 3.49$，RMSEA $= 0.071$，GFI $= 0.91$，AGFI $= 0.90$，CFI $= 0.94$，NNFI $= 0.92$，PNFI $= 0.91$。

注：\* 表示 $p < 0.05$；\*\* 表示 $p < 0.01$；\*\*\* 表示 $p < 0.001$。

## 2. 涉事企业应对方式选择对消费者品牌购买意愿影响的变化机制

由图 5-12 路径系数可知：与服务型措施相比，涉事企业选择赔偿型措施进行危机应对时，消费者的介入评价对其危机中品牌购买意愿的影响是有差别的。但是，通过其路径系数我们发现这种差别并不明显（$\beta_{服务} = 0.39 < \beta_{赔偿} = 0.40$）；与赔偿型措施相比，涉事企业选择服务型措施时，消费者的介入评价对其危机中愤怒情绪的影响程度更高（$\beta_{服务} = -0.28 < \beta_{赔偿} = -0.18$）；此外，与赔偿型措施相比，涉事企业采取服务型措施时，消费者的愤怒情绪对其危机中品牌购买意愿的影响程度更高（$\beta_{服务} = -0.33 < \beta_{赔偿} = -0.13$），同时，由消费者的愤怒情绪路径系数大于无助情绪的路径系数可知（无论服务型措施或赔偿型措施均如此），危机中的消费者愤怒情绪较无助情绪影响更大。由此证实：第一，与赔偿型措施相比，涉事企业选择服务型措施时，消费者的介入评价对其危机中愤怒情绪的影响程度更高；第二，消费者愤怒情绪较无助情绪对其危机中品牌购买意愿影响更大；第三，与服务型措施相比，涉事企业选择赔偿型措施时，会使消费者具有相对更高的危机中品牌购买意愿。

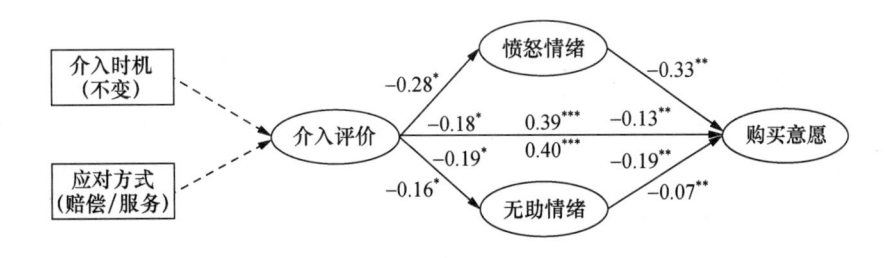

**图 5-12　危机中不同应对方式调节效应路径系数**

注：***表示在 0.001 水平（双侧）上显著相关，**表示在 0.01 水平（双侧）上显著相关，*表示在 0.05 水平（双侧）上显著相关；图中上部数字为服务组路径系数结果，下部数字为赔偿组路径系数结果。

表 5-10　危机中不同应对方式下介入评价影响购买
意愿的标准化路径系数与拟合结果

| 研究假设 | 标准化系数 | t 值 | 假设验证 |
| --- | --- | --- | --- |
| 介入评价→愤怒情绪（服务） | -0.28* | -3.13 | 验证 |
| 介入评价→愤怒情绪（赔偿） | -0.18* | -4.06 | 验证 |
| 介入评价→无助情绪（服务） | -0.19* | -2.94 | — |
| 介入评价→无助情绪（赔偿） | -0.16* | -3.15 | — |
| 介入评价→购买意愿（服务） | 0.39*** | 8.46 | 验证 |
| 介入评价→购买意愿（赔偿） | 0.40*** | 9.17 | 验证 |
| 愤怒情绪→购买意愿（服务） | -0.33** | -5.21 | 验证 |
| 愤怒情绪→购买意愿（赔偿） | -0.13** | -4.99 | 验证 |
| 无助情绪→购买意愿（服务） | -0.19** | -3.84 | 验证 |
| 无助情绪→购买意愿（赔偿） | -0.07** | -5.18 | 验证 |

模型拟合优度指数（被动）：$\chi^2 = 303.14$，df. = 95 （p = 0.0000），$\chi^2/df. = 3.19$，RMSEA = 0.064，GFI = 0.93，AGFI = 0.95，CFI = 0.96，NNFI = 0.96，PNFI = 0.96；

模型拟合优度指数（主动）：$\chi^2 = 289.45$，df. = 87 （p = 0.0000），$\chi^2/df. = 3.33$，RMSEA = 0.065，GFI = 0.92，AGFI = 0.94，CFI = 0.95，NNFI = 0.95，PNFI = 0.95。

注：*表示 p < 0.05；**表示 p < 0.01；***表示 p < 0.001。

由图 5-13 路径系数可知：与服务型措施相比，涉事企业选择赔偿型措施进行危机应对时，消费者的介入评价对其危机后的品牌购买意愿影响程度更高（$\beta_{服务} = 0.41 < \beta_{赔偿} = 0.48$）；与赔偿型措施相比，涉事企业选择服务型措施时，消费者的介入评价对其危机后愤怒情绪的影响程度更高（$\beta_{服务} = -0.21 < \beta_{赔偿} = -0.17$）；此外，与赔偿型措施相比，涉事企业选择服务型措施时，消费者的愤怒情绪对其危机后的品牌购买意愿影响程度更高（$\beta_{服务} = -0.29 < \beta_{赔偿} = -0.10$）。同时，由消费者的愤怒情绪路径系数大于无助情绪的路径系数可知（无论服务型措施或赔偿型措施均如此），消费者危机后愤怒情绪较无助情绪影响更大。

第五章 实证研究专题二：群发性产品危机对……的影响研究 | 183

综上可知：第一，与赔偿型措施相比，涉事企业选择服务型措施时，消费者的介入评价对其危机后愤怒情绪的影响程度更高；第二，消费者愤怒情绪较无助情绪对其危机后的品牌购买意愿影响更大；第三，与服务型措施相比，涉事企业选择赔偿型措施时，可使消费者表现出相对更高的危机后品牌购买意愿。

综上，假设 H1、假设 H1a、假设 H1b、假设 H2、假设 H2a、假设 H2b、假设 H3、假设 H3a、假设 H3b、假设 H4、假设 H4a、假设 H4b、假设 H4c、假设 H4d 均得到了全部验证。

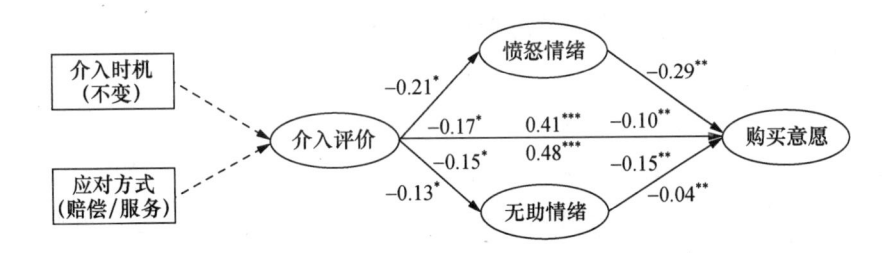

**图 5-13 危机后不同应对方式调节效应路径系数**

注：*** 表示在 0.001 水平（双侧）上显著相关，** 表示在 0.01 水平（双侧）上显著相关，* 表示在 0.05 水平（双侧）上显著相关；图中上部数字为服务组路径系数结果，下部数字为赔偿组路径系数结果。

**表 5-11    危机后不同应对方式下介入评价影响购买意愿的标准化路径系数与拟合结果**

| 研究假设 | 标准化系数 | t 值 | 假设验证 |
| --- | --- | --- | --- |
| 介入评价→愤怒情绪（服务） | -0.21* | -2.65 | 验证 |
| 介入评价→愤怒情绪（赔偿） | -0.17* | -3.14 | 验证 |
| 介入评价→无助情绪（服务） | -0.15* | -3.09 | — |
| 介入评价→无助情绪（赔偿） | -0.13* | -2.52 | — |
| 介入评价→购买意愿（服务） | 0.41*** | 7.51 | 验证 |
| 介入评价→购买意愿（赔偿） | 0.48*** | 6.88 | 验证 |
| 愤怒情绪→购买意愿（服务） | -0.29** | -4.16 | 验证 |

续表

| 研究假设 | 标准化系数 | t 值 | 假设验证 |
|---|---|---|---|
| 愤怒情绪→购买意愿（赔偿） | -0.10** | -5.25 | 验证 |
| 无助情绪→购买意愿（服务） | -0.15** | -3.91 | 验证 |
| 无助情绪→购买意愿（赔偿） | -0.04** | -5.70 | 验证 |

模型拟合优度指数（被动）：$\chi^2 = 168.35$，df. = 91（p = 0.0000），$\chi^2/df. = 1.85$，RMSEA = 0.046，GFI = 0.95，AGFI = 0.98，CFI = 0.98，NNFI = 0.98，PNFI = 0.96；
模型拟合优度指数（主动）：$\chi^2 = 155.16$，df. = 82（p = 0.0000），$\chi^2/df. = 1.89$，RMSEA = 0.045，GFI = 0.96，AGFI = 0.98，CFI = 0.98，NNFI = 0.99，PNFI = 0.97。

注：*表示 p < 0.05；**表示 p < 0.01；***表示 p < 0.001。

### 3. 消费者负性情绪中介效应的检验

为进一步检验消费者负性情绪（无助/愤怒）的中介效应，本研究中刻意模糊介入时机和应对方式的不同，直接按照危机中和危机后两种情况构建结构方程模型检验中介效应的存在性。本研究按照 Baron 和 Kenny（1986）以及参考 Holmbeck（1997）提出的中介效应检验方法，检查中介效应的四个条件能够同时满足。首先，如图 5-14 所示，路径"介入评价→愤怒情绪→购买意愿"以及路径"介入评价→无助情绪→购买意愿"中的系数均是显著的，这说明已经满足了他们提出的前两个条件；其次，为考察中介效应的第三个条件是否成立，我们构建基准模型，这个模型中仅存在"介入评价→购买意愿"这个路径。统计结果显示，基准模型具有良好的拟合优度指标（其中，$\chi^2 = 128.59$，p = 0.0000，RMSEA = 0.068，CFI = 0.95，NNFI = 0.94，IFI = 0.96），"介入评价→购买意愿"对应的标准化路径系数为 0.56（t = 7.13）。这说明介入评价对购买意愿具有直接影响，中介效应的第三个条件成立。最后，为了对中介效应的第四个条件进行考察，我们在图 5-14 的基础上增加由介入评价指向购买意愿的路径，形成完全模型。完全模型的整体拟合优度指标较好（其中，$\chi^2 = 106.27$，p = 0.0000，RMSEA = 0.061，

CFI = 0.98，NNFI = 0.98，IFI = 0.99），且完全模型中所有路径系数均是显著的，"介入评价→购买意愿"路径系数在完全模型中由基准模型中的 0.56 变为 0.39，由此，中介效应的第四个条件也得到了满足。综上说明，在危机中，情绪会对介入评价与购买意愿之间的关系起到部分中介作用。换言之，即时品牌情绪部分中介了介入评价对即时购买意愿的影响。假设 H5a 得到验证。

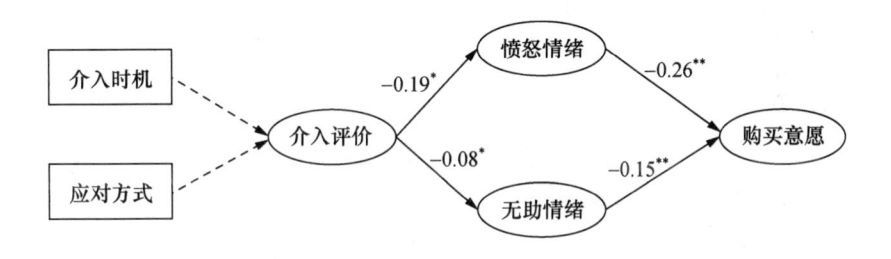

**图 5-14 危机中模型检验结果**

注：*表示 p < 0.05；**表示 p < 0.01。

**表 5-12　　危机中消费者介入评价影响购买意愿的标准化路径系数与拟合结果**

| 研究假设 | 标准化系数 | t 值 | 假设验证 |
| --- | --- | --- | --- |
| 介入评价→愤怒情绪 | -0.19* | -3.65 | — |
| 介入评价→无助情绪 | -0.08* | -2.19 | — |
| 愤怒情绪→购买意愿 | -0.26** | -4.88 | — |
| 无助情绪→购买意愿 | -0.15** | -5.20 | — |

模型拟合优度指数（被动）：$\chi^2 = 113.51$, df. = 45（p = 0.0000），$\chi^2/df. = 2.52$，RMSEA = 0.066，GFI = 0.95，AGFI = 0.97，CFI = 0.97，NNFI = 0.98，PNFI = 0.95。

注：*表示 p < 0.05；**表示 p < 0.01。

同理，按照上述中介效应检验的程序对危机后消费者情绪的中介效应进行检验。首先，如图 5-15 所示，路径"介入评价→愤怒情绪→购买意愿"以及路径"介入评价→无助情绪→购买意愿"中的系数均是显著的，这说明已经满足前两个条件。其次，为考察中介效应的第三个条件是否成立，我们构建危机后的基准模型，这个模型中仅存在"介入评价→购买意愿"这个路径。统计结果显示,基准模型具有良好的拟合优度指标(其中,$\chi^2 = 152.97$,p = 0.0000,RMSEA = 0.075,CFI = 0.93,NNFI = 0.91,IFI = 0.94),"介入评价→购买意愿"对应的标准化路径系数为 0.49(t = 11.65)。这说明危机后的介入评价对购买意愿具有直接影响,中介效应的第三个条件成立。最后,为了对中介效应的第四个条件进行考察,我们在图 5-15 的基础上增加由介入评价指向购买意愿的路径,形成完全模型。完全模型的整体拟合优度指标良好(其中,$\chi^2 = 138.42$,p = 0.0000,RMSEA = 0.073,CFI = 0.95,NNFI = 0.98,IFI = 0.99),且完全模型中所有路径系数均是显著的,"介入评价→购买意愿"路径系数在完全模型中由基准模型中的 0.49 变为 0.40,由此,中介效应的第四个条件也得到了满足。综上说明,在危机后,情绪会对介入评价与购买意愿之间的关系起到部分中介作用。换言之,延迟品牌情绪中介了介入评价对延迟购买意愿的影响。假设 H5b 得到验证。综上,假设 H5 得到了验证。

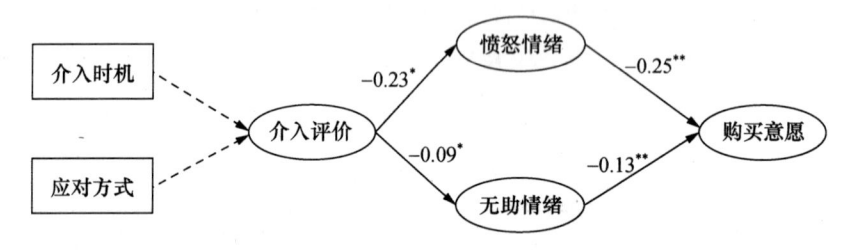

**图 5-15　危机后模型检验结果**

注：\* 表示 $p < 0.05$；\*\* 表示 $p < 0.01$。

**表 5-13　危机后消费者介入评价影响购买意愿的标准化路径系数与拟合结果**

| 研究假设 | 标准化系数 | t 值 | 假设验证 |
| --- | --- | --- | --- |
| 介入评价→愤怒情绪 | -0.23* | -3.65 | — |
| 介入评价→无助情绪 | -0.09* | -2.19 | — |

续表

| 研究假设 | 标准化系数 | t 值 | 假设验证 |
|---|---|---|---|
| 愤怒情绪→购买意愿 | -0.25** | -4.88 | — |
| 无助情绪→购买意愿 | -0.13** | -5.20 | — |

模型拟合优度指数（被动）：$\chi^2 = 150.26$，df. = 63（p = 0.0000），$\chi^2/df.$ = 2.39，RMSEA = 0.071，GFI = 0.94，AGFI = 0.96，CFI = 0.96，NNFI = 0.95，PNFI = 0.93。

注：* 表示 $p < 0.05$；** 表示 $p < 0.01$。

（三）结果讨论

实验实证研究了群发性产品伤害危机背景下未曝光企业应对策略（介入时机和应对方式）对消费者危机前后的品牌购买意愿产生影响的内在机制，验证了消费者负面情绪在此机制发生作用过程中的中介效应的存在，并为进一步探索涉事企业不同应对策略对消费者品牌购买意愿产生影响的心理机制进行了数据验证。具体来看，第一，本研究深入剖析和验证了危机中和危机后两种情境下，涉事企业主动介入比被动介入时更能催生消费者更高的品牌购买意愿，并且，采用赔偿措施大多数情况下会比服务措施更加有效，会令消费者产生更高的介入评价，进而产生更高的购买意愿。第二，通过对比路径系数图后发现，消费者介入情绪中的愤怒情绪不仅对消费者品牌购买意愿具有负向影响，而且其能够较消费者无助情绪对消费者品牌购买意愿产生更大程度的影响。第三，实验还证实了危机前后消费者介入评价同样会对消费者的负面情绪产生影响。即在危机中，与主动介入相比，涉事企业选择被动介入时，消费者的介入评价对消费者危机中愤怒情绪的影响程度更高；与赔偿型措施相比，涉事企业选择服务型措施时，消费者的介入评价对消费者愤怒情绪的影响程度更高。而在危机平息后，与主动介入相比，涉事企业选择被动介入时，消费者的介入评价对消费者危机后愤怒情绪的影响程度更高；与赔偿型措施相比，涉事企业选择服务型措施时，消费者的介入评价对消费者危机后愤怒情绪的影响程度更高。也就是说，实验明确了当涉事企业采用不同应对方式和选择不同介入时机时，消费者介入评价对危机中以及危机后负面情绪的内在影响机制。第四，实验还进一步对比验证了危机中与危机后两种不同情况下，当涉事企业采用不同应对方式时，与服务型措施相比，涉事企业选择赔偿型措施时，消费者介入评价对危机中消费者的品牌购买意愿的影响没有显著差异。但是，与服务型措施相比，涉事企业选择赔偿型措施时，消费者介入评价对危机后消费者的品牌购买意愿更有影响。对此，我们的解释是：这可能与相关企业整体的诚信度和服务质量有关，现在国内大部分企业服务质量和诚信度仍然不高，因欺客瞒报、夸大承诺而激化的服务纠纷仍时常发生。所以，与服务措施比较，当消费者面临赔偿措施这种比较直接的方式时，他们更愿意接受涉事企业采用的赔偿方案。第五，本研究通过重构两个危机中与危机后的结构方程模型进一步验证了消费者负面情绪对消费者介入评价与消费者购买意愿之间的中介效应。在本部分重构的四组结构方程模型中，通过对比危机中与危机后的结构方程模型与基准模型"介入评价→购买意愿"中的路径系数就可以推知消费者负面情绪的中介效应可能存在。但是，已有实证结果中已经表明消费者介入评价会对消费者购买意愿产生重要影响，所以，为了能够明确验证消费者负面情绪中介效应的独有性，故重新构建模糊应对方式与介入时机后的结构方程模型加以验证。

## 四 研究结论

本研究在解释水平理论的基础上，结合产品伤害危机及消费者行为领域的最新研究成果，梳理了未曝光企业在群发性产品危机情境下的不同应对策略对消费者购买意愿产生影响的内在机制。其理论贡献和管理启示可以总结如下。

1. 本研究的理论贡献

第一，本研究突破了前人在产品伤害危机应对方式的研究中单纯考虑应对措施的局限性，创新地提出了"介入时机"的概念，并首次从时机选择和成本决策的角度明确界定危机中涉事企业的应对策略应该包括"介入时机和应对方式"两个维度的构成，很好地弥补了当前产品伤害危机应对方式理论的不足。

第二，从动态研究的视角，重点比较了涉事企业应对策略对"危机中"和"危机后"两个阶段中消费者的情绪反应和品牌购买意愿的影响差异及其产生的内在机理，从而将产品伤害危机的相关研究从单个静态的研究引入持续动态的关注，更加贴近实际地考察产品伤害危机的负面影响及企业响应策略的效果，在理论上延展了企业最优策略的选择机制。

第三，将群发性产品危机情境下未被曝光企业的应对策略作为研究起点，并深入探讨危机中和危机后消费者认知评价与情绪反应对其消费行为的引致效应，打破了以往研究中主要关注"单个企业或品牌产品伤害危机溢出效应"的传统思维，以消费者认知评价和情绪反应为中介变量，从消费者—企业互动关系的视角出发，重点探索消费者危机中、危机后消费情绪及消费行为变化的内在机理，由此建立起企业应对策略与消费者负面情绪之间的动态传导机制，并重构了群发性产品危机过程中消费者购买行为的理论模型，为综合考虑多品牌溢出效应的相关研究提供了全新的理论视角，进一步丰富和完善了产品伤害危机领域相关研究的广度和深度。

2. 本研究的管理启示

本研究研究有助于相关企业及行业管理部门摒弃"事不关己、高高挂起"的旁观者思维，对企业管理者深度理解群发性产品伤害危机给其带来的危害，以及在危机中和危机后涉事企业的应对行为对消费者的购买行为影响，并在此基础上及早建立有效的危机预警机制和紧急响应机制有着重要的管理启示。

第一，对于不可辩解的群发性产品伤害危机，如果自身品牌本身存在问题却还未被曝光，总的来说是主动不会更差而往往是更好。面对危机，特别是群发性产品伤害危机，企业的管理决策者应选择主动介入，以积极主动的自信和负责任的态度向消费者说明自身的问题，以赢得消费者的信任，增强消费者的信心，从而降低消费者的负面情绪，提高其购买意愿。

第二，群发性产品伤害危机中，涉事企业既要慎重考虑到底是否要在自身问题被曝光前主动介入，还要慎重考虑一旦介入，应该采取何种应对方式。企业的付出并不总是能得到消费者的认可，管理者应当学会从消费者的角度看待产品伤害危机中涉事企业的表现。正如本研究所发现的，付出很大成本的赔偿型措施并不总能得到消费者的认可，消费者对企业选择的介入时机和应对方式有着他们自己的"介入评价"。产品伤害危机本身以及涉事企业在危机中的表现等因素一起构成外部刺激，消费者对这种刺激的不同认知和评价水平，往往会导致其不同的情绪反应从而表现为不同的行为意向，而且这种行为意向会随着时间和信息的改变而改变。

第三，消费者的负面情绪中介了介入评价对其购买意愿的影响，且消费者愤怒情绪较消费者无助情绪对其品牌购买意愿影响更大。具体而言，愤怒情绪促进会引发消费者的负面口碑、转换购买、企业抱怨等行为，而无助情绪会抑制应对行为，消费者情绪宣泄是手段，目的是恢复交换的平衡关系（涂铭等，2013）。因此面对消费者负面情绪，涉事企业应积极响应与合理介入，保持消费者相对正面的介入评价，进而减弱其负面情绪尤其是愤怒情绪，提高其购买意愿。不管是危机中还是危机平息后，企业应表现出积极的姿态应对消费者的情绪宣泄，在积极借助各种媒体渠道做出适当的响应的同时，给予消费者补偿，以实现最大限度地维护品牌形象与客户资源的目的。

3. 本研究的局限及未来研究方向

尽管本研究获得了一些比较重要的发现，对现有产品伤害危机理论及消费者行为理论的研究深度和广度有了一定的拓展，但由于研究者的时间和能力以及相应的实验条件所限，研究中还存在一些不足，这些不足同时也是以后研究中可以尝试的方向。例如，本研究对整体框架中所涉及核心变量及其之间关系的研究还不够深入。在本研究的研究框架中，应对方式、介入时机作为输入变量，介入评价、危机中负性情绪、危机中品牌购买意愿、危机平息后负性情绪、危机平息后品牌购买意愿是主要的输出变量。虽然从实践的角度，输入与输出是最重要的，管理者也往往最关心怎样的"输入"才能够带来更好的"输出"，但是作为理论研究者，不仅要研究具有时间价值的部分，还要研究输入与输出关系背后的内在机理并给出科学合理的解释。本研究虽然选择了解释水平理论作为解释的武器，但是对理论的应用细节还不够深入，这有待在未来的研究中逐步完善。此外，虽然本研究对消费者危机前后购买意愿的差异进行了较为全面深入的探索，但由于消费者对企业应对策略的反应机制较为复杂，其内在关系远非本研究中相关变量所能穷尽。因此，后续研究可以在本研究的基本思路和视角下，继续尝试从企业、事件、消费者等层面探寻其他重要的解释变量，以求进一步厘清产品伤害危机背景下消费者情绪及行为反应的内化机制及其形成机理。

## 第四节 本章小结

本研究在情绪认知理论及解释水平理论阐述的基础上，结合产品伤害危机及消费者行为领域的最新研究成果，梳理了企业应对策略对消费者品牌购买意愿产生影响过程中的调节变量和中介变量，构建了相应的研究模型并探索了这一影响过程的内在机制。与以往不同的是，本研究从危机事件、涉事企业、消费者认知三个层面，系统梳理了群发性产品伤害危机中涉事企业合理应对危机时应重点考虑的关键影响因素，即危机事件的群发范围、涉事企业的声誉高低及消费者的认知评价，继而为企业建立有效的危机预警机制和紧急响应机制提供策略建议和相应的理论支持。研究过程中先后通过四个正式实验分别验证了群发性产品伤害危机情境下涉事企业的不同应对策略（介入时机 + 应对方式）对消费者负性情绪及对危机品牌购买意愿在不同时点上的动态影响及其内在演化机制。

# 第六章 研究结论与启示

本章在前几章文献梳理、理论阐述、实验设计的基础上，重点结合第四章与第五章的研究结果，总结提炼本研究的最终成果，并针对整体研究过程中存在的问题和局限性进行深入的讨论和分析，以求发现可行的解决方案。最后，结合相应的研究成果重点阐述本研究的价值贡献及创新之处，同时指出本研究中存在的局限及未来的研究机会。

## 第一节 研究结论

### 一 群发性产品伤害危机对行业信任的影响

第一，实证研究专题一通过乳制品行业研究厘清了群发性危机对行业信任的伤害机理。群发性危机更容易导致消费者产生恐慌情绪。相对于单品牌危机，群发性危机会使消费者认为整个行业在食品安全立法、调控、监管等方面存在诸多问题，社会风险扩大的效应使消费者产生更高的风险认知；群发性危机的爆发，使消费者对整个行业的监管能力、生产企业、第三方认证机构及行业食品安全事件发生率都产生怀疑，从而产生愤怒、失望、无助的情绪，群体的态度一旦出现极化且情绪会相互感染，恐慌传播就容易诱发消费者抢购或者集体拒绝购买等从众行为；消费者之间的焦虑出现感染，导致焦虑提高。而群发的危机的叠加效应会产生一个放大化的效果，使消费者产生恐慌心理，焦虑情绪更高，理性程度降低，更容易产生从众行为。消费者风险认知越高,焦虑情绪越高,从众行为越多,其对行业信任度则越低。

第二,群发性危机会影响消费者的品牌认知,使消费者对企业信任下降,同时会对政府产生责任归因。单品牌危机的严重性和群发性容易引发多品牌行业危机,危机发生后,消费者感知到来自身心的一些风险,就会从主观上进行归因。一方面归因于政府,会考量法律是否健全、政府对企业的监督是否严格,产品的失败往往被认为是由于政府的法律制度不健全、对企业的监督不够以及信息发布机制不健全等;另一方面会归因于企业,认为是企业过度追求规模的发展、关注产量、注重销售但是监控能力不过关,或者企业不讲究诚信,没有把消费者的利益放在第一位。这种对政府和企业未能履行其职责的失望等情绪从而导致消费者对整个行业信任下降,导致产生愤怒情绪,最后拒绝购买该行业的产品,对行业的产品产生排斥,只能转向购买国外的产品。

第三,在群发性危机下,"替罪羊"的出现会转移媒介或者消费者的重心,从而提升了对行业的信任水平。根据归因理论,在多个品牌发生危机后,只有澄清事实,当事者才不会受到谴责,然而要找到真正原因很困难,以前对这个品牌越信任,罪恶感就会越强烈,越容易重视这个品牌,把这个品牌当作"替罪羊"品牌。在群发性危机中,"替罪羊"品牌的产生有利于产生条件信息偏见和归因的推理,进而影响了消费者的信任,他们会把所有的愤怒都集中在一个品牌上,通过"替罪羊"来宣泄消费者的愤怒情绪,而对行业的其他的品牌愤怒感也会减轻,从而当群发性危机发生时,如果出现"替罪羊"效应,消费者对于该行业内品牌的信任水平在有"替罪羊"品牌的情况下高于无"替罪羊"品牌的情况。而基于情感理论和心理账户理论,产品危机后消费者会出现愤怒情绪,这样的情绪要想得到缓解,必须找到释放的目标。"替罪羊"能帮助个人维持外部环境,使其处于稳定的、可预测的、有序的状态,这样有助于释放心理压力,挽回面子而且还能表达潜在的愤怒,进而对行业的信任也会有所改善。

第四，卷入度会对群发性危机下的消费者恐慌情绪产生影响。卷入度对消费者的购买决策过程起着重要的作用。相对于低卷入度者，高卷入度的消费者因为对产品关注度较高，获取的信息也比较丰富，感知风险就会更高。在群发性危机发生后，卷入度高的消费者除了关注单品牌的风险，更多的风险感知来自整个供应链乃至行业。单品牌危机发生后，高卷入度比低卷入度的消费者更容易产生认知失调，从而更容易产生从众行为。消费者卷入度在群发性危机发生后"替罪羊"效应对行业信任的影响中存在调节作用。在卷入度理论中，如果消费者卷入度高，即对某产品和服务关注时会更积极地参与到购买和消费过程中，心理收益就会增加。相反当消费者对某种产品卷入度较低的时候，购买的参与度就很低。在群发性危机下，消费者的卷入度不同，感知到的行业信任也不同。当卷入度高时，消费者对于该行业内品牌的信任水平在有"替罪羊"品牌的情况下高于无"替罪羊"品牌的情况；当卷入度低时，消费者对于该行业内品牌的信任水平在有"替罪羊"品牌和无"替罪羊"品牌的情况下无显著差异。

第五，品牌来源国会对群发性危机下的消费者恐慌情绪产生影响。当行业中多个国内品牌同时出现问题时，消费者很容易联想到它们都属于同一行业以及同为国内品牌。而对于该行业中的国外品牌，与问题品牌之间的关联则要弱于国内品牌与问题品牌之间的关联。当行业中多个国内品牌出现危机后，本来存在刻板印象的消费者，更加加剧了他们的失望，对整个行业的风险认知就更高。从心理距离的角度来看，由于消费者对国内品牌的心理距离比较近，感知风险更高，负面情绪则更大，整个行业的无序使得消费者不知所措，所以就会选择从众行为来减少心理压力。而国外品牌由于心理距离远，当多个国外品牌发生危机时，消费者的感知风险会相对较低，恐惧感和焦虑感也都比较低。另外，由于消费者的民族中心主义使得他们对国外产品的购买意愿下降，心理压力小，因而从众行为也低。

第六，群发性危机后，企业和政府等监管机构应采取相应策略进行信任修复。企业修复对策方面，消费者认为解决危机最重要的首先是应该实施约束策略，包括重新制定规章制度，加强质量监管和生产过程控制，约束策略的实施可以在第一时间消除不安，重塑信任；其次是主动召回策略，企业积极地召回产品，承担了社会责任，最大限度地弥补了消费者的损失，可以安抚情绪，积极重建消费者的信任；最后是信息的沟通，有效的信息沟通能够提高其对企业的信任，确保其他修复措施的目标能够实现。另外，消费者认为营销策略的效果最差，不能有效地提升信任。政府修复对策方面，消费者认为提高对政府的信任最重要的首先是加强监管，包括加强对专业认证机构的管理，制定完善的行业规范，加强对媒体的管理等。政府积极履行自身监管责任为当务之急。其次是完善立法的措施，政府应该对法律法规进行完善和修改，健全质量管理制度，完善行业的质量标准体系。最后消费者认为加大调控措施也能很好地提高信任。

## 二 群发性产品伤害危机对购买意愿的影响

在情绪认知理论及解释水平理论阐述的基础上，结合产品伤害危机及消费者行为领域的最新研究成果，梳理了企业应对策略对消费者品牌购买意愿产生影响过程中的调节变量和中介变量，构建了相应的研究模型并探索了这一影响过程的内在机制。与以往不同的是，实证研究专题二从危机事件、涉事企业、消费者认知三个层面，系统梳理了群发性产品伤害危机中涉事企业合理应对危机时应重点考虑的关键影响因素，即危机事件的群发范围、涉事企业的声誉高低及消费者的认知评价，继而为企业建立有效的危机预警机制和紧急响应机制提供策略建议和相应的理论支持。研究过程分别验证了群发性产品伤害危机情境下涉事企业的不同应对策略（介入时机＋应对方式）对消费者负性情绪及对危机品牌购买意愿在不同时点上的动态影响及其内在演化机制。具体而言，实证研究专题二得到如下结论：

第一，在群发性产品伤害危机中，与被曝光后被动介入相比，涉事企业在被曝光前主动介入，无论是危机中的品牌购买意愿还是危机平息后的品牌购买意愿都会更高。也就是说，涉事企业在危机发生时主动介入所反映出的负责任的态度和行为意向会得到大多数消费者的认可，这种认可反映在消费者的行为选择上往往表现为更高的品牌购买意愿。这与 Mowen（1980）、Ulmer 等（2001）的结论一致，即主动处理危机的涉事企业能向利益相关者传递大量的所需信息，如果能够第一时间传递其应对信息，不仅可以很快显示企业的信心与能力（Darling，1994），还将避免使消费者处于信息匮乏状态（Coombs，2007），从而在一定程度上有助于改善消费者的态度和行为意向（Moorman et al.，1992；Strong et al.，2001）。同时，在群发性产品危机情境中，涉事企业采取服务型措施与赔偿型措施，在危机中对消费者的品牌购买意愿的影响几乎没有太大差异，但采取赔偿型措施的企业在危机平息后消费者的品牌购买意愿相对较高。这说明，在危机中，消费者更倾向于短期内回避涉事企业的相关产品，继而会表现出低而且一致的购买意愿；而在危机平息后，随着消费者负面情绪在记忆中的消退及其对涉事企业在危机中应对策略的好感或满意情绪的中和，消费者很有可能会对危机后的涉事企业采取认可或原谅的态度，从而表现出相对较高的品牌购买意愿。

第二，本研究还考察了危机范围在涉事企业应对策略对消费者危机前后品牌购买意愿影响过程中的调节效应。具体而言，当危机范围较大时，与被动介入相比，涉事企业主动介入时，消费者在危机中和危机平息后的品牌购买意愿都相对较高；当危机范围较小时，涉事企业采取主动介入或被动介入，消费者在危机中的品牌购买意愿没有太大差异，在危机平息后的品牌购买意愿也没有显著差异。而且，危机范围本身对涉事企业应对方式对消费者危机中的品牌购买意愿似乎不产生明显的影响，也即无论危机范围大小，涉事企业采取赔偿型和服务型的应对方式，消费者在危机中的品牌购买意愿不会有显著差异。而在危机平息后，当产品危机范围大时，与服务型策略相比，涉事企业采取赔偿型策略，消费者会表现出更高的品牌购买意愿；当产品危机范围小时，涉事企业采取赔偿型策略或服务型策略，消费者的品牌购买意愿没有显著差异。

第三，研究了品牌声誉与介入时机和应对方式的交互作用对消费者危机前后品牌购买意愿的差异。具体来说，无论品牌声誉高低，与被动介入相比，涉事企业主动介入时，消费者在危机中的品牌购买意愿没有显著差异。但高品牌声誉的涉事企业，其产品的整体购买意愿明显高于低品牌声誉。这表明，低声誉品牌往往很难引起大多数消费者的关注，因而一旦发生危机，无论涉事企业主动介入抑或是被动介入，由于消费者对其品牌认知度不够，继而分配的品牌关注资源也相对较少，相对于其所采取的应对策略，消费者往往更关注其已经发生危机这一明显的负面信息，因而整体的品牌购买意愿在危机前后都相对较低；而高声誉品牌正好相反，长期积累的品牌声誉可以帮助涉事企业有效地抵御来自产品伤害危机本身的负面影响。所以，消费者可能会因为涉事企业较高的品牌声誉而对其产生某种程度的宽容或期望，继而将这种先天的品牌好感反映在其品牌购买意愿中，具体表现为其危机前后的品牌购买意愿不会因涉事企业主动或被动介入而产生显著的差异。也就是说，对于低声誉品牌，相对被动介入，涉事企业主动介入会显著提高消费者在危机平息后的品牌购买意愿；对于高声誉品牌，涉事企业主动介入或被动介入对消费者危机平息后的品牌购买意愿没有显著影响。对于低声誉品牌，其在危机中的主动介入行为短期内很难获得认可，消费者往往会选择回避，而长期来看，则有可能会获得消费者的认可，并且最终表现在消费者的购买意愿选择上；而对于高品牌声誉的品牌，消费者则会始终保持一致较高的购买意愿。

此外，品牌声誉高低对涉事企业在危机中应对方式的选择也有明显的影响。对于低声誉品牌来讲，相对服务型策略，涉事企业采取赔偿型策略会更显著提高消费者的危机中的品牌购买意愿和危机平息后的品牌购买意愿；对于高声誉品牌，涉事企业采取赔偿型策略或服务型策略对消费者危机中的品牌购买意愿和危机平息后的品牌购买意愿都没有显著影响。这说明对于低声誉品牌，涉事企业采取赔偿型措施，即通过物质性补偿来表达其悔改自新的态度，这样的处理方式无论在短期内还是长期内都相对更容易获得消费者的理解与认可；而对于高品牌声誉的品牌，相同条件下，无论涉事企业采取何种应对方式，消费者的品牌购买意愿始终保持一致较高的水平，而不会因为涉事企业没有采取赔偿措施而显著降低。

第四，检验了消费者对涉事品牌的介入评价和介入情绪在涉事品牌的介入时机和应对方式对消费者在危机中和危机平息后的品牌购买意愿的影响关系中的中介作用。受不同介入时机影响，消费者介入评价对其危机中购买意愿模型的路径系数会发生显著改变，故调节效应存在；受应对方式不同影响，消费者介入评价对危机中消费者品牌购买意愿模型的路径系数会发生显著改变，调节效应存在。在结构方程恒定的情况下，不论是在不同介入时机下，还是在不同应对方式下，消费者介入评价对危机中的消费者品牌购买意愿的影响路径系数均略小于危机后的情况。换言之，与危机中相比，消费者介入评价对危机后消费者购买意愿具有更高的影响。

另外，关于介入时机的结论有：第一，与被动介入相比，涉事企业的主动介入可获得消费者危机后更高的品牌购买意愿；第二，与主动介入相比，涉事企业选择被动介入时，消费者的介入评价对其危机后愤怒情绪的影响程度更高；第三，消费者愤怒情绪较无助情绪对其危机后的品牌购买意愿影响更大。与介入方式相关的结论有：第一，与服务型措施相比，涉事企业选择赔偿型措施时，可使消费者表现出相对更高的危机后品牌购买意愿；第二，与赔偿型措施相比，涉事企业选择服务型措施时，消费者的介入评价对其危机后愤怒情绪的影响程度更高；第三，消费者愤怒情绪较无助情绪对其危机后的品牌购买意愿影响更大。

负性情绪中介效应检验的结果说明，在危机中，情绪会对介入评价与购买意愿之间的关系具有部分中介作用。换言之，即时品牌情绪部分中介了介入评价对即时购买意愿的影响。在危机平息后，情绪会对介入评价与购买意愿之间的关系具有部分中介作用，也就是说，延迟品牌情绪中介了介入评价对延迟购买意愿的影响。

## 第二节 研究启示

本研究围绕群发性产品伤害危机，在不可辩解的群发性产品伤害危机背景下，一方面研究了消费者面对群发性产品伤害危机时情绪反应以及行业信任的变化情况，并考虑了品牌来源国以及消费者卷入度在这一过程中的调节作用；另一方面研究了消费者对产品伤害危机涉事企业的应对策略（介入时机、应对措施）的认知评价、情绪反应以及行为意向，并分别研究产品伤害危机中和危机平息后消费者的购买意愿，试图探讨对这一机制形成造成影响的危机范围和品牌声誉的调节效应。本研究的两大实证研究有效地丰富了产品伤害危机相关理论，并有助于帮助相关企业及行业管理部门摒弃"事不关己、高高挂起"的旁观者思维，对企业管理者深度理解群发性产品伤害危机给其带来的危害，群发性产品伤害危机多消费者行业信任的影响，以及在危机中和危机后涉事企业的应对行为对消费者的购买行为影响等，并在此基础上及早建立有效的危机预警机制和紧急响应机制有着重要的管理启示。

在发生群发性伤害危机后，就行业信任修复而言：

第一，群发性危机的出现，会对消费者的身心造成极大伤害，引起消费者的恐慌情绪，因此在发生危机后，首先应该安抚消费者的情绪。首先，企业、政府、行业组织应该主动澄清事实，帮助安抚消费者的情绪，减少他们的风险感知与焦虑情绪。当恐慌情绪出现后，企业、政府应该稳定人心，恢复保持对行业的信任。同时利用媒体进行正面宣传。危机发生后要对所有的数据认真审核，以免报道失误，提高媒介的可信度，另外要求企业应该主动给媒介提供正确无误的信息，使企业和政府能够有效地合作来减少公众的恐慌感。

第二，品牌危机发生后，要重新赢得消费者信任，企业应该积极采取补救措施。首先，企业要加强质量管理，完善质量管理体系。严格执行国家相关的原材料检测标准，把各环节、各工序的质量管理职能纳入统一的质量管理系统，明确产品质量为一切服务之根本。其次，企业要积极主动地承担自身责任，不推脱抵赖，本着积极妥善处理危机的诚意，认真负责地解决问题，以此换取消费者的好感。最后，企业要加强与消费者的交流，塑造积极的情感和行为。时刻以消费者利益为中心，以赢得消费者的理解和信任。企业必须从根源做起，直面问题，相对于营销策略，主动承担责任，加强监管和沟通是更有效的措施。

第三，对于危机事件，政府等监管部门也承担一定的责任，需要进行相应改进。首先，加大行业监管力度，构建全方位的监管体系，确保公平的市场环境，为交易的顺利开展创造良好的环境。其次，政府应该完善相关的法律、法规，确保整个产业链的安全。对产品生产的整个过程立法，明确违法者受到的处罚和应承担的责任。最后，监管部门要建立企业考核机制，对企业进行定期检查，并将检查结果信息公开，让各企业接受公众的监督，增强消费者和投资者的信心。总体而言，政府作为整个市场中的第三方，应充当好裁判的职责，做到有法可依，有律可循。严格监管行业内部各项活动，对于损害市场发展的行为绝不姑息，提高消费者信任。

第四，为了避免行业危机的发生，应加强行业规范和专业机构认证。我国目前很多行业发展迅速，但其行业规范却没有跟上发展的脚步，与发达国家相比还存在很多不足，这些不足就使得消费者对产品的质量安全心有顾虑。行业标准等规范是行业经营者应遵守的最基本的准则，只有加强行业规范，才能保证我国产品的安全，从而保障行业的健康发展。专业认证机构作为独立于政府的机构，虽然没有政府的强制力，但其有对产品质量进行认证的专业能力，也是相对于生产企业及行业较为独立、无利益关系的第三方，所以在消费者心目中具有一定的权威性。通过专业机构的认证，包括原产地认证、质量认证、标签管理等，能够保证产品的质量安全，让消费者放心购买，从而恢复消费购买意愿。

第五，在群发性产品危机爆发的情境下，危机过后容易出现"替罪羊"。"替罪羊"能够减轻消费者的压力并释放他们的不安和恐惧情绪，从而使消费者的愤怒得到缓解，为危机中的其他品牌（企业）带来生机，进而对行业的信任也有所改善。但是对成为"替罪羊"的公司或者品牌来说，如果其所有者反应不及时、不正确就可能导致品牌受损甚至是死亡。因此，企业应该避免成为"替罪羊"，由于"替罪羊"往往是那些最早曝出存在产品缺陷或危机的企业，因此企业应该在经营的过程中，强化品牌的声誉和危机管理，做到第一时间发现问题，努力做到在未被曝光之前做出积极反应，做好危机公关，降低成为"替罪羊"的风险。此外，企业应重视"替罪羊"文化的培育，做到未雨绸缪，形成完备的"替罪羊"应对机制。而且在群发性危机爆发后，行业中的任何品牌或企业都不可能独善其身，应该保持交流和行动的协调性，从整个行业的角度出发，合力改善行业的信任水平，提高行业的竞争力，这样才有利于企业在群发性危机中获得重生。

在群发性群发性产品危机背景下，就提高消费者购买意愿而言：

第一，对于不可辩解的群发性产品伤害危机，如果自身品牌存在问题却还未被曝光，总的来说是主动不会更差而往往是更好。面对危机，特别是群发性产品伤害危机，企业的管理决策者选择是否要主动介入，以积极主动的自信和负责任的态度向消费者说明自身的问题，重要的是要考虑产品伤害危机范围的大小以及自身品牌声誉的高低。具体来说，当管理者判断产品危机范围大时，应当选择主动介入，这样消费者会有更高的危机中的品牌购买意愿和危机平息后的品牌购买意愿；当产品危机范围小时，无论主动介入还是被动介入，消费者在危机中的品牌购买意愿都没有差异，在危机平息后的品牌购买意愿也没有显著差异。关于不同品牌声誉的启示是，当自身品牌声誉低时，其在危机中的主动介入的行为短期内很难获得认可，消费者保持回避，而长期来看，会获得消费者的认可，并且表现在消费者的购买意愿上；而对于高品牌声誉的品牌，如消费者始终保持一致较高的购买意愿。另外，品牌声誉高低对应对方式的作用也有影响。

第二，同样是在不可辩解的群发性产品伤害危机背景下，涉事企业应该根据自身的品牌声誉高低以及整个行业本次产品伤害危机品牌的个数（危机范围）确定到底采取赔偿型还是服务型的应对措施。本研究的结果说明，赔偿型不总是有用的，而由于赔偿型措施需要涉事企业付出很高成本，在确定赔偿型措施不会有显著更好的效果时，应当选择服务型措施；仅有当管理者综合产品伤害危机范围和自身品牌声誉后认为采取赔偿型措施更好时才选用该措施。不管危机范围大小，无论涉事企业采取何种应对方式，消费者在危机中的品牌购买意愿不会有显著的差异，也就是说，管理者不要期望所采取的赔偿措施或者服务措施有很好的短期效果。另外，当危机范围较大时，与服务型策略相比，涉事企业采取赔偿型策略，消费者有更高的危机平息后品牌购买意愿；当产品危机范围较小时，涉事企业采取赔偿型策略或服务型策略，消费者的危机平息后的品牌购买意愿没有明显差异。也就是说，危机范围较大时，管理者选择赔偿型措施更好；危机范围较小时，赔偿型措施与服务型措施的长短期效果没有显著差异，而由于赔偿型措施需要付出相对更高成本，管理者选择服务型措施更好。

第三，群发性产品伤害危机中，涉事企业既要慎重考虑到底是否要在自身问题被曝光前主动介入，还要慎重考虑一旦介入，应该采取何种应对方式。现实中的产品伤害危机情况往往是复杂多样的，品牌声誉的高低，危机范围的大小以及其他诸如竞争者状况等因素的存在都可能会影响涉事企业最终应该采取的应对方式。两种应对方式和两种介入时机各自独立的影响效应在本研究中已作了重点研究，但是两者的交互作用有待进一步考察，管理者在实践中必须要综合考虑不同应对策略之间的交互效应，这需要企业在实际经营过程中慎重决策。

最后，企业的付出并不总是能得到消费者的认可，管理者应当学会从消费者的角度看待产品伤害危机中涉事企业的表现。正如本研究所发现的，付出很大成本的赔偿措施并不总能得到消费者的认可，消费者对企业选择的介入时机和应对方式有着他们自己的"介入评价"。产品伤害危机本身以及涉事企业在危机中的表现与所有其他相关危机范围、品牌声誉等因素一起构成外部刺激，消费者对这种刺激的不同认知和评价水平，往往会导致其不同的情绪反应从而表现为不同的行为意向，而且这种行为意向会随着时间和信息的改变而改变。

## 第三节　创新与贡献

产品伤害危机在现实中经常发生。但从管理实践的角度，该领域的研究依然存在如何应对的现实困境；从研究者的角度来看，也还存在理论上的明显不足。基于此，本研究在前人研究的基础上，通过相关文献、理论及研究成果的系统梳理构建了全新的研究模型，并尝试从不同视角来系统研究群发性产品伤害危机对消费者行业信任的影响，以及群发性产品伤害危机情境下涉事企业的应对策略对消费者危机前后品牌购买意愿的影响机制。在研究思路、视角及方法层面实现了一些突破和创新。

### 一　思路创新

实证研究专题一打破了以往只关注单品牌伤害危机的研究范式，而实证研究专题二更是突破了前人在产品伤害危机应对方式的研究中单纯考虑应对措施的局限性，创新地提出了"介入时机"的概念，并首次从时机选择和成本决策的角度明确界定危机中涉事企业的应对策略应该包括"介入时机和应对方式"两个维度的构成，很好地弥补了当前产品伤害危机应对方式理论的不足。研究结果表明，介入时机的提出有利于更好地解释涉事企业的应对行为以及消费者的认知行为与购买行为之间内在对应关系。整体来看，产品伤害危机的涉事企业在危机曝光前主动介入往往比被动介入更好，至少不比被动介入更差。

本研究借鉴情绪认知理论中对认知评价在外界刺激与行为反应之间起到中介作用的观点，创新地提出介入评价的概念并在已有研究基础上改良开发了相应的测量量表，从而为深入探究涉事企业应对策略对消费者情绪和行为反应的影响机制找到了一个更为精确的中介变量。情绪认知理论认为，外界刺激情境并不直接引发情绪的产生，而个体对刺激情境的认知评价是从刺激到反应过程的中介过程。本研究在区别出产品伤害危机中涉事企业的"介入时机＋应对措施"基础上，依据情绪认知理论，构建出"介入评价"这一全新概念，把产品伤害危机中涉事企业的客观应对行为与消费者对这一客观应对行为的主观的"介入评价"相区别开来，从而便于更深入地研究消费者对产品伤害危机中涉事企业应对行为的情绪和行为反应。

## 二 理论创新

引入解释水平理论用以阐释不同品牌声誉和危机范围条件下，不同的消费者由于其与具体品牌的心理距离远近的差异，从而表现出对产品伤害危机以及涉事企业的应对行为的不同反应。另外，时间距离的变化以及从产品伤害危机发生到平息以后的信息发展使消费者不同的解释水平表征具体的品牌，因而表现出不同的行为意向。但是，本研究只是从逻辑推理的角度说明了这种关系，这既是本研究的一个不足同时也是未来研究的一个方向，将在后文中予以详细说明。

### 三 方法创新

从动态研究的视角，重点比较了涉事企业应对策略对"危机中"和"危机后"两个阶段中消费者的情绪反应和品牌购买意愿的影响差异及其产生的内在机理，从而为群发性产品伤害危机背景下涉事企业的合理策略应对提供了决策参考和相应的理论依据。按照 Vassilikopoulou 等（2009）的研究结论，产品危机爆发3天、3个月和1年之后消费者的反应是有差别的，几个月后危机的影响会相对减弱，因为消费者倾向于忘记危机及其影响。本研究把 Vassilikopoulou 等人所研究的时间维度具体地划分为"危机中"和"危机平息后"两阶段并把这种"前"与"后"拓展到信息的维度。也就是说，消费者在不同时间距离下的行为的差异不仅仅是因为时间而产生的忘记，还因为这一过程信息的变化和丰富使认知发生改变从而产生行为上的改变。

## 第四节 研究不足与展望

本研究一方面研究了消费者面对群发性产品伤害危机时情绪反应以及行业信任的变化情况，并考虑了品牌来源国以及消费者卷入度在这一过程中的调节作用；另一方面基于情绪认知理论和解释水平理论深入探索了群发性产品危机情境下涉事企业应对策略对消费者危机前后品牌购买意愿的内在机制，并且重点考察了危机范围、品牌声誉等变量对此机制的调节效应以及消费者认知评价和负面情绪对此过程的中介效应。尽管获得了一些比较重要的发现，对现有产品伤害危机理论及消费者行为理论的研究深度和广度有了一定的拓展，但由于研究者的时间和能力以及相应的实验条件所限，研究中还存在一些不足，这些不足同时也是笔者认为以后的研究中可以尝试的方向。

第一，解释水平理论的应用不足。解释水平理论对时间距离、社会距离、空间距离、假设性等维度的心理距离的研究提出，人对事件的反应取决于对事件的心理表征，人对认知客体的心理表征具有不同的抽象程度高低，即解释水平（Liberman，Sagristano，Trope，2002；Trope，Liberman，2003）。也就是说，即使是相同的信息，比如危机本身以及涉事企业的客观应对行为，消费者由于个体的差异必然会造成其心理距离的差异，从而以不同的解释水平来表征他们所看到的产品伤害危机以及涉事企业的应对行为。本研究中就是基于这样的逻辑认为，品牌声誉的高低实际上影响着消费者所表征的心理距离，心理距离的差异使得消费者以不同的解释水平表征客体。但其中的不足之处就在于，研究中没有对被试所采用的解释水平进行专门的测量，也即本研究没有研究消费者评价的品牌声誉与其所采用解释水平之间的关系，而这应该是后续研究中可以明显改进的地方。另外，本研究中所区别的危机中品牌购买意愿和危机平息后品牌购买意愿，实际上也会由于时间距离上的改变带来心理距离的变化，而本研究的实验中只是通过两个有一定时间跨度的行业产品伤害危机平息相关的"新闻报道"来实现。尽管这样的操控从技术层面来讲是可行的，比如王霞等学者（2012）在研究不同解释水平条件下个体对时间间隔与未来事件效价感知相互关系时，对时间距离的操控也是通过描述来实现的。整体来看，鉴于本研究中解释水平理论与对相关研究变量的证明仅仅是通过逻辑的描述来实现，未来可以考虑从解释水平理论与品牌声誉的关系入手，用消费者行为研究的方法，重点研究产品伤害危机中消费者所认知的品牌声誉高低与其表征产品伤害危机以及涉事企业应对行为的解释水平，以及这种不同解释水平应用于消费者行为意向之间的关系等方向进行更为深入的研究。

第二，限于整体篇幅的局限性，本研究中没有着重研究介入时机和应对方式对消费者危机前后品牌购买意愿影响的交互效应。一方面，前人的研究中虽然有关于产品伤害危机中涉事企业主动性的研究，但是并没有像本研究这样清晰地划分出是否"被曝光"这一界限；另一方面，本研究在清晰界定出危机曝光前的主动介入和曝光后的被动介入这两个介入时机之后，并没有具体研究介入时机与应对方式（赔偿型和服务型）之间的交互效应，也没有提出相应的假设。但是，实验的数据分析结果显示，涉事企业的介入时机和应对方式是存在交互影响的。实验一采用虚拟品牌进行的研究就发现，在产品伤害危机中，两种应对方式和介入时机对购买意愿的影响具有显著的交互效应。而且，在产品伤害危机平息后的购买意愿上，介入时机和应对方式同样存在交互效应，即虽然总体来看，主动介入优于被动介入，采取赔偿型措施好于服务型措施，但是分别在主动介入和被动介入条件下来看，两种应对方式的效果又是有差异的。主动介入条件下，赔偿型措施显著地优于服务型措施，而当涉事企业被动介入时，两种应对方式没有显著差异。这说明，两种介入时机和两种应对方式的交互作用的研究很可能会成为未来研究中一个非常有意义的方向。现实中的情境也表明，媒体的大面积曝光往往会令缺乏危机意识的企业猝不及防而只能被动应对，此时，介入时机和应对方式更深层次的研究往往能够给管理者进行合适的危机应对决策提供理论层面的指导。

第三，本研究没有研究品牌声誉和危机范围的交互作用。事实上，真实的产品伤害危机情境可能有不同数量的企业品牌同时卷入危机，而且这些发生危机的企业各自的品牌声誉千差万别。品牌声誉和危机范围都是重要的、客观的、既有的信息符号，正如第三章的论证以及实验的结果所示，当危机范围小时，不考虑品牌声誉的影响，涉事企业的不当应对往往会使消费者倾向于选择其他未出现问题的品牌作为替代品，从而在产品伤害危机中对涉事企业的相关产品表现出更低的品牌购买意愿。可是，如果同时研究品牌声誉和危机范围的交互会得到怎样的结果呢？本研究对此没有研究，也没有明确的答案，这应该也会是未来非常值得进一步深入研究的一个方向。

第四，本研究对危机范围的操控特别是对危机范围大操控与现实情况有一定的差距。在实验二中，危机范围大操控为前后一共有24家品牌发生产品伤害危机。从现实情况来看，这样的危机数量应该说是非常大的。而且，现实中的产品伤害危机中少有如此多数量的品牌同时发生问题。但是，这样的操控是严格按照前测二的结果确定的。前测二的结果一方面说明，无论是手机行业还是洗发水行业，随着所操控发生危机的涉事企业数量的改变，消费者感知到的危机范围大小会呈现出显著的差异。另一方面，从被试的角度来看，当有4家品牌发生产品伤害危机时危机范围已经不小了，这使得被试对危机范围为4家品牌时评分已经高到接近危机范围为8和16的水平，但是危机范围为4和24总是有显著差异的。因此，实验中研究危机范围的调节作用时，为保证操控的有效性，本研究选择4家品牌发生产品伤害危机为危机范围小，24家品牌为危机范围大。

第五，本研究对整体框架中所涉及核心变量及其之间关系的研究还不够深入。在本研究的研究框架中，应对方式、介入时机、危机范围、品牌声誉作为输入变量，介入评价、危机中负性情绪、危机中品牌购买意愿、危机平息后负性情绪、危机平息后品牌购买意愿是主要的输出变量。虽然从实践的角度，输入与输出是最重要的，管理者也往往最关心怎样的"输入"才能够带来更好的"输出"，但是作为理论研究者，不仅要研究具有时间价值的部分，还要研究输入与输出关系背后的内在机理并给出科学合理的解释。本研究虽然选择了情绪认知理论和解释水平理论作为解释的武器，但是对理论的应用细节还不够深入，这有待在未来的研究中逐步完善。本研究对消费者危机前后购买意愿的差异进行了较为全面深入的探索，但由于消费者对企业应对策略的反应机制较为复杂，其内在关系远非本研究中相关变量所能穷尽。因此，后续研究可以在本研究的基本思路和视角下，继续尝试从企业、事件、消费者等层面探寻其他重要的解释变量，以求进一步厘清产品伤害危机背景下消费者情绪及行为反应的内化机制及其形成机理。

# 参考文献

Aaker J., Drolet A., Griffin D., "Recalling Mixed Emotions", *Journal of Consumer Research*, Vol. 35, No. 2, 2008, pp. 268 – 278.

Ahluwalia R., Burnkrant R. E., Unnava H. R., "Consumer Response to Negative Publicity: The Moderating Role of Commitment", *Journal of marketing research*, 2000, pp. 203 – 214.

Ahluwalia R., Unnava H. R., Burnkrant R. E., "The Moderating Role of Commitment on the Spillover Effect of Marketing Communications", *Journal of Marketing Research*, 2001, p. 458 – 470.

Ahluwalia R., "Examination of Psychological Processes Underlying Resistance to Persuasion", *Journal of Consumer Research*, Vol. 27, No. 2, 2007, pp. 217 – 232.

Amit E., Algom D., Trope Y., "Distance – dependent Processing of Pictures and Words", *Journal of Experimental Psychology: General*, Vol. 138, No. 3, 2009, pp. 400.

Anwar S. T., "Product Recalls and Product – harm Crises: A Case of the Changing Toy Industry", *Competitiveness Review*, Vol. 24, No. 3, 2014, pp. 190 – 210.

Assiouras I., Ozge O., Skourtis G., "The Effect of Corporate Social Responsibility on Consumer's Emotional Reactions in Product – harm Crisis", *AMA Winter Educators' Conference Proceedings*, 2011, pp. 163 – 170.

Bagozzi R. P., Gopinath M., Nyer P. U., "The Role of Emotions in

Marketing", *Journal of the Academy of Marketing Science*, Vol. 27, No. 2, 1999, pp. 184 – 206.

Bar – Anan Y., Liberman N., Trope Y., "The Association between Psychological Distance and Construal Level: Evidence from an Implicit Association Test", *Journal of Experimental Psychology: General*, Vol. 135, No. 4, 2006, p. 609.

Baron R. M., Kenny D. A., "The Moderator – Mediator Variable Distinction in Social Psychological Research: Conceptual, Strategic, and Statistical Considerations", *Journal of Personality and Social Psychology*, Vol. 51, No. 6, 1986, pp. 1173 – 1182.

Bauer R. A., Consumer Behavior as Risk Taking, in CoxDF. (Ed.), *Risk Taking and Information Handling in Consumer Behavior*, Harvard University Press, Boston, MA., 1967.

Bauer R. A., "Consumer Behavior as Risk Taking", *Dynamic Marketing for a Changing World*, 1960, p. 398.

Bechara A., Damasio H., Tranel D., et al., "Deciding Advantageously Before Knowing the Advantageous Strategy", *Science*, Vol. 275, No. 5304, 1997, pp. 1293 – 1295.

Becker – Olsen K. L., Cudmore B. A., Hill R. P., "The Impact of Perceived Corporate Social Responsibility on Consumer Behavior", *Journal of Business Research*, Vol. 59, No. 1, 2006, pp. 46 – 53.

Bell D. E., "Regret in Decision Making under Uncertainty", *Operations Research*, Vol. 30, No. 5, 1982, pp. 961 – 981.

Benoit W. L., "Image Repair dDiscourse and Crisis Communication", *Public Relations Review*, Vol. 23, No. 2, 1997, pp. 177 – 186.

Bodenhausen, G. V., Sheppard, L. A., & Kramer, G. P., "Negative Affect and Social Judgment: the Differential Impact of Anger and Sadness", *European Journal of Social Psychology Special Issue: Affect in Social Judgments and Cognition*, Vol. 24, 1994b, pp. 45 – 62.

Bollen J., Mao H., Pepe A., "Modeling Public Mood and Emotion: Twitter Sentiment and Bond R., Smith P. B., Culture and Conformity: A Meta - Analysis of Studies Using Asch's (1952b, 1956) Line Judgment Task", *Psychological Bulletin*, Vol. 119, 1996, pp. 111 - 137.

Bonifield C., Cole C., "Affective Responses to Service Failure: Anger, Regret, and Retaliatory Versus Conciliatory Responses", *Marketing Letters*, Vol. 18, No. 1 - 2, 2007, pp. 85 - 99.

Bornemann T., Homburg C., "Psychological Distance and the Dual Role of Price", *Journal of Consumer Research*, Vol. 38, No. 3, 2011, pp. 490 - 504.

Byzalov D., Shachar R., "The Risk Reduction Role of Advertising", *Quantitative Marketing and Economics*, Vol. 2, No. 4, 2004, pp. 283 - 320.

Cahill L., McGaugh J. L., "A Novel Demonstration of Enhanced Memory Associated with Emotional Arousal", *Consciousness and Cognition*, Vol. 4, No. 4, 1995, pp. 410 - 421.

Chandran S., Menon G., "When a Day Means More than a Year: Effects of Temporal Framing on Judgments of Health Risk", *Journal of Consumer Research*, Vol. 31, No. 2, 2004, pp. 375 - 389.

Chaudhuri A., Holbrook M. B., "The Chain of Effects from Brand Trust and Brand Affect to Brand Performance: The Role of Brand Loyalty", *The Journal of Marketing*, Vol. 65, No. 2, 2001, pp. 81 - 93.

Chaudhuri A., "How Brand Reputation Affects the Advertising - Brand Equity Link", *Journal of Advertising Research*, Vol. 42, No. 3, 2002.

Chen M. F., "Consumer Trust in Food Safety: A Multidisciplinary Approach and Empirical Evidence from Taiwan", *Risk Analysis*, Vol. 28, No. 6, 2008, pp. 1553 - 1569.

Chen Y., Ganesan S., Liu Y., "Does a Firm's Product – recall Strategy Affect Its Financial Value? An Examination of Strategic Alternatives during Product – harm Crises", *Journal of Marketing*, Vol. 73, No. 6, 2009, pp. 214 – 226.

Clark M. S., Isen A. M., "Toward Understanding the Relationship between Feeling States and Social Behavior", *Cognitive Social Psychology*, Vol. 73, 1982, p. 108.

Cleeren K. K., Van Heerde H. J., Dekimpe M. G., "Rising from the Ashes: How Brands and Categories Can Overcome Product – Harm Crises", *Journal of Marketing*, Vol. 77, No. 3, 2013, pp. 58 – 77.

Cleeren K., Dekimpe M. G., Helsen K., "Weathering Product – harm crises", *Journal of the Academy of Marketing Science*, Vol. 36, No. 2, 2008, pp. 262 – 270.

Cleeren K., van Heerde H. J., Dekimpe M. G., "Rising From the Ashes: How Brands and Categories can Overcome Product – harm Crises", *Journal of Marketing*, Vol. 77, No. 2, 2013, pp. 58 – 77.

Clore G. L., Ortony A., Foss M. A., "The Psychological Foundations of the Affective Lexicon", *Journal of Personality and Social Psychology*, Vol. 53, No. 4, 1987, p. 751.

Cobb – Walgren C. J., Ruble C. A., Donthu N., "Brand Equity, Brand Preference, and Purchase Intent", *Journal of Advertising*, Vol. 24, No. 3, 1995, pp. 25 – 40.

Coombs W. T., Holladay S. J., "Helping Crisis Managers Protect Reputational Assets Initial Tests of the Situational Crisis Communication Theory", *Management Communication Quarterly*, Vol. 16, No. 2, 2002, pp. 165 – 186.

Coombs W. T., Holladay S. J., "The Negative Communication Dynamic: Exploring the Impact of Stakeholder Effect on Behavioral Intentions", *Journal of Communication Management*, Vol. 11, No. 4, 2007, pp. 300 – 312.

Coombs W. T., "An Analytic Framework for Crisis Situations: Better Responses from a Better Understanding of the Situation", *Journal of Public Relations Research*, Vol. 10, No. 3, 1998, pp. 177 – 191.

Coombs W. T., "Protecting Organization Reputations during a Crisis: The Development and Application of Situational Crisis Communication Theory", *Corporate Reputation Review*, Vol. 10, No. 3, 2007, pp. 163 – 176.

Coombs W. T., "Protecting Organization Reputations During a Crisis: The Development and Application of Situational Crisis Communication Theory", *Corporate Reputation Review*, Vol. 10, No. 3, 2007, pp. 163 – 176.

Coombs W. T., Ongoing Crisis Communication: Planning, Managing, and Responding (2nd Ed.), Thousand Oaks, CA: Sage, 2007.

Covello V. T., Peters R. G., Wojtecki J. G., et al., "Risk Communication, the West Nile Virus Epidemic, and Bioterrorism: Responding to the Communication Challenges Posed by the Intentional or Unintentional Release of a Pathogen in an Urban Setting", *Journal of Urban Health: Bulletin of the New York Academy of Medicine*, Vol. 78, No. 2, 2001, pp. 382 – 391.

Coyle J. R., Thorson E., "The Effects of Progressive Levels of Interactivity and Vividness in Web Marketing Sites", *Journal of Advertising*, Vol. 30, No. 3, 2001, pp. 65 – 77.

Dahlen M., Lange F., "A Disaster is Contagious: How a Brand in Crisis Affects Other Brands", *Journal of Advertising Research*, Vol. 46, No. 4, 2006, pp. 388 – 396.

Darling J. R., "Crisis Management in International Business: Keys to Effective Decision Making", *Leadership and Organization Development Journal*, Vol. 15, No. 8, 1994, pp. 3 – 8.

Davidow M., "Organizational Responses to Customer Complaints: What Works and What Doesn't", *Journal of Service Research*, Vol. 5, No. 3, 2003, pp. 225 – 250.

Davidson W. N., Worrell D. L., "Research Notes and Communications: The Effect of Product Recall Announcements on Shareholder Wealth", *Strategic Management Journal*, Vol. 13, No. 6, 1992, pp. 467 – 473.

Dawar N., Madan M., Pillutla, "Impact of Product Harms Crisis on Brand Equity: the Moderating Role of Consumer Expectations", *Journal of Marketing Research*, No. 5, 2000, pp. 215 – 226.

Dawar N. and Lei J., "Brand Crises: The Roles of Brand Familiarity and Crisis Relevance in Determining the Impact on Brand Evaluations", *Journal of Business Research*, No. 62, 2009, pp. 509 – 516.

Dawar N., "Product – harm Crises and the Signaling Ability of Brands", *International Studies of Management & Organization*, Vol. 28, No. 3, 1998, pp. 109 – 110.

De Jonge J., Frewer L., Van Trijp H., Renes RJ., De Wit W. and Timmers J., "Monitoring Consumer Confidence in Food Safety: An Exploratory Study", *British Food Journal*, No. 106, 2004, pp. 837 – 849.

Dhar R., Kim E. Y., "Seeing the Forest or the Trees: Implications of Construal Level Theory for Consumer Choice", *Journal of Consumer Psychology*, Vol. 17, No. 2, 2007, pp. 96 – 100.

Dong L., Tian K., "The Use of Western Brands in Asserting Chinese National Identity", *Journal of Consumer Research*, Vol. 36, No. 3, 2009, pp. 504 – 523.

Douglas, T., *Scapegoats: Transferring Blame.*, New York, NY & London, UK: Routledge, 1995.

Duhachek Adam, Dawn Iacobucci, "Consumer Personality and Coping:

Testing Rival Theories of Process", *Journal of Consumer Psychology*, No. 15, 2005, pp. 52 - 63.

Ellsworth P. C., Smith C. A., "From Appraisal to Emotion: Differences Among Unpleasant Feelings", *Motivation and Emotion*, Vol. 12, No. 3, 1988, pp. 271 - 302.

Erdem T., Swait J., "Brand Credibility, Brand Consideration and Choice", *Journal of Marketing Research*, Vol. 31, No. 6, 2004, pp. 191 - 199.

Festinger L., *A Theory of Cognitive Dissonance*, Stanford University Press, 1957.

Fitzsimmons, D., "Can Brands Earn Mileage from a Unified Crisis Response?" *Media: Asia's Media & Marketing Newspaper*, September 18th, 2008, p. 20.

Folkes and Barbara Kotsos, "Buyers' and Sellers' Explanations for Product Failure: Who Done It", *Journal of Marketing*, Vol. 50, 1986, pp. 74 - 80.

Folkes V. S., "Consumer Reactions to Product Failure: An Attributional Approach", *Journal of Consumer Research*, 1984, pp. 398 - 409.

Gao H., Knight J. G., Zhang H., et al., "Guilt by Association: Heuristic Risks for Foreign Brands during a Product - harm Crisis in China", *Journal of Business Research*, Vol. 66, No. 8, 2011, pp. 1044 - 1051.

Gelbrich K., "Anger, Frustration, and Helplessness after Service Failure: Coping Strategies and Effective Informational Support", *Journal of the Academy of Marketing Science*, Vol. 38, No. 5, 2010, pp. 567 - 585.

Gilbert D. T., Pinel E. C., Wilson T. D., et al., "Immune Neglect: A Source of Durability Bias in affective Forecasting", *Journal of Personality and Social Psychology*, Vol. 75, No. 3, 1998, p. 617.

Gillespi N. and Dietz G. , "Trust Repair after an Organization – Level Failure", *Academy of Management Review*, Vol. 34, No. 1, 2009, pp. 125 – 147.

Goodman J. K. , Malkoc S. A. , "Choosing Here and Now Versus There and Later: The Moderating Role of Psychological Distance on Assortment Size Preferences", *Journal of Consumer Research*, Vol. 39, No. 4, 2012, pp. 751 – 768.

Goss, R. Justin, David H. Silvera, Daniel Laufer, Kate Gillespie, and Ashley R. Arsena. Uh – Oh, "This Might Hurt Our Bottom Line: Consumer and Company Reactions to Product Harm Crises", *Advances in Consumer Research*, Vol. 39, 2011, pp. 831 – 832.

Grayson K. , Johnson D. and Chen D. , "Is Firm Trust Essential in a Trusted Environment? Howtrust in the Business Context Influences Customers", *Journal of Marketing Research*, Vol. 45, No. 2, 2008, pp. 241 – 256.

Gregoire Y. , Fisher R. J. , "Customer Betrayal and Retaliation: When Your Best Customers Become Your Worst Enemies", *Journal of the Academy of Marketing Science*, Vol. 36, No. 2, 2008, pp. 247 – 261.

Griffin M. , Babin B. J. , Attaway J. S. , "An Empirical Investigation of the Impact of Negative Public Publicity on Consumer Attitudes and Intentions", *Advances in Consumer Research*, No. 18, 1991, pp. 334 – 341.

Haas – Kotzegger U. , Schlegelmilch B. B. , "Conceptualizing Consumers' Experiences of Product – harm Crises", *Journal of Consumer Marketing*, Vol. 30, No. 2, 2013, pp. 112 – 120.

Havlena W. J. , Holbrook M. B. , "The Varieties of Consumption Experience: Comparing Two Typologies of Emotion in Consumer Behavior", *Journal of Consumer Research*, 1986, pp. 394 – 404.

Heerde Van H., Helsen K., Dekimpe M. G., "The Impact of a Product - Harm Crisis on Marketing", *Effectiveness Marketing Science*, Vol. 26, No. 2, 2007, pp. 230 - 245.

Heider F., *The Psychology of Interpersonal Relations*, New York: wiley, 1958.

Holbrook M. B., Batra R., "Assessing the Role of Emotions as Mediators of Consumer Responses to Advertising", *Journal of Consumer Research*, 1987, pp. 404 - 420.

Holbrook Morris B., Chestnut R. W., Oliva R. L. and Greenleaf E. A., "Play as a Consumption Experience: The Roles of Emotions, Performance, and Personality in the Enjoyment of Games", *Journal of Consumer Research*, Vol. 11, No. 2, 1984, p. 728.

Holmbeck G. N., "Toward Terminological, Conceptual, and Statistical Clarity in the Study of Mediators and Moderators: Examples from the Child - clinical and Pediatric Psychology literatures", *Journal of Consulting and Clinical Psychology*, Vol. 65, No. 4, 1997, pp. 599 - 610.

Hsee C. K., Hastie R., "Decision and Experience: Why Don't we Choose What Makes us Happy", *Trends in Cognitive Sciences*, Vol. 10, No. 1, 2006, pp. 31 - 37.

Huang C. L., "Simultaneous - equation Model for Estimating Consumer Risk Perceptions, Attitudes, and Willingness - to - pay for Residue - free Produce", *The Journal of Consumer Affairs*, Vol. 27, No. 2, 1993, pp. 377 - 388.

Huang Y. H., "Trust and Relational Commitment in Corporate Crises: The Effects of Crisis Communicative Strategy and form of Crisis Response", *Journal of Public Relations Research*, Vol. 20, No. 3, 2008, pp. 297 - 327.

Jorgensen B. K., "Components of Consumer Reaction to Company - Related Mishaps: A Structural Equation Model Approach", *Advances in*

*Consumer Research*, Vol. 23, 1996, pp. 346 – 351.

Joseph K. Goodman and Selin A., Malkoc, "Choosing Here and Now versus There and Later: The Moderating Role of Psychological Distance on Assortment Size Preference", *Journal of Consumer Research*, No. 4, 2012, pp. 751 – 768.

Kahneman D., Tversky A., "Prospect theory: An Analysis of Decision Under Risk", *Econometrica: Journal of the Econometric Society*, 1979, pp. 263 – 291.

Kaikati J. G., "The Product Liability Crisis: Perspective and Proposals", *Journal of Small Business Management*, Vol. 16, No. 4, 1978, pp. 46 – 55.

Keh H. T., Xie Y., "Corporate Reputation and Customer Behavioral Intentions: The Roles of Trust, Identification and Commitment", *Industrial Marketing Management*, Vol. 38, No. 7, 2009, pp. 732 – 742.

Keller K. L., "Conceptualizing, Measuring, and Managing Customer Based Brand Equity", *Journal of Marketing*, Vol. 57, No. 1, 1993, pp. 1 – 29.

Kim T., Biocca F., "Telepresence via Television: Two Dimensions of Telepresence May Have Different Connections to Memory and Persuasion", *Journal of Computer – Mediated Communication*, Vol. 3, No. 2, 1997, pp. 65 – 79.

Kivetz R., Simonson I., "Self – Control for the Righteous: Toward a Theory of Precommitment to Indulgence", *Journal of Consumer Research*, Vol. 29, No. 2, 2002, pp. 199 – 217.

Klein J., Dawar N., "Corporate Social Responsibility and Consumers' Attributions and Brand Evaluations in a Product – harm Crisis", *International Journal of research in Marketing*, Vol. 21, No. 3, 2004, pp. 203 – 217.

Klein J., Dawar N., "Corporate Social Responsibility and Consumers' Attributions and Brand Evaluations in a Product – Harm Crisis", *International Journal of Research in Marketing*, Vol. 21, No. 3, 2004, pp. 203 – 217.

Kunda Z., "The Case for Motivated Reasoning", *Psychological Bulletin*, Vol. 108, No. 3, 1990, p. 480.

Laczniak R. N., DeCarlo T. E., Ramaswami S. N., "Consumers' Response to Negative Word of Mouth Communication: An Attribution Theory Perspective", *Journal of Consumer Psychology*, Vol. 11, No. 1, 2001, pp. 57 – 73.

Laufer D., Coombs W. T., "How Should a Company Respond to a Product Harm Crisis? The Role of Corporate Reputation and Consumer – based Cues", *Business Horizons*, Vol. 49, No. 5, 2006, pp. 379 – 385.

Laufer D., Gillespie K., Silvera D. H., "The Role of Country of Manufacture in Consumers' Attributions of Blame in an Ambiguous Product – Harm Crisis", *Journal of International Consumer Marketing*, Vol. 21, No. 3, 2009, pp. 189 – 201.

Laufer D., Gillespie K., "Differences in Consumer Attribution of Blame between Men and Women: The Role of Perceived Vulnerability and Empathic Concern", *Psychology and Marketing*, Vol. 21, No. 2, 2004, pp. 209 – 222.

Laufer D., Silvera D. H., Meyer T., "Exploring Differences between Older and Younger Consumers in Attributions of Blame for Product – Harm Crisis", *Academy of Marketing Science Review*, Vol. 7, No. 1, 2005, pp. 1 – 13.

Lazarus R. S., "Progress on A Cognitive – Motivational – Relational Theory of Emotion", *American Psychologist*, Vol. 46, No. 8, 1991, p. 819.

Lei J., Dawar N., Gürhan – Canli Z., "Base – rate Information in Consumer Attributions of Product – Harm Crises", *Journal of Marketing Research*, Vol. 49, No. 3, 2012, pp. 336 – 348.

Lei J., Dawar N., Lemmink J., "Negative Spillover in Brand Portfolios: Exploring the Antecedents of Asymmetric Effects", *Journal of Marketing*, Vol. 72, No. 3, 2008, pp. 111 – 123.

Lewis J. David and Weigert A., "Trust as a Social Reality", *Social Forces*, Vol. 63, 1985, pp. 967 – 985.

Liberman N., Sagristano M. D., Trope Y., "The Effect of Temporal Distance on Level of Mental Construal", *Journal of Experimental Social Psychology*, Vol. 38, No. 6, 2002, pp. 523 – 534.

Liberman N., Trope Y., "The Role of Feasibility and Desirability Considerations in Near and Distant Future Decisions: A Test of Temporal Construal Theory", *Journal of Personality and Social Psychology*, Vol. 75, No. 1, 1998, p. 5.

Liebermann Y., Flint – Goor A., "Message Strategy by Product – Class Type: A Matching Model International", *Journal of Research in Marketing*, Vol. 13, No. 3, 1996, pp. 237 – 249.

Loewenstein G., Weber E., Hsee C., Welch N., "Risk as Feelings", *Psychological Bulletin*, Vol. 127, No. 2, 2001, pp. 267 – 286.

Loomes G., Sugden R., "Regret Theory: An Alternative of Rational Choice Under Uncertainty", *Economic Journal*, No. 92, 1982, pp. 805 – 824.

Lubatkin M., Shrieves R. E., "Towards Reconciliation of Market Performance Measures to Strategic Management Research", *The Academy of Management Review*, Vol. 11, No. 3, 1986, pp. 497 – 512.

Ma B. L., Zhang L., Li F., Wang G., "The Effects of Product – Harm Crisis on Brand Performance", *International Journal of Market Research*, Vol. 52, No. 4, 2010, pp. 443 – 458.

Ma B. L., Zhang L., Wang G., Li F., "he Impact of a Product - Harm Crisis on Customer Perceived Value", *International Journal of Market Research*, Vol. 56, No. 3, 2014, pp. 341 - 366.

Mano H., Oliver R. L., "Assessing the Dimensionality and Structure of the Consumption Experience: Evaluation, Feeling, and Satisfaction", *Journal of Consumer Research*, 1993, pp. 451 - 466.

Manstead A. S. R., Tetlock P. E., "Cognitive Appraisals and Emotional Experience: Further Evidence", *Cognition and Emotion*, Vol. 3, No. 3, 1989, pp. 225 - 240.

Marcus A. A., Goodman R. S., "Victims and Shareholders: The Dilemmas of Presenting Corporate Policy during a Crisis", *Academy of Management Journal*, Vol. 34, No. 2, 1991, pp. 281 - 305.

McGaugh J. L., "The Amygdala Modulates the Consolidation of Memories of Emotionally Arousing Experiences", *Annu. Rev. Neurosci*, Vol. 27, 2004, pp. 1 - 28.

McQuarrie E. F. and Munson J. M., "A Revised Product Involvement Inventory: Improved Usability and Validity", *Advances in Consumer Research*, Vol. 19, 1992, pp. 108 - 115.

Mc Quarrie E. F., Munson J. M., "ARevised Product Involvement Inventory: Improved Usability and Validity", *Advances in Consumer Research*, Vol. 19, 1992, pp. 108 - 115.

Menon K., Dubé L., "Ensuring Greater Satisfaction by Engineering Salesperson Response to Customer Emotions", *Journal of Retailing*, Vol. 76, No. 3, 2000, pp. 285 - 307.

Mitchell V. W., "A Role for Consumer Risk Perceptions in Grocery Retailing", *British Food Journal*, Vol. 100, No. 4, 1998, pp. 171 - 183.

Mitehell, Boustani., "A Preliminary Investigation into Pre - and Pos - Purchase risk Perception and Reduction", *European Journal of Mar-*

keting, Vol. 28, 1994, pp. 56 – 71.

Mittal, Vikas; Tsiros, Michael, "Does Country of Origin Transfer between Brands?" Advances in Consumer Research, Vol. 22, No. 1, 1995, pp. 292 – 296.

Moorman C., Zaltman C. and Deshpande R., "Relationships between Providers and Users of Marketing Research: The Dynamics of Trust Within and Between Organizations", Journal of Marketing Research, No. 29, 1992, pp. 314 – 329.

Mowen J. C., "Further Information on Consumer Perceptions of Product Recalls", Advances in Consumer Research, Vol. 7, No. 1, 1980, pp. 519 – 523.

Muller T. E., Tse D. K., Venkatasubramaniam R., "Post – Consumption Emotions: Exploring Their Emergence and Determinants", Journal of Consumer Satisfaction, Dissatisfaction and Complaining Behavior, Vol. 4, No. 1, 1991, pp. 13 – 20.

Ofir C., Simonson I., "In Search of Negative Customer Feedback: The Effect of Expecting to Evaluate on Satisfaction Evaluations", Journal of Marketing Research, 2001, pp. 170 – 182.

Oliver R. L., Rust R. T., Varki S., "Customer Delight: Foundations, Findings, and Managerial Insight", Journal of Retailing, Vol. 73, No. 3, 1997, pp. 311 – 336.

Oliver, Richard L., Satisfaction: A Behavioral Perspective on the Consumer, New York: McGraw – Hill, 1997.

Ortony A., "The Cognitive Structure of Emotions, Cambridge University Press, 1990.

Park J., Lennon S. J., Stoel L., "On – line Product Presentation: Effects on Mood, Perceived Risk, and Purchase Intention", Psychology and Marketing, Vol. 22, No. 9, 2005, pp. 695 – 719.

Payne, C. & Davidson, G., "How Research Saves Scapegoat Brands",

Paper Presented at the MRS Conference, London, March 2008, viewed 13 April 2013.

Phillips D. M., Baumgartner H., "The Role of Consumption Emotions in the Satisfaction Response", *Journal of Consumer Psychology*, Vol. 12, No. 3, 2002, pp. 243 – 252.

Pootinga W., Pidgeon N. F., "Exploring the Dimensionality of Trust in Risk Regulation", *Risk Analysis*, Vol. 23, No. 5, 2003, pp. 961 – 972.

Pruitt S., Peterson D., "Security Price Reactions around Product Recall Announcements", *Journal of Financial Research*, No. 9, 1986, pp. 113 – 122.

Pullig C., Netemeyer R. G., Biswas A., "Attitude Basis, Certainty, and Challenge Alignment: A Case of Negative Brand Publicity", *Journal of the Academy of Marketing Science*, Vol. 34, No. 4, 2006, pp. 528 – 542.

Putrevu S., Lord K. R., "Comparative and Noncomparative Advertising: Attitudinal Effects under Cognitive and Affective Involvement Conditions", *Journal of Advertising*, Vol. 23, No. 2, 1994, pp. 77 – 91.

Ramanathan S., Williams P., "Immediate and Delayed Emotional Consequences of Indulgence: The Moderating Influence of Personality Type on Mixed Emotions", *Journal of Consumer Research*, Vol. 34, No. 2, 2007, pp. 212 – 223.

Richins M. L., "Measuring Emotions in the Consumption Experience", *Journalof Consumer Research*, Vol. 24, No. 2, 1997, pp. 127 – 146.

Roehm M. L., Tybout A. M., "When Will a Brand Scandal Spill Over, And How Should Competitors Respond?", *Journal of Marketing Research*, Vol. 43, No. 3, 2006, pp. 366 – 373.

Roselius Ted, "Consumer Rankings of Risk Reduction Methods", *Journal of Marketing*, Vol. 35, No. 1, 1971, pp. 56 – 61.

Roseman I. J., Spindel M. S., Jose P. E., "Appraisals of Emotion – Eliciting Events: Testing A Theory of Discrete Emotions", *Journal of Personality and Social Psychology*, Vol. 59, No. 5, 1990, p. 899.

Roseman I. J., Wiest C., Swartz T. S., "Phenomenology, Behaviors, and Goals Differentiate Discrete Emotions", *Journal of Personality and Social Psychology*, Vol. 67, No. 2, 1994, p. 206.

Roth K. P., Diamantopoulos A., "Advancing the Country Image Construct", *Journal of Business Research*, Vol. 62, No. 7, 2009, pp. 726 – 740.

Rothschild, Z. K., Landau, M. J., Sullivan, D. & Keefer, L. A. A., "Dual – Motive Model of Scapegoating: Displacing Blame to Reduce Guild or Increase Control", *Journal of Personality and Social Psychology*, Vol. 102, No. 6, 2012, pp. 1148 – 1163.

Schachter S., Singer J., "Cognitive, Social, and Physiological Determinants of Emotional State", *Psychological Review*, Vol. 69, No. 5, 1962, p. 379.

Seeger M. W., "The Challenger Tragedy and Search for Legitimacy", *Communication Studies*, Vol. 37, No. 3, 1986, pp. 147 – 157.

Sheth J. N., Newman B. I., Cross B. L., "Why We Buy What We Buy: A Theory of Consumption Values", *Journal of Business Research*, Vol. 22, No. 2, 1991, pp. 159 – 170.

Silvera D. H., Meyer T., Laufer D., Goss R. J., Arsena A. R., "Threat Perception in Product Harm Crises: Do Older Consumers Feel More Vulnerable?", *Advances in Consumer Research*, No. 37, 2010, pp. 566 – 567.

Silvera D. H., Meyer T., Laufer D., "Age – Related Reactions to A Product Harm Crisis", *Journal of Consumer Marketing*, Vol. 29, No. 4, 2012, pp. 302 – 309.

Siomkos G. J. and Kurzbard G., "The Hidden Crisis in Product – Harm

Crisis. Management", *European Journal of Marketing*, Vol. 28, No. 2, 1994, pp. 30 – 41.

Siomkos G. J., Kurzbard G., "Product Harm Crisis at the Crossroads: Monitoring Recovery of Replacement Products", *Organization & Environment*, Vol. 6, No. 4, 1992, pp. 279 – 294.

Siomkos G. J., Kurzbard G., "The Hidden Crisis in Product – Harm Crisis Management", *European Journal of Marketing*, Vol. 28, No. 2, 1994, pp. 30 – 41.

Siomkos G. J., Malliaris P., "Consumer Response to Company Communications during a Product – harm Crisis", *Journal of Applied Business Research*, Vol. 8, No. 4, 1992, pp. 59 – 65.

Siomkos G. J., Rao S. S., Narayanan S., "The Influence of Positive and Negative Affectivity on Attitude Change Toward Organizations", *Journal of business and Psychology*, Vol. 16, No. 1, 2001, pp. 151 – 161.

Siomkos G. J., "Opportunities and Threats for Competitors in Product Harm Crisis", *Journal of Busines and Planning*, Vol. 28, No. 6, 2010, pp. 770 – 791.

Siomkos G., Shrivastava P., "Responding to Product Liability Crises", *Long Range Planning*, Vol. 26, No. 5, 1993, pp. 72 – 79.

Siomkos G., "Managing Product – Harm Crises", *Organization & Environment*, No. 3, 1989, pp. 41 – 60.

Siomkos G., Triantafillidou A. et al., "Opportunities and Threats for Competitors in Product – Harm Crises", *Marketing Intelligence & Planning*, Vol. 28, No. 6, 2010, pp. 770 – 791.

Siomkos G. J., "On Achieving Exoneration after A Product Safety Industrial Crisis", *Journal of Business & Industrial Marketing*, No. 14, 1999, pp. 17 – 29.

Sirdeshmukh D., Singh J., and Sabol B., "Consumer Trust, Value, And Loyalty in Relational Exchanges", *Journal of Marketing*, No. 66,

2002, pp. 15 - 37.

Smith C. A., Haynes K. N., Lazarus R. S., et al., "In Search of the 'hot' Cognitions: Attributions, Appraisals, and Their Relation to Emotion", *Journal of Personality and Social Psychology*, Vol. 65, No. 5, 1993, pp. 916 - 929.

Smith L., "Media Strategies in Product Liability Crises", *Of Counsel*, Vol. 22, No. 9, 2003, pp. 6 - 11.

Smith L., "Media Strategies in Product Liability Crises", *American Business Review*, No. 5, 2003, pp. 1 - 5.

Strong K. C., Ringer R. C., Taylor S. A., "The Ruled of Stakeholder Satisfaction (timeliness, honesty, empathy)", *Journal of Business Ethics*, Vol. 32, No. 3, 2001, pp. 219 - 230.

Thomas M., Tsai C. I., "Psychological Distance and Subjective Experience: How Distancing Reduces the Feeling of Difficulty", *Journal of Consumer Research*, Vol. 39, No. 2, 2012, pp. 324 - 340.

Tomlinson E. C., Dineen B. R. and Lewicki R. J., "The Road to Reconciliation: Antecedents of Victim Willingness to Reconcile Following a Broken Promise", *Journal of Management*, Vol. 30, No. 2, 2004, pp. 165 - 187.

Trope Y., Liberman N., "Construal - level Theory of Psychological Distance", *Psychological Review*, Vol. 117, No. 2, 2010, p. 440.

Trope Y., Liberman N., "Temporal Construal And Time - Dependent Changes in Preference", *Journal of Personality and Social Psychology*, Vol. 79, No. 6, 2000, p. 876.

Trope Y., Liberman N., "Temporal Construal", *Psychological Review*, Vol. 110, No. 3, 2003, p. 403.

Trust in the Business Context Influences Customers, *Journal of Marketing Research*, Vol. 45, No. 2, 2008, pp. 241 - 256.

Tsai C. I., McGill A. L., "No Pain, No Gain? How Fluency and Construal

Level Affect Consumer Confidence", *Journal of Consumer Research*, Vol. 37, No. 5, 2011, pp. 807 – 821.

Ulmer R. R., Sellnow T. L., "Consistent Questions of Ambiguity in Organizational Crisis Communication: Jack in the Box As A Case Study", *Journal of Business Ethics*, Vol. 25, No. 2, 2000, pp. 143 – 155.

Ulmer R. R., "Effective Crisis Management Through Established Stakeholder Relationships Malden Mills As A Case Study", *Management Communication Quarterly*, Vol. 14, No. 4, 2001, pp. 590 – 615.

Vassilikopoulou A., Lepetsos A., Siomkos G., et al., "The Importance of Factors Influencing Product – Harm Crisis Management Across Different Crisis Extent Levels: A Conjoint Analysis", *Journal of Targeting, Measurement and Analysis for Marketing*, Vol. 17, No. 1, 2009, pp. 65 – 74.

Vassilikopoulou A., Siomkos G., Chatzipanagiotou K., "Productharm Crisis Management: Time Heals All Wounds?" *Journal of Retailing and Consumer Services*, Vol. 16, No. 3, 2009, pp. 174 – 180.

Westbrook R. A., Oliver R. L., "The Dimensionality of Consumption Emotion Patterns and Consumer Aatisfaction", *Journal of Consumer Research*, 1991, pp. 84 – 91.

Westbrook R. A., "Product/Consumption – Based Affective Responses and Postpurchase Processes", *Journal of Marketing Research*, 1987, pp. 258 – 270.

Xie Yi, Peng Siqing, "How to Repair Customer Trust after Negative Publicity: The Roles of Competence, Integrity, Benevolence, and Forgiveness", *Psychology & Marketing*, Vol. 26, No. 7, 2009, pp. 572 – 589.

Yan D., Sengupta J., "The Influence of Base Rate and Case Information on Health – Risk Perceptions: A Unified Model of Self – Positivity and Self – Negativity", *Journal of Consumer Research*, Vol. 39,

No. 5, 2013, pp. 931-946.

Yi S., Baumgartner H., "Coping with Negative Emotions in Purchase - Related Situations", *Journal of Consumer Psychology*, Vol. 14, No. 3, 2004, pp. 303-317.

Zajonc R. B., "Feeling and Thinking: Preferences Need no Inferences", *American Psychologist*, Vol. 35, No. 2, 1980, pp. 151-175.

Zeelenberg M., Pieters R., "Beyond Valence in Customer Dissatisfaction: A Review and New Findings on Behavioral Responses to Regret and Disappointment in Failed Services", *Journal of Business Research*, Vol. 57, No. 4, 2004, pp. 445-455.

Zeelenberg M., Van Dijk W. W., Manstead A. S. R, et al., "On Bad Decisions and Disconfirmed Expectancies: The Psychology of Regret and Disappointment", *Cognition & Emotion*, Vol. 14, No. 4, 2000, pp. 521-541.

Zhao Y., Zhao Y., Helsen K., "Consumer Learning in a Turbulent Market Environment: Modeling Consumer Choice Dynamics after a Product - Harm Crisis", *Journal of Marketing Research*, Vol. 48, No. 2, 2011, pp. 255-267.

才源源、何佳讯:《整体型—分析型认知方式理论及其消费者行力学应用研究现状评介》,《外国经济与管理》2012年第4期。

曾旺明、李蔚:《产品伤害事件对消费者品牌忠诚度的影响机制研究》,《中国流通经济》2008年第7期。

陈峻松、符国群、邬金涛:《诱导性信息对消费者选择的折中效应的影响》,《管理学报》2011年第3期。

程娉婷:《产品伤害危机对竞争品牌溢出效应研究》,硕士学位论文,华中农业大学,2011年。

崔保军:《产品伤害危机情境下消费者感知风险的研究述评与展望》,《商业经济与管理》2015年第4期。

崔冬冬、张新国:《产品伤害危机后消费者购买意愿恢复研究——

以"高介入"情境为例》,《中南财经政法大学学报》2012年第2期。

崔金欢、符国群:《产品危害事件对品牌资产变动的影响》,《南开管理评论》2012年第5期。

董亚妮:《产品伤害危机市场恢复策略研究》,《商业研究》2010年第3期。

杜建刚、马婧、王鹏:《负面情感事件对一线服务人员情绪、满意及承诺的影响——以高交互服务行业为例》,《旅游学刊》2012年第8期。

段桂敏、余伟萍:《过失型、蓄意型产品伤害危机对品牌组合购买意愿影响研究——消费者负面情感的中介作用》,《管理现代化》2012年第2期。

樊春雷、马谋超、王泳、丁夏齐:《突发性危机情境下抢购现象的发生及其应对策略》,《心理科学进展》2003年第4期。

范宝财、杨洋、李蔚:《产品伤害危机属性对横向溢出效应的影响研究——产品相似性和企业声誉的调节作用》,《商业经济与管理》2014年第11期。

方正、江明华、杨洋、李蔚:《产品伤害危机应对方式对品牌资产的影响研究——企业声誉与危机类型的调节作用》,《管理世界》2010年第12期。

方正、杨洋、江明华、李蔚、李珊:《可辩解型产品伤害危机应对策略对品牌资产的影响研究:调节变量和中介变量的作用》,《南开管理评论》2011年第4期。

方正、杨洋、李蔚、蔡静:《产品伤害危机溢出效应的发生条件和应对策略研究——预判和应对其他品牌引发的产品伤害危机》,《南开管理评论》2013年第6期。

方正、杨洋、李蔚:《产品伤害危机应对策略效果研究》,《软科学》2011年第11期。

方正、杨洋:《产品伤害危机及其应对研究前沿探析》,《外国经济与管理》2009年第12期。

方正:《产品伤害危机的概念、分类与应对方式研究》,《生产力研究》2007年第4期。

方正:《产品伤害危机应对方式对顾客感知危险的影响——基于中国消费者的实证研究》,《经济体制改革》2007年第3期。

冯蛟、卢强、李辉、吕一林:《群发性产品危机中企业应对策略对购买意愿的动态影响——来自解释水平理论的解释》,《商业经济与管理》2015年第8期。

耿黎辉:《产品消费情绪与购后行为关系的实证研究》,博士学位论文,西南交通大学,2007年。

胡卫中:《消费者食品安全风险认知实证研究》,博士学位论文,浙江大学,2010年。

黄静、童泽林、张友恒、张晓娟:《负面情绪和说服策略对品牌关系再续意愿的影响》,《心理学报》2012年第8期。

黄希庭:《心理学导论》(第二版),人民教育出版社2007年版。

蒋子熹、江明华、金英:《评价模式与情绪的交互作用研究:正面情绪对消费者支付意愿的影响》,《营销科学学报》2009年第1期。

井淼、周颖、王方华:《产品伤害危机对品牌资产影响的实证研究》,《工业工程与管理》2009年第6期。

井淼、周颖:《产品伤害危机中危机反应策略对品牌资产的影响——基于企业社会责任的视角》,《工业工程与管理》2013年第2期。

景奉杰、崔聪、涂铭:《产品伤害危机群发属性负面溢出效应研究》,《珞珈管理评论》2012年第2期。

李丹婷:《论制度信任及政府在其中的作用》,《中央福建省委党校学报》2006年第8期。

李国峰、邹鹏、陈涛:《产品伤害危机管理对品牌声誉与品牌忠诚关系的影响研究》,《中国软科学》2008年第1期。

李莉莉:《论 E. 阿伦森的认知失调理论》,《长春理工大学学报》(社会科学版) 2008 年第 2 期。

李婷婷、李艳军:《产品伤害危机研究述评》,《经济问题探索》2012 年第 4 期。

李雁晨、周庭锐、周琇:《解释水平理论:从时间距离到心理距离》,《心理科学进展》2009 年第 4 期。

梁建明:《产品伤害危机中感知风险对顾客购买意愿的影响》,《中国城市经济》2012 年第 1 期。

刘呈庆、孙曰瑶、龙文军、白杨:《竞争、管理与规制:乳制品企业三聚氰胺污染影响因素的实证分析》,《管理世界》2009 年第 12 期。

刘惠军:《当代学习动机的理论和应用研究进展》,《首都师范大学学报》(社会科学版) 2002 年第 5 期。

陆娟、边雅静:《不同元素品牌联合模式下的主品牌联合效应研究》,《管理世界》2010 年第 11 期。

马宝龙、李飞、王高、冉伦:《产品伤害危机对品牌绩效指标的影响研究——基于随机模型方法的实证分析》,《预测》2010 年第 4 期。

孟昭兰:《普通心理学》,北京大学出版社 2003 年版。

潘佳、刘益、王良:《企业产品伤害危机响应策略对股票市场的影响》,《管理学报》2014 年第 11 期。

戚建刚:《极端事件的风险恐慌及对行政法制之意蕴》,《中国法学》2010 年第 2 期。

青平、陶蕊、严潇潇:《农产品伤害危机后消费者信任修复策略研究——基于乳制品行业的实证分析》,《农业经济问题》2012 年第 10 期。

青平、朱信凯、李万君、程娉婷:《产品伤害危机对竞争品牌的外溢效应分析——以农产品为例》,《中国农村经济》2013 年第 2 期。

邱玮、白长虹:《基于员工视角的服务品牌内化过程及其实证研究》,《南开管理评论》2013 年第 6 期。

任金中、景奉杰:《产品伤害危机模糊情境下自我一致对归因及行为意向的作用机制》,《营销科学学报》2012 年第 3 期。

孙晓玲、张云、吴明证:《解释水平理论的研究现状与展望》,《应用心理学》2007 年第 2 期。

陶建蓉、赵建彬:《不同心理距离情境下产品属性对购买意向的影响》,《江苏商论》2013 年第 5 期。

田虹、袁海霞:《产品伤害危机对消费者品牌态度的影响机制研究》,《中国地质大学学报》(社会科学版) 2013 年第 4 期。

田阳、王海忠:《品牌承诺能抵御负面信息吗?——自我调节导向的调节作用》,中国营销科学学术年会,2011 年。

童璐琼、郑毓煌、赵平:《努力程度对消费者购买意愿的影响》,《心理学报》2011 年第 10 期。

涂铭、景奉杰、汪兴东:《产品伤害危机群发属性如何影响补救预期》,《商业经济与管理》2013 年第 8 期。

涂铭、景奉杰、汪兴东:《产品伤害危机中的负面情绪对消费者应对行为的影响研究》,《管理学报》2013 年第 12 期。

涂铭、景奉杰、汪兴东:《产品伤害危机中的负面情绪如何影响消费者应对行为:报复欲望和补救预期的中介作用》,《管理学报》2013 年第 12 期。

涂铭、景奉杰:《产品伤害危机如何影响消费者行为——情绪和动机的视角》,博士学位论文,华中科技大学,2013 年。

汪涛、李志雄、余娜:《消费失败后顾客情绪反应及其对投诉渠道选择的影响》,《商业经济与管理》2008 年第 10 期。

汪兴东、景奉杰、涂铭:《产品伤害中不同忠诚度顾客情绪反应及行为意向的差异性研究》,《管理评论》2013 年第 1 期。

汪兴东、景奉杰、涂铭:《单(群)发性产品伤害危机的行业溢出效应研究》,《中国科技论坛》2012 年第 11 期。

汪兴东、景奉杰：《不同产品伤害归因情境下顾客的情绪反应及行为意向研究》，《消费经济》2011年第3期。

汪兴东：《产品伤害危机中修复策略适配性对品牌形象评价的影响——时间距离与企业声誉的调节作用》，《经济管理》2013年第11期。

王海忠、陈增祥、尹露：《公司信息的纵向与横向溢出效应：公司品牌与产品品牌组合视角》，《南开管理评论》2009年第1期。

王海忠、江红艳、江莹、张实：《品牌承诺和自我构建影响消费者对产品伤害危机的反应——归因理论视角》，《营销科学学报》2010年第1期。

王霞、于春玲、刘成斌：《时间间隔与未来事件效价：解释水平的中介作用》，《心理学报》2012年第6期。

王晓玉、晁钢令、吴纪元：《产品伤害危机及其处理过程对消费者考虑集的影响》，《管理世界》2006年第5期。

王晓玉、晁钢令、吴纪元：《产品伤害危机响应方式与消费者考虑集变动——跨产品类别的比较》，《中国工业经济》2008年第7期。

王晓玉、晁钢令：《产品危机中口碑方向对消费者态度的影响》，《营销科学学报》2008年第4期。

王晓玉、晁钢令：《企业营销负面曝光事件研究综述》，《外国经济与管理》2009年第2期。

王晓玉：《产品危机对危机品牌竞争对手的溢出效应研究述评与展望》，《外国经济与管理》2012年第2期。

卫海英、杨国亮：《企业互动导向下的品牌危机预防模式研究》，《商业经济与管理》2013年第12期。

魏巍：《矛盾态度视角下品牌危机对消费者品牌态度和购买意愿的影响》，博士学位论文，暨南大学，2012年。

邬晓鸥：《市场营销管理中原始信息的收集》，《情报理论与实践》2004年第1期。

吴剑琳、代祺、古继宝：《产品涉入度、消费者从众与品牌承诺：品牌敏感的中介作用——以轿车消费市场为例》，《管理评论》2011年第9期。

吴明隆：《结构方程模型：AMOS的操作与应用》，重庆大学出版社2009年版。

吴思：《产品伤害危机：伤害类型、应对方式及营销策略》，《管理世界》2011年第9期。

吴旭明：《消费者个体差异对品牌资产的影响研究——基于可辩型产品伤害危机》，《中国流通经济》2008年第10期。

谢晓非、郑蕊、谢冬梅、王惠：《SARS中的心理恐慌现象分析》，《北京大学学报》（自然科学版）2005年第4期。

邢淑芬、俞国良：《社会比较：对比效应还是同化效应？》，《心理科学进展》2006年第6期。

徐小龙、苏勇：《产品伤害危机下消费者——品牌关系断裂研究》，《中南财经政法大学学报》2012年第2期。

阎俊、佘秋玲：《消费者抵制的心理机制研究》，《营销科学学报》2010年第2期。

晏国祥：《消费情绪研究综述》，《软科学》2008年第3期。

杨君茹、朱雅兰、王明康：《产品伤害危机后影响消费者购买意愿因素研究——不同危机情境下各因素相对重要性分析》，《中南财经政法大学学报》2012年第5期。

杨洋、方正、李蔚：《产品伤害危机的管理模式研究——基于相关文献回顾》，《华东经济管理》2010年第11期。

杨洋、方正：《服务补救措施的长期效果研究》，《北京理工大学学报》（社会科学版）2013年第2期。

姚琦、马华雄、乐国安、杨柳：《组织信任修复的有效性：兼顾违背类型与修复策略的影响》，《应用心理学》2012年第2期。

余伟萍、庄爱玲：《品牌负面曝光事件分类及溢出效应差异研究——事件类型与认知需求的交互作用》，《商业研究》2013年第 2 期。

张爱卿：《20 世纪动机心理研究概观》，《国外社会科学》1999 年第 2 期。

张伟亚：《不同产品类别的产品伤害危机对顾客购买意愿的差别影响研究》，硕士学位论文，河北经贸大学，2013 年。

张璇、张红霞：《毁灭还是重生？群发性危机中的"替罪羊"效应》，2013 年营销科学会议论文。

张音、黄敏学：《产品召回为何"弄巧成拙"——企业利益相关者的交互满意影响机制探究》，《经济与管理研究》2012 年第 4 期。

朱丽叶、卢泰宏：《调节聚焦原理：动机理论的重大突破》，《广东外语外贸大学学报》2010 年第 1 期。

祝瑶：《产品伤害危机对消费者情感反应及补救预期的影响研究》，硕士学位论文，华中科技大学，2010 年。

庄爱玲、余伟萍：《道德关联品牌负面曝光事件溢出效应实证研究——事件类型与认知需求的交互作用》，《商业经济与管理》2011 年第 10 期。

庄爱玲、余伟萍：《品牌负面曝光事件分类及溢出效应差异研究》，《商业研究》2013 年第 2 期。